KB074365

한국 건축의 정체성

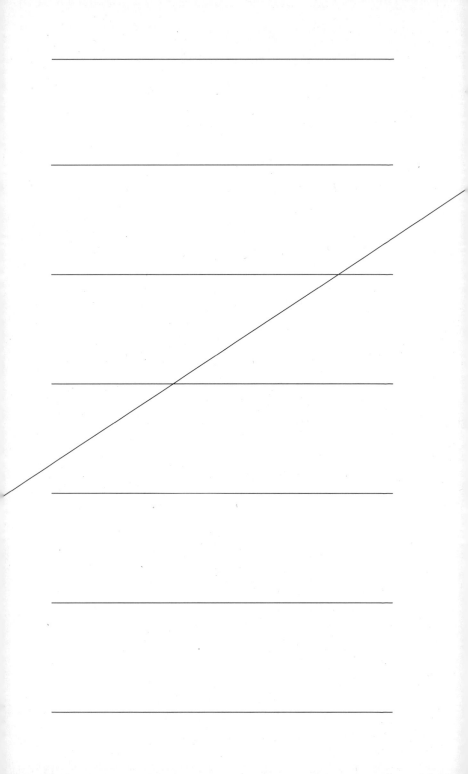

한국 건축의 정체성

서양 건축과의 차이를 통해 보다

이상헌 지음

미메시스

머리말

미국에서 유학하던 시절, 나는 서양 건축의 역사와 이론을
공부했다. 지금 우리 환경을 뒤덮고 있는 현대 건축은 서양에서
발전되어 우리나라에 이식된 것이므로 건축을 제대로 하려면
서양 건축의 실체를 잘 알아야 한다는 생각이었다. 공부를 하면서
서양 건축의 역사와 이론을 조금씩 알아 가는 것도 쏠쏠한
재미였지만 내 무의식은 항상 서양 건축과 우리 건축과의 차이에
가 닿았다. 아마도 어릴 적부터 몸속 깊은 곳에 저장되어 온 우리
건축의 정서와 기억이 끊임없이 작동하고 있었던 까닭이 아닐까.
내 몸과 정신이 기억하는 한국 건축의 정서와 감각은 내가
공부하며 알게 된 서양 건축의 이론과 원리로는 설명할 수 없는
〈어떤 것〉으로 느껴졌다. 건축이 한 문화권에서 오랜 역사를 통해
형성된 집에 관한 사유와 지혜의 집약이라면, 내가 해야 할 건축은
바로 내 무의식에 잠재해 있는 그 건축일 수밖에 없다. 그러나 그
실체가 무엇인지 이론적으로 설명하기는 어려웠다. 습관적으로
서양 건축에 대한 이해가 쌓일 때마다 한국 건축과의 차이에
관심을 가졌고, 그에 관한 직관적 단상이 떠오를 때마다 틈틈이
메모를 하곤 했다. 이 책은 그것을 토대로 발전된 것이다.

수년 전, 한국 건축의 현실을 비판하고 쓴 『대한민국에
건축은 없다』(효형출판, 2013)에서 내가 던진 화두는 전통의
이론화였다. 근대 이후 대한민국의 건축이 바로 서기 위해서는
한국 건축 전통의 이론화가 가장 시급한 과제라고 주장했다.

문제는 〈전통을 어떻게 이론화할 것인가〉이다. 그간 많은 선학이
이 주제를 고민하고 연구해 왔지만, 이렇다 할 성과가 축적되지
못한 이유는 전통의 이론화를 접근하는 방법에 있다고 생각했다.
한국의 전통 건축에는 많은 지혜가 담겨 있지만 체계적 지식으로
정리되지 않았다. 말하자면 학문으로 발전하지 않은 것이다.
그래서 그것을 해석하고 이론화하는 데 근본적인 어려움이
있다. 기껏 할 수 있는 일은 근거도 불확실하고 적용하기도
어렵지만 한국의 전통 사상을 건축에 대입해서 어떤 원리를
찾아내거나, 현재의 관점에서 서양 건축의 개념을 적용하여 전통
건축을 현대적으로 고안하는 것이다. 그러나 한국 건축은 서양
건축과는 전혀 다른 문화적 생산물로서 그 의미와 미적 체험의
양상이 다르기 때문에 서양 건축에서 발전된 현대 건축의 개념과
원리로는 한국 건축의 의미를 온전히 포섭해 내지 못한다.

　　나는 전통의 이론화가 서양 건축과 한국 건축의 비교를 통해
가능하다고 생각한다. 언어화되지 않았던 한국 전통 건축의
원리를 현대에 소통 가능한 언어로 설명하기 위해서는 현대
건축을 지배하는 서양 건축의 언어와 개념을 통해 비교론적으로
접근할 수밖에 없다. 이러한 생각은 자연스럽게 오래전부터
관심을 가졌던 한국 건축과 시양 긴축의 패러다임의 차이라는
주제와 연결되었다. 무의식적 감각이 작동했던 한국 건축과
서양 건축의 차이라는 주제가 자연스럽게 한국 건축 전통의

이론화라는 나의 새로운 화두와 연결된 것이다. 그렇다. 이 책은 한국 건축과 서양 건축과의 차이를 통해 한국 건축의 전통을 이론화하여 한국 건축의 정체성을 드러내 보고자 한 프로젝트의 결과이다. 그러고 나서 주변을 돌아보니 그간 한국 건축과 서양 건축을 비교하는 주제의 책이 꽤 많이 나와 있었다. 대중적으로 많이 읽히는 책들도 있다. 그러나 이 책들이 과연 한국 건축의 현대적 이론화에 공헌하고 있는지는 의문이 든다. 이러한 책들은 대개 한국 건축은 서양 건축을 뛰어넘는 지혜와 원리가 담겨 있는 우수한 건축이라는 일방적 논리를 펴거나, 서양 근대 건축이 동양 건축의 영향을 받았기 때문에 한국 건축에는 이미 근대 건축의 원리가 내재되어 있다는 식이 대부분이었다. 그러나 이러한 주장은 그저 한국 건축이 훌륭하다는 막연한 감상과 심리적 위안을 줄 뿐, 한국 건축 전통의 이론화에는 도움을 주지 못한다. 한국 건축의 우수성을 이런저런 관점에서 단순히 주장하는 건 효용성이 없다. 그것을 현대적으로 적용할 수 있는 원리와 규범으로 해석해야 한다.

한국 건축과 서양 건축의 형식적 유사성을 피상적으로 비교하는 것으로는 한국 건축의 정체성을 밝힐 수 없다. 또 한계에 도달한 서양 건축이 동양 건축에서 해답을 찾은 것처럼 단순히 말하는 것도 별 의미가 없다. 한국 건축의 고유한 원리를 이해하기 위해서는 건축의 인식 체계와 경험의 방식, 구축의 원리에서 한국과 서양의 근본적인 차이를 비교할 필요가 있다. 이 차이야말로 전통 건축을 현대적으로 해석하고 적용할 수 있는 이론적 공간을 열어 준다. 즉, 서양 건축과 한국 건축의 패러다임의 차이를 통해 전통 건축이 담고 있는 원리와 지혜를 현대 건축에서 쉽게 이해하고 적용할 수 있는 일상 언어로 설명할 수 있는 가능성이 생긴다. 이것이 바로 이 책이 시도하는 〈전통의 현대적 번역〉이다. 한국 건축과 서양 건축의 차이를 통해 잠재되어 있지만 언어화되지 않은 한국 건축의 고유한 원리를 현대에 소통 가능한 언어로 설명함으로써 전통을 이론화하는 출발점으로 삼고자 한다.

이 책은 건축의 개념, 건축물을 인식하고 경험하는 방식, 주체의 위치, 공간에 대한 개념, 안과 밖의 인식 체계, 경계에 대한 인식, 개별 공간의 분화 과정에서 개체와 전체의 관계, 건축과 자연의 관계, 건축을 통한 상징의 표현이라는 9개의 범주에서 다양한 소주제를 정하고 각각 이론적 설명과 구체적 사례를 통해 한국 건축과 서양 건축의 차이들을 서술한다. 구체적으로 〈제1장 건축의 개념〉은 서양에서는 건축물이 미적 지각의 대상이지만, 한국에서는 일종의 득도의 도구이며 왜 한국에서 건축이 독립적 학문으로 발전하지 않았는지를 설명한다. 〈제2장 인식과 경험〉에서는 서양 건축은 주로 시각에 의존하지만 한국 건축은 오감과 몸의 감각을 통하며 이것이 휴먼 스케일과 같은 한국 건축의 특징으로 나타남을 설명한다. 〈제3장 인간의 위상〉에서는 서양 건축은 경험 주체와 시각적 거리를 갖는 대상이지만 한국 건축에서 경험 주체의 위치는 건물의 안과 밖, 또는 여러 곳에 동시에 있음을 설명한다. 이러한 특성은 한국의 건축 그림과 외부 공간 중심의 건축에 반영되어 있다. 〈제4장 공간의 개념〉은 서양에서는 닫힌 볼륨의 성격이 강하지만 한국에서는 유동적이고 발생적인 시공간의 성격이 강하다는 점을 설명한다. 이러한 공간 개념의 차이는 한국의 그림과 서양 회화가 표상하는 공간에서도 잘 나타난다. 〈제5장 안과 밖〉, 〈제6장 경계〉에 대한 인식도 한국 건축과 서양 건축이 매우 다르며 처마, 마루, 마당, 창문, 담과 같이 우리가 일상적으로 경험하고 관찰할 수 있는 건축 요소들을 통해 쉽게 설명된다. 〈제7장 개체와 집합〉은 단위 공간이 확장되는 방식에서 한국 건축과 서양 건축의 근본적 차이를 논하고 그것이 가져온 건축과 도시의 특성을 설명한다. 〈제8장 건축과 자연〉에선 자연에 대한 인식, 건축과 자연의 관계에 대한 사고 차이가 건물의 배치와 정원 방식을 통해 설명된다. 〈제9장 상징과 소통〉에서는 한국 건축과 서양 건축이 건축물을 통해 기념성을 추구하고, 사회적으로 소통하는 방식에서 근본적으로 다름을 다양한 주제를 통해 설명한다. 서양 건축은 형태적으로 건축의 성격을 표현하지만 한국 건축은 건축물 자체를 인격화하고 현판을 통해 소통했다. 이 밖에도 한국 건축과 서양 건축의 차이를 목차의 소주제에 정리된 구체적 사례들을 통해 서술한다.

한국 건축과 서양 건축을 비교한다고 하면, 당장 이런 질문을 하는 사람도 있을 것이다. 왜 동양 건축과 서양 건축을 비교하지 않고 한국 건축과 서양 건축을 비교하는가? 중국 문명의 영향을 받은 한국 건축이 서양과 비교될 만큼 독자성이 있는가? 한국 건축은 고대 중국 문화의 영향을 받은 동아시아 건축의 한줄기로서 동질성은 있지만 다른 나라 건축과 구별되는 명백한 고유성이 있다. 동아시아 3국의 건축 차이는, 비교하자면 유럽 여러 국가들의 건축 차이보다 훨씬 크다. 유럽의 건축은 시대별로 하나의 양식이 지배하면서 서로 영향을 주고받았다. 하지만 동아시아 3국의 건축은 중국에서 시작된 목木 구조 건축의 영향을 받은 같은 문화권임에도 불구하고 10세기 이후에는 건축에 관한 이론적 교류나 양식적 영향이 그다지 활발하지 않았기 때문에 각자의 토착 문화와 자연 풍토에 바탕을 둔 고유성을 유지하면서 발전했다. 한국 건축은 서양 건축과 비교할 만한 분명한 독자성을 갖고 있다. 문제는 우리가 이것을 이론화할 능력과 여유가 지금까지 없었다는 데 있다. 일본은 동양에서 제일 먼저 서양 문명을 받아들이면서 일본 건축의 정체성을 설명하기 위해 오래전부터 자신들의 건축과 서양 건축을 비교하며 연구해 왔다. 중국도 마찬가지다. 우리도 한국 건축의 정체성을 밝히기 위해 한국 건축과 서양 건축을 비교해야 하며 할 수 있어야 한다. 한국 건축은 서양 건축과 비교할 만한 독자성이 없다는 생각은 받아들이기 어렵다. 물론 한국 건축과 서양 건축의 차이를 설명하는 내용 가운데는 동아시아 건축의 일반적 속성도 있다. 이 책에서는 동아시아 건축 전체에 적용할 수 있는 것은 동양 건축으로 서술하여 한국 건축에만 적용할 수 있는 내용과 구별했다.

    이런 의문을 제기할 수도 있다. 서양과 동양은 변하지 않는 속성을 갖는 고정된 것인가? 동양과 서양의 경계 자체가 모호하다면 어떻게 이런 비교가 가능한가? 또, 서양은 다 같은 서양인가? 서양의 고대와 근대는 같은가? 동양은 또 언제의 동양인가? 동양적 사고는 존재하는가? 말하자면, 문화는 늘 서로 연결되고 영향을 주고받으며 변화 과정에 있기 때문에 한국 건축과 서양 건축을 구분하여 비교하는 이분법적 발상은 옳지 않다는 주장이다. 물론 동서양의 개념은 유동적이며, 어떤 변치 않은 속성을 가진 것이 아니다. 동서양 건축의 개념을 지나치게 일반화함으로써 따라올 수 있는 위험을 충분히 감안해야 한다. 그럼에도 불구하고 동서양의 건축은 각자 고유한 인식 체계를 가진다. 동서양 건축의 변치 않는 속성이 있다는 것이 아니라, 오랜 역사를 통해 형성된 건축에 관한 생각에 분명한 차이가 있다는 말이다. 예컨대 서양 건축이라 함은 그리스 로마에 뿌리를 두고 르네상스를 거쳐 근대에 이르는 건축을 말한다. 이 역사적 과정에서 생긴 각 지역 문화의 편차는 있지만 서양 건축으로 묶어서 범주화할 만한 공유된 특성이 있음은 분명하다. 서양과 동양도 오래전부터 문화적 교류를 이어 왔지만 근대 이전 그 속도는 아주 느렸다. 동양과 서양이 본격적으로 만나기 시작하는 19세기 후반까지 동아시아의 문화와 건축은 서양과는 아주 다른 경로로 발전했다. 그때까지 양자의 교류는 제한적이었고 동서양 건축의 차이는 무시할 수 있는 정도가 아니었다.

　　이런 반론도 예상된다. 모든 것이 세계화된 지금 현재의 문제에 집중해도 모자랄 판에 굳이 한국 건축의 정체성을 들먹일 필요가 있는가. 모든 문화 간의 차이가 소멸되는 현대 사회에서 왜 과거와 전통에 집착하는가? 이는 편협한 국수주의나 민족주의적 발상이 아닌가? 현대 문화의 보편성을 명분으로 한국 건축의 정체성을 찾으려는 노력을 비판하는 것을, 나는 문화적 사대주의 내지는 열등의식의 발로라고 규정한다. 정체성에 대한 확인이 필요 없을 정도로 정말 우리는 세계의 보편적 문화 속에 있는 것일까? 엄밀한 의미에서 문화의 보편성이란 없다. 현대 문화의 세계화에도 불구하고 전통은 그렇게 쉽게 사라지지 않는다. 정체성이란 현재와 세계적 보편성 안에서 자신의 고유함을 인식하는 일이다. 일본과 중국은 그들의 전통을 현재화하기 위해 지금도 부단히 노력한다. 그런데 왜 우리는 하면 안 되는 것일까. 자신의 역사와 정체성에 대한 분명한 자각과 인식 없이는 외래문화의 창조적 수용과 토착화가 불가능하다. 한국 건축의 정체성이라는 관점에서 보면, 한국 건축은 근대화가 시작된 이후 별다른 발전을 하지 못했다. 지금 한국 건축이 과거보다 발전해 보이는 건 시공 기술과 재료의 발전으로 인한 착시 효과일 뿐이다. 공공 환경의 규범이나 전통에 뿌리를 둔 미의식을 바탕으로 한 디자인과 이론이라는 관점에서 보면 1960~1970년대 건축보다 별로 나아진 게 없어 보인다. 앞 세대 건축가들이 당시 서양 건축의 경향을 좇아가기에 급급했던 것처럼 지금 우리도 그러고 있을 뿐이다.

왜 한국의 전통 건축은 우리에게 정서적 안락감과 심미성을 주는 것일까? 이에 대한 설명이 필요하다. 우리의 건축 문화 유전자는 여전히 잠재되어 있다. 전통의 이론화는 무의식적으로 전승되는 한국 건축의 전통을 자의식적으로 이론화하는 것이다. 즉 잠재하는 것의 구체화이다. 전통 건축에 대한 주관적 감상이나 비평이 아니라 언어화되지 않은 전통 건축의 지혜와 원리에 관한 해석이다. 나는 한옥이 무조건 좋다거나 혹은 그 반대를 말하려는 것이 아니다. 단지 우리의 자연 풍토와 역사에서 자란 한국 건축에 대한 이해의 지평을 넓히고 경험할 수 있도록 서양 건축의 개념에 가려진 감각을 깨워 보고자 하는 것이다. 그리고 이를

통해 한국 건축의 장점과 지혜를 현대적으로 계승할 수 있기를
바란다. 이런 점에서 이 책이 건축가들에게 유용하게 이용될 수
있기를 희망한다. 서양 건축과의 차이로 드러나는 한국 건축의
정체성은 우리가 지금 어떻게 건축을 해야 할지에 대한 좌표를
설정해 주고, 개별 프로젝트에서 건축가들의 상상력을 통한
창조적 디자인의 단초를 제공할 수 있을 것이다.

책을 쓰면서 한국 건축에 대한 많은 선학의 연구에 의존했다.
그들이 이룬 성과가 없었다면 이 책은 시도조차 하지 못했다.
물론 책에 있을지 모를 오류는 전적으로 나의 몫이며, 내가
서술한 한국 건축과 서양 건축의 차이가 과장되었을 수도 있다.
그러나 미세한 차이들은 더 발견되어야 한다. 한국 건축의 발전을
위해서는 동일성이 아니라 차이가 중요하기 때문이다. 창조적
진화는 이러한 차이에서 비롯된다. 앞으로 이런 방향의 연구가 더
많이 나오기를 기대하며, 이 책이 하나의 초석이 된다면 더 이상
바랄 게 없다.

이상헌

차례

3

인간의 위상   140

6

경계

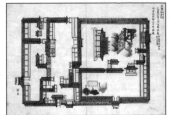

1

건축의 개념

아키텍처와 영조의 차이

우리가 〈건축〉이라고 번역하는 서양의 아키텍처architecture는
단순히 건물building을 말하는 것이 아니다. 아키텍처는 집을 짓는
일에 적용되는 다양한 지식 체계를 하나의 학문으로 정의한
것으로, 집 짓는 기술 그 자체보다는 재료를 구축하여 공간을
조직(구성)하는 과정에서 어떤 의도를 갖고 질서를 부여하는
원리와 규범을 말한다. 이것을 우리는 통상 디자인(혹은
설계)이라고 하고 이에 따라 집을 짓는다. 일반적으로 건축은
〈디자인과 건설에 관한 학문〉으로 정의된다. 우리말로 하면 〈집을
설계하고 짓는 일에 관한 학문〉이라고 할 수 있다.

집 짓는 일이 단순한 기술이 아니라 다양한 학문을 배경으로
하는 지적 작업이라는 생각은 고대 그리스에서부터 시작되었다.
로마의 건축가 비트루비우스Vitruvius는 그리스 건축에 관해 쓴
『건축십서De Architectura』에서 건축가는 수학, 인문학, 천문학,
의학 등 다양한 학문에 능통해야 한다고 기술했다. 이것은 지적
작업으로서 아키텍처의 개념이 서양에서는 뿌리 깊은 전통임을
잘 보여 준다. 하지만 서양에서 아키텍처가 체계적 이론을
갖춘 하나의 학문으로 정착된 것은 15세기 중반 르네상스에
이르러서이다. 르네상스의 건축가 알베르티Leon Battista Alberti는
비트루비우스의 이론을 한 단계 더 발전시켜 건축의 본질을 여러
인문학적 지식을 바탕으로 아름다움의 보편적 원리를 드러내는

지적 작업으로 정의했다. 이때부터 서양에서 건축은 단순한
기술이 아니라 인문적 사상을 바탕으로 하는 학문으로, 건축가는
장인이 아닌 학자로 정의되기 시작했다. 알베르티는 건축에서
사유 단계인 디자인과 그것을 물리적으로 실현하는 시공 단계인
건설을 분리했다. 그에 의하면 디자인은 사고와 마음에 속하고
물질은 자연에 속한다. 건축가의 역할은 고귀한 학문noble sciences의
마스터master로서 디자인을 하는 것이며, 그 실현(건설)은 장인의
손을 빌리면 된다. 르네상스에서 발전된 이러한 건축의 개념과
실무 방식은 근대 이후 전 세계로 전파되어 현재 한국에까지
영향을 미치고 있다.

　　이러한 아키텍처의 개념은 서양에서 발전된 집 짓는 일에
관한 특수한 문화적 양상이라고 할 수 있다. 동양에서는 건축을
서양과 다르게 접근했다. 영국의 건축 역사학자 레이너 배넘Reyner
Banham은 이 점을 통찰력 있게 지적한 바 있다. 〈아키텍처는
건축물의 디자인에 접근하는 수많은 방법 중 하나일 뿐이다. 단지
현재의 서양 문명이 문화적 헤게모니를 잡고 있을 뿐이다〉[1]라고.
이것은 영국의 철학자 화이트헤드Alfred North Whitehead가 동양
철학에 대해 〈동양에는 서양과 같은 철학이 없었다. 다만 철학과
유사한 것이 있다〉고 말한 것과 같은 맥락이다. 동양에 우주의
질서와 삶의 문제를 다루는 철학적 사유와 논의가 없었다는 뜻이
아니라 단지 서양과 같은 학문으로서의 철학이 발전하지 않았을
뿐이라는 의미이다. 동양에도 집 짓는 일에 관한 깊은 지혜와
원리가 축적되어 있지만 그것이 서양과 같이 하나의 독립된

---

1 Martin Pawley, preface, *Theory and Design in the Second Machine
Age*(Hoboken: Wiley-Blackwell, 1990), p. x.

〈건축물의 디자인과 건설에 관한 학문〉으로 발전되지 않았을 뿐이다. 다시 말하지만, 동양에서 집을 지을 때 적용되었던 사상이나 원리가 없었던 것은 아니다. 단지 그것이 하나의 체계적 학문으로 발전되지 않았을 뿐이다. 집 짓는 원리와 형식에 관한 강력한 규범도 있었다. 하지만 건축이라는 독립된 학문으로 분류되지 않았고 유교적 정치 제도, 즉 예제禮制의 일부에 속해 있었다. 물론 유교의 예제에는 수레, 복식, 예기 등에 대한 규범(제식)이 모두 포함되어 있었고 건축은 그중의 하나였다.

한국에서는 건축이 하나의 전문적 지식의 영역으로 구분되지 않았기 때문에 사유의 과정인 디자인과 그것을 실현하는 건설 과정이 구분되지 않았다. 과거 한국에는 집에 관한 사상과 이론에 조예가 깊은 사대부나 승려가 있었고, 이들이 집을 구상하여 장인들로 하여금 짓게 하는 일이 드물지 않았지만, 그것이 서양의 아키텍처처럼 하나의 전문적 영역으로 제도화되지는 않았다. 체계적 지식을 가진 독립된 학문으로서 건축이 없었으므로 건축에 관한 저술이나 체계화된 교육도 없었다. 당연히 이에 관한 전문가로서의 건축가도 존재하지 않았다. 한국에서는 집 짓는 일을 영조營造 또는 영건營建이라고 했다. 영조와 영건은 집 짓는 기술과 건설 행위 그리고 지은 후 경영(유지와 관리)한다는 뜻이다. 영조와 영건이라는 말은 건축물 자체를 대상으로 삼기보다는 그 안에서 이루어지는 지속적 삶의 경영, 즉 거주를 강조한다. 건축물 자체보다는 건축물을 통해 구현되는 생활과 삶의 경영에 더 의미를 두었다. 영조나 영건이 뜻하는 바, 집을 짓고 경영하는 일은 우주 질서에 순응하는 포괄적 삶의 행위를 의미하는 것으로 동양의 유교와 도교적 전통을 반영한다. 우리말에 〈집〉이라는 단어는 단순히 물리적 구조물을 지칭하는 것을 넘어 〈집안〉 또는 〈시집〉처럼 그곳에 사는 사람을 의미하기도 하는데, 이 역시 한국인이 〈집〉을 생각할 때 물리적 구조물보다는 그 속에서 이루어지는 삶에 더 비중을 두었음을 시사한다.

건축建築이라는 단어는 일본이 19세기 후반 서양의 아키텍처를 한자어로 번역한 용어로 지금 한국과 중국 등 동아시아 국가에서 사용하고 있다. 일본에서 처음 서양의 아키텍처를 받아들일 때는 조가造家란 말을 썼다. 일본에서 서양의 아키텍처를 조가로 번역한 것은 집 짓는 일에 관한 일본의 전통적이고 기술적인 태도를 반영한 셈이다. 그러다가 조가가 예술적 디자인을 위주로 하는 서양의 아키텍처 개념을 온전히 반영하지 못한다는 사실을 깨닫고 〈건축〉으로 새롭게 번역해서 쓰기 시작하였다. 그러나 건축 역시 기술적 의미가 강한 것이어서 단어 자체로는 서양의 아키텍처가 가진 뉘앙스를 제대로 반영하지 못한다.[2] 한국은 서양의 〈건축〉이 일본을 통해 들어오면서 〈아키텍처〉의 본래 뜻을 스스로 소화해서 받아들일 만한 기회를 갖지 못한 채 단순히 새로운 기술로 이식되었다. 그 사이 우리의 전통 영조의 개념은 상실되었다. 지금 한국에서 〈건축〉이라고 하면 단순한 건설 기술로, 상품으로, 부동산으로 인식되는 데에는 이러한 역사적 배경이 있다. 자연의 질서에 근거한 영조 개념이 자본과 지대의 원리에 따른 경영으로 바뀌었다고 할 수도 있다.

서양의 아키텍처가 일본을 통해 파편적으로 이식되면서 잃어버린 한국의 전통적 영조 개념을 현대 사회에서 되살리는

---

2 안창모, 「한말 건축에 대한 인식과 건축 개념」, 『미학 예술학 연구』, 제20집, 2004.

일은 불가능한 것일까? 최근 주거에서 많이 거론되는 셰어
하우스share house와 코하우징co-housing 등은 단지 지어서 파는 상품이
아니라 그 속에서 이루어질 삶의 경영을 고려하는 점에서 현대적
의미의 영조라고 할 수 있지 않을까? 이제 우리는 건축을 단지
지어서 파는 상품이 아니라 옛 선조들이 갖고 있었던 영조의
가치로 접근할 필요가 있다. 그렇게 한다면 우리 삶의 환경은
분명 지금보다 더 나아질 게 확실하다.

김홍도, 「기와이기」(18세기
후반). 한국에서 집 짓는
일은 체계적 학문을
바탕으로 하는 전문
영역으로 발전하지 않았다.

『화성성역의궤華城城役儀軌』 중
권수에 수록된 수원 화성의
「팔달문외도八達門外圖」(1801).

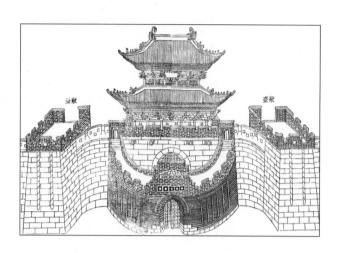

『화성성역의궤』에 수록된
거중기의 모습. 수원 화성을
설계하고 감독한 정약용은
서양의 아마추어 건축가와
유사한 지식인이라고 할 수 있다.

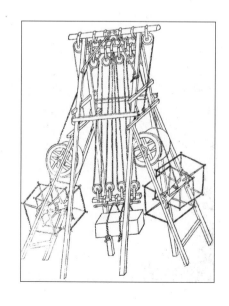

학문적 지식 대 경험적 지혜

실상 우리말로 집을 〈짓다〉는 의미와 서양의 아키텍처 사이에는
어원적 유사성이 있다. 시(글)를 쓰거나 옷을 만들 때도
〈짓다〉라고 하고 밥도 〈짓는다〉라고 한다. 즉 〈짓다〉에는 어떤
지식과 감성을 동원하여 형태적이며 질적인 변화를 수반하는
물건을 만든다는 의미가 있다. 서양에서 아키텍처의 어원인
테크네techne의 뜻도 그렇다. 테크네는 그리스어로 제작이란
뜻인데 단순한 기술의 적용이 아니라 제작 과정에 어떤 생각
또는 지식이 개입함을 뜻한다. 그래서 테크네는 포에시스poēsis,
즉 시작詩作과도 같은 말이다. 테크네를 근대적 의미의 기술, 즉
테크놀로지technology와 구별해서 〈기술의 시학poetics of technology〉으로
번역하는 이유가 여기에 있다.

　　서양에서는 이러한 제작에 관한 지식을 하나의 학문으로
발전시켰고, 건축물을 짓거나 물건을 만드는 제작 원리도
체계적인 지식으로 만들었다. 물론 처음부터 이러한 지식을
교육할 수 있다고 생각하지는 않았다. 그리스의 철학자
아리스토텔레스는 지식을 기술적 지식과 윤리적 규범으로
구분하였는데 그중에서 기술적 지식만 가르칠 수 있고 윤리적
규범은 오직 경험을 통해서만 습득할 수 있다고 보았다. 건축물을
짓는 데 필요한 지식은 기술적 지식과 윤리적 규범을 모두
포함하므로 건축은 체계적으로 교육할 수 있는 것이 아니었다.

하지만 서양에서는 점차 건축의 윤리적 규범도 지식으로 체계화했다. 앞에서 언급했던 로마의 건축가 비트루비우스가 기원전 1세기에 쓴 『건축십서』는 이러한 주제를 정리한 현존하는 가장 오래된 이론서이다. 그로부터 약 1천 년 후 르네상스의 건축가 알베르티는 비트루비우스가 전한 고전 건축의 이론을 재구성하여 체계적인 학문으로 발전시켰다. 근대적 개념의 건축학이 비로소 시작된 것이다. 이처럼 서양은 오래전부터 건축을 수학, 기하학, 인문학, 천문학과 같은 다양한 학문을 바탕으로 한 지식 체계로 발전시켜 왔다. 서양 건축의 이론화 경향은 현재까지 그 전통을 이어 오고 있는데, 현대 건축가들이 건축물을 설계하거나 자신들이 설계한 건축을 설명하기 위해 이론을 만드는 전통은 여기에 그 뿌리가 있다.

동양에는 건축의 이론화 경향이 없었다. 동양에서도 집을 짓는 과정에는 분명히 단순한 기술의 적용을 넘어서는 감성과 지식이 개입해 왔다. 고대 중국의 사상가 장자는 인간이 삶에 필요한 물건을 제작하는 일은 궁극적으로 〈기술을 넘어 도道에 이르는 것〉이라고 했다. 도가道家에서 말하는 도는 자연과 우주의 운행 원리이므로 인간의 제작 행위는 궁극적으로 〈기술을 넘어 자연과 합치됨〉을 뜻한다. 이것은 기술의 시학으로서 테크네의 개념과 유사하다. 그러나 동양의 사고 체계에서 도는 대상화되고 이론화될 수 있는 것이 아니다. 노자의 말을 빌면 〈도를 말로 표현할 수 있다면 그것은 영원불멸의 도가 아니다〉[3]이며, 장자는 〈진리란 입으로 말할 수 없고 그 마음속에 비결이 들어 있다〉라고

---

3   〈도가도비상도道可道非常道, 명가명비상명名可名非常名〉, 노자의 도덕경 1장에 나온다.

했다. 이처럼 동양에서는 언어를 통한 이론화가 현상을 설명할 수 있다고 보지 않았다. 동양의 사고 체계에서 언어는 오히려 제약을 가진 매체이다. 수數 개념도 발달하지 않았다. 동양에서 발전된 수는 그리스 이전, 이집트나 메소포타미아의 수처럼 수학적인 것이 아니라 경험적 산수算數다. 그래서 화약, 활자, 종이와 같은 생활 속의 발명art of living이 많았어도 그 원리가 하나의 과학적 지식으로 이론화되거나 체계화되지 못했다. 이와 같이 동양에서는 집을 짓는 데 적용된 지식과 원리가 하나의 공리적 이론으로 설명되지 않았다.

동양에서 지식은 〈대상의 본질에 대한 설명〉으로 정의되지 않는다. 우주의 원리인 도는 대상에 대한 지식으로 설명되는 것이 아니라 실천을 통해 드러나는 것이기 때문이다. 왕양명의 지행합일설知行合一說이 설명하듯이 〈모든 지식은 행동과 분리될 수 없으며 지식은 그 자체로서 확실한 절대성이 보장되는 것이 아니라 행동과의 연대 속에서 그 유용성을 확보하는 과정이 있을 뿐〉[4]이다. 궁극적으로 실재하는 것은 현상 세계의 데이터로 논의되거나 증명될 수 없고 직접 경험에 의해서만 드러날 수 있다. 궁극적 진리에 도달하기 위해서는 사고가 아닌 생활과 실천이 중요한 것이다. 그래서 동양의 사상과 철학은 어떤 대상에 대한 지식이 아니라 생활의 윤리로 발전했다. 동양에서 발달한 직관을 바탕으로 한 지식은 객관적이고 과학적인 진리가 아니라 자기 몸으로 몸소 찾을 수 있는 주관적 진리이자 생활에 도움을 주는 진리이며, 소속한 공동 사회의 의견 일치로 그 진리의 타당성을

---

4 김용옥, 『동양학 어떻게 할 것인가』(서울: 통나무, 2009), 220면. 김용옥은 이를 동양의 실용주의라고 설명한다.

형성시키려는 태도이다. 유교에서는 이것을 예禮라고 한다. 예는 미와 윤리, 사회적 질서를 모두 통합한다. 건축에 관한 규범도 독립된 학문이 아니라 생활의 윤리, 즉 예와 관련된다. 〈담의 높이는 남녀의 예를 구별할 수 있으면 된다〉[5]는 묵자의 말은 건축과 예를 관련시킨 최초의 표현이다.[6] 서양에서는 건축의 규범이 수학적 비례나 기하학적 원리로 표현되었지만 동양에서는 이처럼 경험적으로 결정되었다. 동양에서 건축의 원리는 언어를 통한 이론화가 아니라 직관적 인식과 깨달음을 통해 전수되었다. 동양 건축은 말하자면, 학문적 지식이 아니라 경험적으로 접근되었다. 경험을 바탕으로 하는 깨달음을 우리는 지혜라고 한다. 지혜는 대상에 대한 지식이 아니라 대상과 공존하는 틀이다. 이것이 지식과 지혜의 차이다. 동양에서 집을 짓는 데 적용된 것은 객관화된 지식이 아니라 경험적 지혜와 깨달음이다.

　　동아시아 국가 가운데서도 유독 한국의 건축은 계량화와 이론화보다 경험과 감각에 의존했다. 중국은 12세기 초 『영조법식營造法式』을 출판했고, 일본은 16세기 이후 여러 장인 가문의 비책들에서 건축 기술에 관한 규범을 체계적으로 정리했다. 물론, 이 책들은 건축의 의미, 즉 디자인에 관한 규범은 아니었다. 하지만 한국은 목수가 사용하는 대패의 수가 몇 개에 불과할 정도로 건축의 도구조차 발달하지 않았다. 기계적 사고를 통한 체계화와 계량화보다 경험과 감각, 직관을 더 중요하게 생각했기 때문이다. 건축의 형태도 계량화되기 어려운 곡선이나 재료의 자연적 형태를 그대로 사용했다. 한국 건축에만 나타나는

5　리원허, 『중국 고전 건축의 원리』, 이상해, 한동수, 이주행, 조인숙 옮김(서울: 시공사, 2000), 55면에서 재인용.

6　위의 책, 62면.

자연스러운 지붕 처마의 곡선, 특히 3차원 곡선으로 드러나는
산자 서까래는 계량화되기 어려웠다.

제천 청풍면에 있는 민속 마을의 민가.
한국 건축에만 나타나는 자연스러운 곡선
처마이다. 삼국 시대 이전에는 처마의 선이
직선이었고 곡선 처마는 삼국 시대 이후에
나타나기 시작했는데, 한국 건축은 줄곧
부드러운 곡선 처마를 유지했다.

안동시 풍천면에 있는 병산 서원의
만대루 계단. 규격화된 제작이
아니라 자연 재료의 형태를
감각적으로 다듬었다.

일원론 대 이원론

동양에서는 왜 서양처럼 건축이 독립적 학문으로 발전하지
않았을까? 이유는 동서양의 독특한 사유 체계에서 찾을 수 있다.
소위 말하는 동양의 일원론과 서양의 이원론 차이다. 서양에서는
고대 그리스 시대부터 사물과 세계를 인식하는 데 주체와 대상,
현상과 본질, 물질과 정신을 구분하는 경향이 있었다. 이것을
서양의 이원론적 접근이라고 한다. 독립된 개체인 인간은 대상을
관찰하여 대상에 숨겨진 어떤 원리를 발견한다. 서양은 이러한
관념적 사유를 통해 사물에 내재한 법칙과 질서를 밝혀내려고
했고 그것을 수학과 기하학에 의존한 시각적 형식으로 표현했다.
예를 들면, 피타고라스는 하늘의 별을 관찰해서 점이 모여 선과
면이 되고 체적이 되는 수의 구조를 발견하고 이를 현상계의
본질로 파악했다. 그는 이러한 수학적 조화를 현상(물질)과
이데아(이념과 실재)를 연결하는 원리로 보았고 절대 진리에
이르는 길로 인식했다. 플라톤은 우리가 살고 있는 현상 세계는
실재 세계인 이데아의 모방이라고 생각했다. 말하자면 현상
세계는 가상이고 진짜는 이데아이다. 그에 의하면 인간은 이성을
활용한 지식과 개념을 통해 현상의 본질, 즉 이데아를 설명할 수
있다.

　아리스토텔레스는 스승인 플라톤과 달리 물질이 단순한
그림자가 아니라 이념적 형태를 표상하는 것으로 보았다.

하지만 그 역시 이원론의 입장에서 사물의 본질은 감각적
특성(현상)과는 무관하게 존재하는 이상적 질서로 생각했다.[7] 둘
사이의 이견은 물질이 이념적 형태(실재)의 그림자에 불과한가
아니면 이념적 형태를 표상하는가의 차이일 뿐, 사물을 인식하는
데 물질과 실재를 구분하는 이원론적 입장은 같다. 이원론의
틀 속에서 사물의 본질이 드러나는 양상에 대한 이견이 있을
뿐이다. 서양에서 예술의 개념은 이러한 이원론을 근거로
발전했다. 오랫동안 서양의 예술은 기하학, 비례, 대칭, 부분과
전체의 조화, 통일성과 같은 불변의 미적 원리(미적 본질)를
표상하는 것이었다. 서양에서는 미적 본질을 표현하는 매체에
따라 예술의 장르가 구분된다. 음악은 공연 예술이고 회화나
조각은 시각 예술이다. 건축은 3차원적 공간을 구축하고 실제적
기능에 봉사한다는 점에서 회화나 조각과 구별되지만 시각
형식으로 표상된다는 점에서 시각 예술로 분류되었다.

　　동양에서는 이상적 본질(실재)의 표상이라는 개념화된
세계로서의 예술이 존재하지 않는다. 현상과 실재, 물질과
정신의 분리를 인정하지 않기 때문이다. 동양 사상은 유불도를
막론하고 일원론이 지배한다. 노자는 〈두 개의 근원은 하나다.
그 둘은 단지 이름이 다를 뿐이다. 비밀은 둘의 일치된 조화에
있다〉라고 했다. 불교에서는 물질이 관념이고 관념이 곧
물질이다.[8] 일원론의 관점에서 보면 현상과 실재는 궁극적으로
하나다. 이것은 유동적이고 변화무쌍하며 질서가 있는 우주의
원리이다. 우주 자연의 질서를 형식화한 것이 예인데, 동양에서는

7　　리처드 니스벳, 『생각의 지도』, 최인철 옮김(서울: 김영사, 2004), 35면.

8　　색즉시공공즉시색色卽是空空卽是色.

예도 절대적인 것이 아니라 시간과 공간에 따라 변하는 상대적인 것으로 파악했다.

동양은 인간이 대상을 이성적으로 분석하기보다 전체를 하나로 이해하려고 했다. 중국 북송의 유학자 정이는 〈우주와 인간은 본래 둘이 아니다〉[9]라고 말했다. 그래서 물리物理와 윤리倫理도 구분하지 않는다. 동양에서는 주체와 객체를 분리시키기 이전인 직관에 바탕을 둔 원초적 원리, 즉 판단과 심상이 배제된 상태에서 원초적으로 경험의 대상과 진리에 접근했다. 예컨대 서양 의학에서는 해부학이 발달했던 것과 달리 동양에서는 해부학이 발전할 수 없었는데, 몸 전체를 하나의 유기체로 보고 해부된 장기는 이미 의미를 상실한 것으로 간주했기 때문이다. 동양에서는 마음도 하나의 전체로 보고 이성과 감성을 구분하지 않았다. 중국의 철학자 장파張法는 이러한 동양적 인식론의 특징을 〈정체공능整體功能〉으로 설명했다.[10] 서양 예술은 미적 본질을 표현하는 감각 매체에 따라 장르가 나뉘지만 동양 예술은 감각적 대상에 따라 장르가 분리되지 않는다. 동양에서는 시서화詩書畫가 하나로 표현된다. 이것은 대상의 시각적 표상이 아니다. 그림은 보이는 대로 모사하는 것이 아니라 정신과 마음의 표현이며 마음과 몸의 일치가 바로 예술의 정수라고 보았다. 시, 서, 화에 능하다는 것은 내적 인격의 표현, 그러므로 수양 도구이지 서양 예술과 같은 외부적 가치의 시각적 표상이 아니다. 건축의 의미도 건축물이 시각적으로 표상하는 어떤 미적 실재(본질)에 있는 것이 아니라

---

9   천인본무이天人本無二.

10   장파, 『동양과 서양 그리고 미학』, 유중하 옮김(파주: 푸른숲, 1999), 59~67면.

건축물이 인간의 행위와 결합될 때 비로소 총체적 경험으로 드러난다. 이렇게 보면 한국 건축은 예술이 아니다. 시각 예술은 더더욱 아니다.

예술적 오브제 대 생활의 도구(장치)

서양에서 건축은 불변의 미적 원리를 반영하는 시각적 감상의
대상으로 정의되어 왔다. 특히 르네상스 이후 서양의 고전
건축은 우주의 보편적 아름다움을 표상하는 예술적 오브제로
간주되었다. 근대 이후 미의 본질이 우주의 보편적 질서를
모방하는 것으로부터 인간의 감각에 직접 호소하여 미적 감흥을
불러일으키는 것으로 변화했는데, 이것은 18세기 말 낭만주의
미학이 등장하면서 생긴 일이다. 이때부터 건축은 천재적
예술가인 건축가가 숨어 있는 미적 질서를 표현하여 감동을
불러일으키는 예술 작품이라는 개념으로 등장했다.
한국에서는 건축물 자체를 시각적 감상의 대상으로 보지 않았다.
건축물을 시각의 예술로 보는 인식 자체가 없었기 때문에 시각적
형식의 규범에 관한 이론도 발전하지 않았다. 칸트의 설명을
빌리면 인간이 건축을 인식하는 선험적 형식, 즉 경험을 조직하는
인지 장치 혹은 공간과 시간을 인식하기 위해 필요한 우리
마음속의 틀이 서양과 달랐던 것이다.
　　한국 건축이 구축하는 것은 예술적 오브제가 아니라 생활을
위한 장치이자 무대이다. 말하자면 한국 건축은 어떤 미적 원리를
표상하는 대상이 아니라 생활의 필요에 의해 조직된 공간이나
장소다. 유교적 관점에서 보면 건축은 예를 실천하는 도구의
성격을 갖는다. 유교에서는 주택도 예를 실행하는 장소로 여겼다.

또 한국 건축은 자기 완결적 오브제가 아니라 주변 맥락과 함께 존재한다. 예컨대 병산 서원에서 병산이 없는 만대루는 상상할 수가 없다. 한국 건축은 건물 자체에 그치는 것이 아니라 마당과 외부 공간, 주변 환경과의 관계를 포함하는 전체의 질서이다. 서양이 건축을 오브제로 인식한다면 한국은 건축을 주변의 전체적 양상으로 인식한다. 서양의 건축이 나무를 보는 것이라면 한국의 건축은 숲을 인식하는 것과 유사하다. 숲을 밖에서 시각적으로 대상화하여 경험할 수는 없다. 한국 건축은 주변 자연과 반응하는 장치이기도 하다. 하이데거에 의하면 자연 상태에서 인간은 도구를 이용해 우주 자연과 관계망을 구성함으로써(이것이 〈테크네〉의 의미이다) 세계 속에 거주한다. 이런 점에서 집을 짓는 일은 거주를 가능하게 하는 수단이 된다.[11] 집은 텅 빈 좌표상의 공간이나 오브제가 아니라 대지 위에서 인간이 우주와 연결되는 존재의 체험 장소인 것이다. 이와 같이 한국의 건축은 자체로 완성되는 것이 아니라 장소를 완성하는, 우주의 궁극적 원리인 도를 실천하는 도구다.[12]

확실히 한국 건축은 시각적 감상의 대상이라기보다는 생활의 장치이자 장소를 만드는 도구로서의 성격이 강하다. 그 안에 삶이 채워지고 주변 환경과 관계를 맺음으로써 작동하고 의미를 갖게 되는 도구와 같다. 그런데 여기서 도구는 타자화된 도구가 아니다. 단순한 기술적 수단으로서의 도구가 아니라 몸의 연장이라고 할 수 있다. 자유자재한 몸짓의 검객에게 칼은 손의 연장이고 마음의 연장인 것과 같다. 옛날 거문고를 타던 명장

11 Martin Heidegger, *Building Dwelling Thinking in Poetry, Language, Thought*, trans. by Albert Hofstadter(New York: Harper Colophon Books, 1971).

12 김인철, 『공간 열기』(파주: 동녘, 2011), 261면.

서이가 〈거문고가 곧 나요, 내가 곧 거문고이다〉라고 말한 것처럼
도의 경지에서 사람과 도구는 일체가 된다. 경지에 이른 장인에게
그가 사용하는 도구와 몸이 하나가 되는 것처럼 한국의 건축은
한국인에게 몸과 하나 되는 도구다. 집은 내 몸의 연장인 셈이다.
그런데 동양에서는 도구 자체를 중요시하지 않았다. 도가에서는
인간이 사용하는 도구가 기능적으로 완벽해야 한다고 생각하지
않았다. 하나의 도구가 한 가지 목적을 위해 사용되어야 한다는
법도 없고, 한 측면에서 볼 때 아무런 쓸모없는 물건이 다른
측면에서는 유용하게 사용되기도 한다. 도구보다 중요한 것이
도의 실천이다. 그래서 도구인 건물 자체를 대상으로 깊이
분석하거나 이론화하여 특별한 의미를 부여하려고 하지 않았다.
한국의 전통 건축을 하나의 오브제로 보고, 비례나 통일성과
같은 서양의 건축 원리로 해석하기 시작한 것은 일제 강점기
서양의 학문을 배운 학자들에 의해서였다. 하지만 건축을 시각적
조형물로 관찰하고 분석해서 그 형태적 아름다움을 따지는 것은
한국 전통 건축의 본질과는 무관한 근대적 발상이다.

　한국의 건축엔 이런 형식미에 대한 개념이 없었다. 야나기
무네요시柳宗悅와 고유섭을 비롯한 근대 초기 한국의 건축과
예술을 연구한 학자들이 무기교의 기교, 질박미[13]와 같은 새로운
개념들을 고안한 것은 서양 미학의 원리로는 잘 설명되지 않는
한국 건축의 고유한 아름다움을 설명하기 위해서였다.
20세기 초 서양에서는 과거의 역사 양식에 의존하던
절충주의eclecticism를 거부하고 근대적 삶을 수용하는 무대

13　야나기 무네요시, 「조선의 미술」, 「조선 시대 도자기의 특질」, 「조선을
생각한다」, 심우성 옮김(서울: 학고재, 1996). 고유섭, 「조선 미술 문화의 몇 낱
성격」, 「한국 미술사급 미학논고」(서울: 통문관, 1963).

장치로서 새로운 건축을 만들어야 한다고 주장한 진보적 건축가가 있었다. 오스트리아의 아돌프 로스Adolf Loos가 이러한 대표적 건축가였다. 그가 말한 라움플랜raumplan은 생활을 위한 무대로서 공간의 세심한 조직을 말하는 것인데 실상 이것은 한국 건축에서 쉽게 볼 수 있다. 서양의 근대 건축이 오랜 형태적 전통을 부정하면서 새롭게 주목한 건축의 가치가 이미 한국 건축에 있었던 것이다. 역설적이게도 해방 이후 한국의 건축가들은 한국적 근대 건축을 창조하기 위해 전통 건축의 형태에 주목했다. 그들은 콘크리트와 같은 근대적 재료로 전통 건축의 형태를 추상화하여 표현함으로써 한국적 근대 건축을 창조하려고 했다. 하지만 이러한 형태적 접근은 과거 우리 선조들이 가지고 있었던 건축의 인식 틀에서 보면 생소한 것임에 틀림없다.

「동궐도」(1824~1830)가
표현하는 한국의 건축은 시각적
오브제가 아니라 외부 공간과
주변 환경을 포함하는 전체의
질서이다.

병산 서원의 만대루. 병산이 없는
만대루는 상상할 수 없다.

미적 체험의 차이:
시각적 즐거움 대 심미적 인식

그렇다면 한국의 건축은 미적 체험 자체가 불가능한 대상이라고
해야 할까? 그렇지 않다. 미적 체험의 양상이 서양 건축과 다를
뿐이다. 서양에서 건축은 시각적 오브제로 이해되었기 때문에
회화나 조각과 같은 형식의 원리로 설명되고 그것이 주는 미적
체험의 본질은 시각적 즐거움으로 정의되었다. 그러나 한국
건축의 아름다움은 형태에서 찾으면 안 된다. 한국 건축은 어떤
형식의 미학을 반영하거나 시각적 즐거움을 불러일으키는 대상이
아니기 때문이다. 한국의 건축이 아름답게 느껴진다면 그 이유는
다른 데 있다. 앞에서 설명했듯이 한국 건축은 생활과 환경과의
관계를 조직하는 도구다. 한국의 건축은 형태를 인식하는 대상이
아니라 삶의 장소를 만드는 것이며 주변 환경이나 자연과의 관계
속에서 우주적 힘을 배치하는 것이다. 그 속에서 건축물은 스스로
형체가 소멸되고 하나의 우주적 환경으로 확장된다. 마치 동양
사상에서 개인적 자아가 우주와 분리되지 않는 것과 같다. 내가
곧 우주가 되는 것이다. 이러한 미적 소통의 양상은 서양 예술이
추구하는 미의 개념과는 다르다. 이것은 우주와 자연의 흐름에
합일되는 것으로부터 오는 편안함으로, 한국 건축에서 느끼는
아름다움은 바로 이러한 종류의 심미성이다. 이러한 미적 경험은
매개적 기호성에 의한 논리적인 것이 아니라 직관과 무매개적
소통을 통한 인간과 인간을 둘러싼 대자연에 대한 심미적

인식에서 오는 것이라고 할 수 있다. 이러한 미적 소통의 방식은
대상의 형식으로 표상되거나 인식론적으로 접근할 수 있는 것이
아니라 실천적 개념이다. 이러한 무매개적 소통 방식은 이성과
논리가 아니라 직관에 의존한다. 그것은 시각적 소통을 넘어서는
깨달음에 가깝다.[14]

    동양의 전통 사상에서 우주 원리는 도이고 도는 궁극적으로
아름다운 것이다. 도의 아름다움이란 생명 체계의 원리가
드러남을 말한다. 도가에서 미의 효과는 즐거움이라고 할 수
있는데, 단순히 시각적 즐거움을 말하는 것이 아니라 자연과의
합일에 이르는 깨달음의 과정에서 나온다. 건축은 이러한 도를
구현하는 수단인 셈이다. 퇴계가 지은 도산 서당의 앞마당에
있는 연못이나 담과 같은 장치들은 시각적 즐거움을 위한 것이
아니라 스스로를 돌아보기 위한 것이었다. 이처럼 한국 건축의
심미성은 생활과 실천에 기반을 두며 인식론적이라기보다는
존재론적이다. 동양에서 진실한 아름다움의 깨달음에 이르는
과정은 대상화되거나 분석될 수 없고 우리 몸을 통해, 즉 실천을
통해 일체화될 수 있을 뿐이다. 동양의 미학은 유미주의唯美主義가
아니라 인성의 완성을 목표로 한다. 그래서 사대부들에게 그림
그리기와 서예는 수행의 도구였다. 서양에서 시각적 감상을 통해
추구되었던 예술의 기능(위안, 만족, 계몽)이 동양에서는 행위와
실천을 통해 성취되었다. 따라서 동양에서는 예술과 실용의
구분이 뚜렷하지 않다. 감상 대상으로서의 예술과 실용품의
구별이 없다.

    한국 건축의 미적 원리를 굳이 다른 예술 장르에 비유한다면

---

14   장파의 책 『동양과 서양 그리고 미학』에서 김지하가 쓴 서문.

회화보다는 음악(동양에서는 예악이라고 했다)에 더 가까워 보인다. 고래로부터 동양에서 악樂은 도를 드러내는 방편이었다. 공자는 예는 질서를 구분하고 악은 합친다고 했다. 시각은 방향성을 갖고 대상을 분리시키지만 소리는 퍼지고 통합하는 성질이 있다. 소리는 내면화되고 공간을 확장한다. 소리는 공동체 의식, 즉 대동의 의식을 형성하는 매체이다. 이런 점에서 동양의 예악은 서양 음악과는 좀 다르다. 독일의 사회 철학자 아도르노Theodor W. Adorno는 서양 음악은 단지 듣고 있을 뿐이지만 무당의 음악은 춤을 추게 만든다고 했다. 동양의 예악은 몸과 감응하고 시공간 속에서 인간과 우주의 합일을 지향하는 점에서 무당의 음악과 비슷하다. 땅과 하늘 사이에서 시공간이 생성되고 그 속에 참여하게 하는 예악이야말로 한국 건축의 심미적 인식과 경험을 설명할 수 있는 미적 원리가 아닐까?

언젠가 기타와 해금의 협주를 들은 적이 있다. 그 소리의 대비는 설명하기 어렵지만 분명한 차이로 다가왔다. 기타의 연주 소리는 멜로디와 음의 조화(하모니, 화성)가 참 아름답다. 하지만 해금이 주는 느낌은 애절하다. 서양의 현악기와는 뭔가 다르다는 느낌을 지울 수 없었다. 그 차이는 어디서 오는 것일까? 고대 중국의 『예기禮記』의 첫 장인 「악기樂記」에서는 음에 대해 이렇게 설명한다. 〈대저 음이 일어남은 사람의 마음을 통하여 생성되는 것이다. 마음의 움틈이란 사물이 그러하도록 하는 것이며 동시에 사람의 마음이 사물에 감하여 움트는 것이다. 그러한 움틈이 소리라는 매체를 통해 구체적으로 형상화되는 것이다.〉[15] 해금이

---

15   김용옥, 『아름다움과 추함』(서울: 통나무, 1996), 61면에서 재인용.

주는 감동은 멜로디와 음의 조화가 아니라 음 자체의 색[16]과
그것이 생성하는 시공간성에 있었다. 그래서 소리에 깊이가
있다. 해금의 연주는 귀로 듣기보다는 몸으로 반응하게 된다.
소리를 감상한다기보다는 그것이 생성하는 시공간에 우리 몸이
참여하게끔 한다. 이런 관점에서 건축은 소리를 만들어 내는
악기에 비유될 수 있다. 한국의 사찰이나 궁궐과 유럽의 중세
성당이 만들어 내는 소리는 다를 수밖에 없다. 성당은 반사음과
소리의 공명을 만든다. 중세의 그레고리오 성가는 이러한 교회의
음향 구조에 맞추어 발전된 음악이다.[17] 서양에서 실내악이
발전한 것도 내부 공간을 위주로 하는 서양 건축의 특성과 관련이
있다. 반면에 한국 건축의 마당에서 발생하는 음악이나 사찰의
풍경 소리는 자연과 공감하는 소리로 우주로 확장된다. 모든
건축은 그 자체의 고유한 소리가 있다.

---

16   위의 책, 35면. 김용옥은 동양 음악의 특징을 〈음의 색〉이라고 한다. 같은
높이의 음이라도 음색에 따라 우리 몸은 다르게 반응한다. 이것은 음의 생성적
관점에서는 당연하다.

17   S. E. 라스무센, 『건축 예술의 체득』, 선형종 옮김(서울: 야정문화사, 2007),
13장.

영주 부석사 범종루에서의
전망. 한국 건축의 심미성은
우주와 자연의 흐름에
합일되는 것으로부터 오는
편안함이다.

도산 서당 앞마당의 연못과
담. 퇴계는 마루에 앉아
자연과 소통하며 스스로를
돌아보았을 것이다.

종묘의 제례 모습. 모든 건축은
그 자체의 고유한 소리를 가진다.

건축과 음악

서양에서 건축은 음악에 자주 비유되어 왔다. 그런데 서양은
음악도 시각적 형식으로 표현했다. 서양의 악보는 균질한 시간의
흐름 속에 정해진 박자에 따라 음표가 배치된다. 음의 리듬은
악보에 시각적 패턴으로 표현되는 음표의 간격과 동일하다고
생각되었다. 그래서 리듬은 비례에 의존하고 조화가 중요하다.
건축에도 이러한 비례와 조화가 적용된다. 르네상스 건축가인
팔라디오Andrea Palladio와 알베르티는 음악과 건축의 비례에 관한
연구를 통해 음의 조화를 시각적 형식으로 표현하여 건축에
반영했다. 한국에서는 음악은커녕 그림도 시각적 형식에 맞추어
그리지 않았다. 인체를 묘사할 때 서양 회화에서 중시한 것은
비례이지만 동양에서 중시한 것은 내면의 전달이다. 그림을
평가할 때 동양에선 기운생동氣運生動이 있어야 한다고 한다. 즉
동양화는 사실적 묘사가 아니라 보이지 않는 기운을 표현하고자
한다. 이것은 시각적 형식으로 설명하기 어렵고 직관적으로 느낄
수밖에 없다.

이탈리아의 건축가 조 폰티Gio Ponti는 건축을 응고된
음악이라고 정의했다. 각 문화는 음악에서 독특한 성향과 미적
감각의 차이를 보이는데 그러한 미적 성향의 차이가 건축에서도
물질 형식을 빌려 나타난다는 얘기이다. 이러한 비유는 건축과
음악의 관계를 설명하는 데 유용하다. 동시대 문화권에서

사람들이 음악에 대한 유사한 감각을 갖는 것처럼 건축도 그러한 감각을 반영한다는 뜻이다. 음악적 리듬은 주로 건축을 형성하는 요소들의 배치에 공간적으로 반영된다. 물론 건축 자체는 시간의 요소가 없고 움직임도 없다. 따라서 건축에서 리듬이나 멜로디를 경험하려면 우리 스스로 어떤 의도적인 노력이 필요하다. 서양 건축에서는 벽면이나 기둥의 배열에서 음악적 리듬을 경험할 수 있다. 통일성 있는, 혹은 축을 따라 절정에 도달하는 공간에서도 이러한 음악적 리듬을 느낄 수 있다. 균일한 공간에 기둥과 벽이 줄지어 있는 미스 반데어로에Mies van der Rohe의 건축은 마치 서양의 음악에서 균등한 시간이 설정된 오선 악보에 일정한 박자를 갖는 다양한 음이 배치되는 것과 같다.

동양 건축에서는 마당과 건물이 하나의 군집을 이루어 움직임에 따라 변화하는 공간의 리듬을 경험할 수 있다. 중국의 건축 역사학자 리원허李允鉌는 중국 건축의 미적 원리를 음악에 비유해서 다음과 같이 설명한다. 〈중국의 건축 예술에 대한 요구는 문학, 연극 및 음악과 비슷하다. 건축에서 느끼는 미적 감각은 일시적 인상에 제한되는 것만 아니다. 사람이 건축 군에서 움직일 때 시각적으로 연속적인 여러 가지 인상을 낳을 수 있으며, 하나의 닫힌 공간에서 다른 공간으로 옮겨갈 때 (……) 음악처럼 한 악장에 이어 다음 악장으로 이어진다. 개별 물체의 설계는 문학의 문구나 음락의 선율로 간주될 뿐이다.〉 이러한 공간의 리듬은 마당을 중심으로 하는 동아시아 건축의 정수다. 동양의 음악은 서양의 오선 악보와 같은 균질하고 절대적인 배경이 없다. 대신 음 자체의 고유한 시간이 있고 음과 음이 관계를 맺으면서 시간(엄밀히 말하면 시공간)이 발생한다.

오선이 없는 악보의 박자는 그래서 유동적이며 여백이 있다.[18] 동아시아에서도 중국 음악은 좌우 동형의 박자가 많지만 한국은 좌우 동형의 박자가 적으며 장단(박자)이 복잡하고 반복을 기피한다. 건물과 건물 사이의 틈과 여백이 많은 한국 건축에는 좌우 대칭이 많은 중국의 건축과 다른 공간적 박자와 리듬이 있다. 도산 서원은 유교 건축임에도 불구하고 중국의 건축과 같은 강력한 축과 대칭이 없다. 도산 서원의 전교당에서 본 고직사 다음의 공간은 반쯤 비어 있다. 한국 사찰의 진입 과정은 누마루를 돌아들게 하거나 마당 모퉁이에서 꺾어 진입하는 경우가 많은데, 여기서 느끼는 돌고 돌아가는 여정도 긴장을 풀어 주고 맺는 한국적 리듬을 반영한다. 이것은 연속된 리듬과 멜로디로 절정에 도달하는 서양 건축과는 사뭇 다르다. 이러한 한국 건축의 공간적 흐름을 형식적 도식으로 설명하기는 어렵다. 그것은 시각적으로 단순히 분석될 수 없는 시공간적 체험을 통해서 드러난다.

---

18   〈오선이 없는 악보〉는 후지모토 소우의 책에서 참조한 것이다. 『건축이 태어나는 순간』, 정영희 옮김(서울: 디자인하우스, 2012), 92~94면.

통도사 전경 모델. 공간 배치에서 음악의 리듬을 느낄 수 있다.

병산 서원의 입교당과 동재 사이에서 사당으로 연결되는 공간의 리듬감.

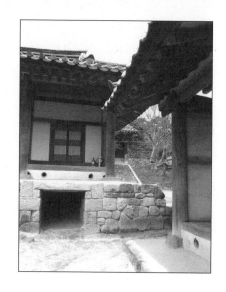

한국의 건축학, 어떻게 할 것인가[19]

한국의 전통 건축에는 장점이 많다. 구조는 소박하면서 정교하고 공간은 단순한 듯하면서 복잡하고 오묘하다. 또 자연과 관계를 맺는 방식은 심오하다. 최순우 선생이 연경당에 대해 쓴 다음의 글은 이러한 한옥의 특징을 잘 묘사한다. 〈연경당은 내가 바로 한국이노라 하는 소리 없는 외침이다. 연경당의 아름다움은 바로 겸허와 실질과 소박의 아름다움이며 그 속에 우리는 그다지 흥겨울 것도 없는 그다지 초라할 것도 없는 한국적인 품위와 조국에 대한 안온한 즐거움 같은 담담한 아름다움을 볼 수 있다.〉[20] 그런데 이것들이 구체적 의도를 갖고 체계적 원리에 따라 만들어진 것은 아니라는 데 어려움이 있다. 과거 선조들의 세계관과 가치관이나 생활상이 반영되어 있지만, 그것이 체계적 언어나 공리적 이론으로 적용된 것은 아니다. 이러한 한옥의 특징을 도대체 어떻게 적용이 가능한 건축 원리로 체계화하고 이론화할 것인가? 이것은 궁극적으로 〈한국의 건축학, 어떻게 할 것인가〉라는 질문으로 귀결된다.

---

19   이 주제는 나의 논문을 바탕으로 요약 정리한 것이다. 이상헌, 「전통의 현대적 계승을 위한 한국 전통 건축의 이론화에 대한 비판적 고찰」, 『건축 역사 연구』, 통권 제103호, 2015. 12.

20   김수근, 「최순우 선생의 두 눈」, 『좋은 길은 좁을수록 좋고 나쁜 길은 넓을수록 좋다』(서울: 공간사, 2006), 34면.

한국에서 건축은 서양의 예술이나 기술과 같은 대상화된 지식art and science이 아니라 우주적 삶을 이해하고 실천하는 도에 이르는 수단이었다. 그런데 〈도〉로서의 건축은 우리가 도인이나 선비의 경지에서 우주 기氣의 흐름을 체험하고 깨달음에 이르러야, 혹은 그러한 삶의 환경에서 그것을 추구할 수 있어야 의미가 있다. 하지만 우리는 이미 서구 문명이 지배하는 현대 사회에 살고 있지 않은가. 지금 우리는 서구화된 삶을 살고 있고 서양에서 이식한 체계화된 지식과 실무의 방식을 따라 건축을 한다. 이를 벗어나 단순히 과거로 돌아가는 것은 불가능하다. 이런 점에서 한국의 건축학은 딜레마에 빠져 있다. 앞에서 설명했듯이 건축은 서구의 세계관과 사물에 대하는 태도로부터 나온 지식의 체계이자 학문이다. 동양의 전통 사상에 따르면 건축학은 있을 수 없다. 건축물은 어떤 고정된 원리나 본질을 표상하는 대상이 아니라 우주 만물의 원리인 도를 실천하는 도구의 하나일 뿐이고, 그 또한 고정되고 변치 않은 것이 아니기 때문이다. 또 전통 건축의 원리가 실재한다 해도 그것은 공리적 이론이나 문법으로 정리되어 있지 않고 각자 실천과 깨달음을 통해 얻을 수밖에 없다. 그러나 건축이 학문으로 성립하려면 모든 사람이 배워 따를 수 있게 그 지식을 체계적으로 이론화해야 한다. 다시 말해, 전통 건축의 지혜는 현대 건축에 적용이 가능한 형식적 원리로, 일상의 경험을 통해 공감하고 활용할 수 있는 도구적 개념과 언어로 설명되어야 한다. 이것이 곧 건축학이다. 이런 점에서 전통 건축의 현대화라는 프로젝트는 근본적 어려움에 봉착한다.

현재 우리의 건축에 대한 인식과 실무 체계가 서양의 것을 바탕으로 하기 때문에 그것을 통하지 않고 건축에 접근할 수

없다는 사실은 분명하다. 한국 건축을 서양의 개념으로 설명하기
어렵지만, 우리가 더 이상 전통적 생활 세계에 있지 않기 때문에
달리 방법이 없다. 한국 음악을 체계화하는 데 서양 악보를
이용하는 것과 마찬가지로 한국 건축도 서양 건축의 언어와
이론적 체계를 활용할 수밖에 없다. 건축을 음식에 비유하자면,
감각과 손맛 그리고 경험에 의존하던 조리법을 서양식으로
계량화할 필요가 있는 셈이다.

　　많은 학자는 이런 관점에서 한국 전통 건축의 고유한 원리를
해석하고 현대의 건축에 적용하려고 노력해 왔다. 건축사가인
김봉렬의 『한국 건축의 재발견』 시리즈 저작은 현대 건축가의
입장에서 전통 건축의 원리를 해석한 탁월할 성과이다. 그러나
전통 건축이 지어졌던 당시의 실제 설계의 원리나 조성된
의도라기보다는 현재 관점에서 현대 건축의 원리와 개념을
바탕으로 한 추정과 추론일 가능성이 높다.[21] 즉 현대적 관점에서
전통 건축을 고안한 것이다. 한국 건축은 서양 건축과는 다른
인식 체계 안에서 만들어지고 경험되었기 때문에 이런 방식으로
한국 건축이 담고 있는 내용을 온전히 설명하기는 어렵다.
건축학자 임석재는 한국 건축과 서양 건축의 형식적 유사성을
비교하여 한국 건축의 원리를 현대 건축의 언어로 설명한다.[22]
한국 전통 건축의 입면에서 몬드리안Mondriaan의 추상 회화의
미학을 볼 수 있고 나아가 한국 건축의 추상 구성이 몬드리안보다
우월하다고 주장하는 식이다. 하지만 한국에서는 건축을 조형

21　김봉렬의 분석은 국적과 무관한 건축의 보편성과, 과거에 건축을 구성했던
생각이나 과정이 현재의 그것과 다르지 않다는 믿음을 바탕으로 한다. 김봉렬,
서문, 『한국 건축 이야기 1』(서울: 돌베개, 2006).

22　임석재, 『우리 옛 건축과 서양 건축의 만남』(서울: 대원사, 1999).

예술로 보지 않았고 입면을 회화적 구성으로 접근하지도 않았다. 한국 건축의 입면 구성은 기능적 고려에 따른 구조 분할의 결과이지 추상적 구성 자체가 의도는 아니다. 현대인의 입장에서 그걸 휴머니즘적 추상이라고 하고 그런 관점에서 감상하는 건 자유이지만 한옥의 입면이 현대 건축의 추상 입면을 선취했다고 하는 것은 지나친 해석이다.

　　한국 전통 건축의 원리는 그것이 지어졌던 과거의 맥락에서 이해되어야 한다. 이런 관점에서 유교나 도교, 불교 사상이 전통 건축에 어떻게 원리적으로 반영되었는지를 설명하기도 한다. 예컨대 공, 진여, 연기, 원융과 같은 동양 사상의 개념을 가지고 전통 건축을 설명하는 것이다.[23] 이러한 접근은 한국의 전통 건축이 지어진 당시 사상과 원리를 통해 접근하고자 하는 점에서 의의가 있지만 실제 이러한 사상이 건축에 체계적으로 적용되었다고 보기는 어렵다. 또 설사 그렇다 해도 이러한 전통 사상의 현학적 개념은 현대에 소통될 수 있도록 번역되지 않는다는 점에서도 문제가 있다. 전통 건축에 관한 현학적 태도는 건축의 신비주의와 엘리트주의를 조장하고 전통을 현실에서 더 멀어지게 할 뿐이다. 그렇게 되면 한국 건축의 원리는 논증할 수 없는 종교적 도그마나 주술이 되고 소수의 전유물이 되고 만다.

　　한국 전통 건축의 정체성을 현학적 사상이나 잘 이해되지 않는 말로 신비화하는 대신, 일상적이고 적용이 가능한 도구적 언어로 번역해야 한다. 한국의 전통 건축이 담고 있는 내용을 현대 건축의 개념을 빌어 지금 우리가 이해하고 활용할 수 있는

23　임석재의 『한국 전통 건축과 동양 사상』(서울: 북하우스 2005)과 김개천의 『명묵의 건축: 한국 전통의 명건축 24선』(서울: 컬처그라퍼, 2011)이 대표적이다.

언어로 설명할 수 있어야 한다. 그래야만 우리 건축의 전통과 원리가 과거의 것으로 존재하는 것이 아니라 현재 유효한 우리 건축의 원리로 활용될 수 있다.

동양 철학자 김용옥은 동양학 연구에서 고전의 번역 문제를 제기한 바 있다.[24] 그에 의하면 고전의 번역은 과거를 현재로 바꾸는 일이다. 고대어는 현대 사회에서 소통되지 않으므로 고대어로 쓰인 고전은 현대 언어로 현재적 의미로 번역되어야 한다. 이러한 번역 과정을 거치지 않으면 과거는 현재로 이행되지 못한 채 과거에 매몰될 뿐이다. 이런 점에서 〈타이지〉를 태극太極으로 번역하여 알고 있는 우리보다 〈The supreme ultimate(최고의 궁극적인 것)〉라고 번역하는 서양 사람들이 타이지의 본래 뜻에 더 가까이 접근한다는 김용옥의 말에 공감이 간다.[25] 한국의 전통 건축이 담고 있는 원리는 전통 건축이 만들어진 당시의 맥락 속에서, 당시 사람들의 인식 체계 속에서 이해되어야 한다. 번역은 그 당시의 구체적인 문맥에서, 그들의 의식 또는 무의식에서 작동했던 원리를 현재의 언어로 밝히는 것이다. 근대 이전, 전통 건축이 우리의 의식 속에서 완전히 살아 있는 현재일 때 그것은 번역되어야 할 대상이 아니었지만, 지금 전통은 이미 과거가 되었기 때문에 떠나버린 과거를 현재와 잇는 작업이 필요하다. 현재의 의식 속으로 과거를 불러오는 일이다. 말하자면 전통의 이론화는 무의식적으로 전승되어 왔던 한국 건축의 전통을 자의식적으로 이론화하는 하는 것, 즉 잠재하는 것의 구체화라고 할 수 있다.

---

24 김용옥, 『동양학 어떻게 할 것인가』(서울: 통나무, 2009).

25 위의 책, 「번역에 있어서 공간과 시간」, 136면.

이런 점에서 한국의 전통 건축은 해석돼야 할 텍스트다. 우리 선조들이 집을 지을 때 활용했던 많은 지혜가 있지만 그것이 언어화되거나 문법으로 체계화되지 않았을 뿐이다. 한국의 전통 건축은 문자로 표현되는 사상 체계나 이론은 아니지만 집단적 지혜를 담고 있는 텍스트라고 할 수 있다. 그런데 해석학의 관점에 의하면 텍스트의 번역은 작품이 만들어진 당시의 역사적 맥락에 근거해야 하지만 동시에 그것을 해석하는 사람의 관점(지평)을 벗어날 수 없다. 예를 들면, 현대인이 고대 그리스로 이동하여 아리스토텔레스를 이해하는 것은 불가능하다. 우리는 현재의 지평에서 아리스토텔레스를 이해할 수밖에 없다. 해석학적 관점에서 보면 인간의 지각은 이미 의미를 포함하며 그러한 읽기는 관찰자의 지평에 의해 사전 결정되어 있다.[26] 문제는, 한국의 전통 건축이 현재 우리의 의식과 개념을 지배하는 서양 건축과는 전혀 다른 인식 체계의 산물이라는 점이다. 언어로 치면 서로 다른 어족이라고 할 수 있다. 따라서 현대 건축의 개념과 언어, 문법을 통해 한국의 전통 건축에 직접 접근할 수는 없다. 전통을 현대 언어로 번역하는 데 단순히 용어의 문자적 동일성(유사성)에 의존할 수 없다는 말이다. 중국에서 인도 불교를 받아들일 때 불교의 핵심 개념인 니르바나nirvāṇa를 당시 중국의 노장 사상에서 많이 쓰는 무위無爲로 번역하여 사용하다가[27] 그 개념적 차이가 커서 점점 음역에 가까운

---

26 해석학의 대가인 가다머Hans-Georg Gadamer는 인간의 모든 경험 세계는 해석의 형태로 일어나며 해석학을 통해 기술될 필요가 있다고 했다.

27 위의 책, 123~124면. 선진 시대 당시 도가 철학의 개념을 빌어 불교 개념을 표현했던 방법론을 격의론적 이해라고 한다. 이러한 격의적 해석은 인류의 모든 문화적 교류에서 보편적 현상이다.

열반涅槃으로 바뀐 사례가 있다. 한방을 의학으로 번역할 때 문자적 동일성에 의거해 번역함으로써 많은 개념적 오류가 발생한 것도 마찬가지다. 의미의 소통은 단순한 문자적 의미의 전달이 아니라 삶의 모든 체험의 전달이기 때문이다. 따라서 번역하는 과정에서 용어의 유사성을 넘어 의미의 공간성, 즉 두 문화의 차이도 고려해야 한다.[28]

서양의 아키텍처가 건축으로 번역될 때도 의미의 변용이 생긴다. 앞에서 설명했듯이 서양에서 아키텍처는 시지각적 감상의 대상으로 발전했지만 한국에서 건축의 행위는 영조라는 용어에서 나타나듯 생활을 통한 득도의 도구인데, 이러한 차이는 지금 우리가 사용하는 건축 개념과 서양의 아키텍처가 내용적으로 정확히 일치하지 않는 데서도 잘 드러난다. 뒤에서 설명하겠지만 서양 건축의 중정과 한국 건축의 안마당, 서양의 픽처 프레임과 한국의 차경(취경)은 문자적 유사성에도 불구하고 근본적 의미의 차이가 있다. 요컨대, 공간space, 축axis, 보이드void, 구성composition과 같은 현대 건축의 개념들은 한국의 건축 전통을 접근하는 통로가 되지만 한국 건축의 내용과 의미를 온전히 포획해 내지 못한다. 이러한 번역 불가능성은 〈두 문화 간의 건널 수 없는 갭을 드러낸다. 그러나 이러한 갭은 공허가 아니라, 문화적 의미가 끝없이 협상되고 재구축되는 공간〉[29]이다. 이러한 차이는 역사적이고 문화적인 전체 환경에 이르는 문을 열어줌으로써 한국 건축의 맥락을 드러내고 한국 건축의 고유성에 접근할 수 있는 이론적 공간을 제공한다. 이 차이를

---

28   이것은 김용옥의 관점을 인용한 것이다.

29   펠리페 에르난데스, 『건축과 철학: 건축과 탈식민주의 비판이론, 바바』, 이종건 옮김(서울: 스페이스타임, 2010), 40면.

통해서 우리는 모호한 본질주의를 피하면서 한국 건축의 고유한
미적 체험의 구조와 원리를 재구성해 낼 수 있다. 물론 이러한
해석은 잘못될 수 있다. 그래서 이러한 번역은 지속돼야 하고
공론장의 검증 과정을 거쳐 집합적 주체가 공유하는 집단 지성의
형태로 정착될 수 있다. 이러한 번역은 해석학적 행위이다.

창덕궁 비원에 있는 연경당의 사랑채.
최순우 선생에 의하면 연경당은 〈내가 바로
한국이노라〉 하는 소리 없는 외침이다.

2

인식과 경험

형태와 물질

서양은 독립된 주체(인간)가 자신과 분리된 대상의 아름다움을
이성 또는 감각을 통해 인식(또는 감상)하고, 동양은 인식 주체와
대상이 분리되지 않은 상태에서 그것을 포괄하는 초의식 또는
무의식적 선험성에 바탕을 둔 통합적 미적 체험을 한다. 이러한
미적 인식과 체험의 차이는 서양의 이원론과 동양의 일원론으로
설명되는 인식 체계의 차이에서 비롯된다. 서양은 고대 그리스
시대부터 대상을 인식할 때 눈에 보이는 현상(물질)과 변치 않는
본질(실재)을 분리했다. 그리스의 철학자 플라톤은 현상(물질)과
실재(본질)를 구분하고 우리가 현실에서 지각하는 물질적 현상은
본질의 그림자일 뿐이라고 주장했다. 플라톤에 의하면 모든
사물의 본질(이데아)은 기하학적 형태로 표상된다. 예를 들어
종이로 자른 삼각형이 있다고 하자. 여기서 종이라는 물질matter이
사라진다고 삼각형의 형태form가 사라지는 것은 아니다. 물질은
사라져도 실재인 형태는 영원하다. 이데아적 형태는 눈에 보이는
물질이 아니라 시간과 공간의 밖에 존재하는 이념적 형태이며
변치 않는 실재이다. 장인이 물건을 어떤 형태로 만들 수 있는
것은 그의 마음속에 이미 이념적 형태가 있기 때문이다.

   플라톤은 당시 관습적으로 행해지던 그리스 신전의 시각적
보정을 일축했는데, 우리가 지각하는 물리적 형태는 사물의
실재와는 무관하기 때문에 그것을 보정하는 것은 무의미하다고

보았다. 그는 예술의 기능에 대해서도 부정적이었다. 감각적 자연을 모방하는 예술은 그림자에 불과한 현상을 모방함으로써 본질에서 더 멀어질 뿐이다. 형태와 물질의 관계에 대한 아리스토텔레스의 생각은 스승인 플라톤보다 유연했다. 그는 플라톤과 달리 형태를 물질과 분리된 순수한 이념으로 보지 않고 물질과 결합되어 있는 상호 보완적인 것으로 이해했다. 이미 완성되어 있는 집에서 집의 형태를 인식할 수 있는 것처럼 사물의 형태는 순수한 이념으로가 아니라 시간 속에서 완성된 선례 안에 존재한다. 마치 유기체가 성장하여 궁극적으로 존재하게 되는 형태에 이르는 것과 유사하다. 그래서 아리스토텔레스는 물질의 감각적 형태가 본질을 표상할 수 있다고 보았다. 서양에서 시각적 비례와 대칭과 같은 보편적 아름다움의 형식 원리는 아리스토텔레스의 사상에서 영향을 받은 것이다. 그리스에서 시작된 물질과 구분되는 사물 본질로서의 형태 개념은 서양의 철학과 과학, 예술에 지속적인 영향을 미쳤고 지금도 서양인의 인식 체계에 깊숙이 뿌리내리고 있다.

　　서양에서는 건축도 형태의 개념을 통해 인식했다. 고전 건축의 구성 요소인 기둥, 보, 페디먼트(삼각형 지붕)는 물질이라기보다는 형태의 요소로 간주된다. 그리스 신전의 형태는 원래 목 구조였던 것을 석조로 번안한 것인데 이것은 물질인 재료가 바뀌어도 형태는 실재한다는 생각에서 가능했다. 로마 시대에는 기둥을 벽돌을 쌓아 만들고 회벽(플라스터)을 입혀 돌기둥처럼 보이게 했다. 르네상스 건축가 팔라디오는 자신이 설계한 건축의 페디먼트를 벽돌과 나무로 만들고 그 위에 회벽을 입혀 마감했는데 이것도 물질이 아닌 형태를 우위에 두었기 때문이다. 이처럼 물질보다 형태를 우위에 두는 서양의 전통은 르네상스 시대를 통해 한층 강화되었다. 알베르티가 이론화한 비례와 조화와 같은 디자인 개념은 〈이상적 형태〉에 관한 이론으로, 선으로 표상되는 이념적 형태의 질서를 말한다. 그에 따르면 물질은 자연에서 얻지만 형태는 마음의 생산물이자 변치 않는 우주의 질서를 반영한다.

고전적 우주관에 바탕을 둔 이상적(본질적) 형태에 대한 믿음이 흔들리기 시작한 근대 이후에도 물질과 분리된 이념적 형태의 개념은 지속되었다. 근대 철학자 칸트는 미적 형태가 사물의 속성과는 무관하게 우리 마음속에 존재하는 선험적 형식이라고 설명함으로써 형태와 물질의 이원론적 전통을 이어 갔고, 칸트의 순수 형식주의formalism는 이후 근대 추상 미술과 건축의 발전에 많은 영향을 미쳤다. 조금 단순화시켜 말하면, 서양의 건축은 형태에 관한 이론으로 발전했다고 해도 과언이 아니다. 무슨 재료를 쓰던 형태의 디자인이 중요하고 감동을 주는 것도 형태이다. 그래서 서양의 건축은 재료나 구축 방식의 변화와는 별개로 이상적 형태 자체를 주제로 삼는 경향이 주류를 이루었다. 형태를 우위에 두는 이러한 전통은 철과 콘크리트처럼 근대적 재료와 기술, 기계 생산과 산업화가 지배하게 된 20세기까지 이어진다. 예컨대 근대 건축의 거장 르코르뷔지에Le Corbusier가 주장한 기계 미학은 기계 자체의 미학이라기보다는 기계가 상징하는 미학적 형태를 의미한다.

동양은 대상을 인식하는 데 현상을 초월한 어떤 본질에 아무런 실체를 부여하지 않았다. 현상과 실재, 물질과 형태는 궁극적으로 분리될 수 없는 하나였다. 동양에서는 눈에 보이는 현상 자체를 고정불변한 것으로 보지도 않았다. 동양의 사유 체계에서 우리가 눈으로 보는 현상은 우리가 그러리라고

생각하는 것이고, 또 특정 관점에서 보는 것일 뿐 고정되어 있는
현실이 아니다. 현실은 항상 유동적이고 변화무쌍하며, 이것이
질서 있는 우주의 원리다. 그러므로 동양에는 물질과 구별되는
이념으로서 형태는 존재하지 않는다. 동양의 건축에도 서양의
건축과 같은 형태의 개념이 없다. 이러한 인식의 차이는 동서양의
고유한 건축 재료 및 구법과도 밀접한 관련이 있다. 서양 건축의
조적식 구조는 재료의 한계를 넘어서는 새로운 형태를 만든다.
로마 건축에서 벽돌은 아치와 볼트를 만들었고 중세 교회에서
돌은 자신의 물성을 잃고 신성을 표현하는 상징적 형태가 되었다.
반면에 동양의 목 구조는 각 부재의 구조적 역할이 건축 형태에
그대로 표현된다. 말하자면 동아시아 목조 건축의 형태는 재료가
구축된 과정의 결과이며 어떤 이념적 형태가 지배한 결과가
아니었다. 형태와 장식을 재료나 구조와 분리하여 생각한 서양의
건축과 다르게 동양 건축은 장식도 구조에 부가된 요소가 아니라
구조의 부재 자체가 장식화된 것이다.

　　동양의 건축은 오랫동안 재료와 구축 방식이 근본적으로
변하지 않았기 때문에 형태의 변화도 미미했다. 한국 건축에서
재료의 물성과 분리된 관념적 형태가 실현되었다고 할 수 있는
유일한 사례는 아마도 석탑일 것이다. 석탑은 목탑에서 발생한
형태를 돌로 번안한 것이다(3층 석탑의 전형이 완성된 것은
통일 신라 8세기경이었다). 석탑에서 목탑의 형태가 유지된
것은 불탑이 일상적 건물이 아니라 기념비적 상징물이었기
때문이다. 아마도 백제의 장인들은 이미 존재하는 탑의 형태를
마음속에 떠올리면서 석탑을 만들었을 것이다. 시간이 지나면서
석탑은 점차 돌의 물성이 반영된 단순화된 석탑의 전형典型으로
변화하는데, 이것은 서양과 달리 이념으로서의 형태 개념이

뚜렷하지 않았기 때문이라고 추측해 볼 수 있다. 물론 한국에는
오랜 시간에 걸쳐 형성된 건축의 전형이 존재했다. 하지만
본질로서의 이념적 형태에 대한 개념과 인식은 없었다. 20세기
초 서구의 건축이 들어온 후 건축 재료와 구축의 방법이 급격히
바뀌면서 처음으로 한국 건축의 형태를 이념적으로 인식하게
되었다. 한국의 1세대 건축가들은 콘크리트와 같은 근대적
재료로 전통 건축의 지붕, 기둥, 처마, 기단의 형태를 모방했는데
이러한 형태적 접근은 한국 건축의 전통에는 없던 생소한 것으로
건축을 인식하는 방식에 급진적 변화를 가져왔다. 이러한
시도들이 사회의 공유된 규범으로 정착되지 못한 채 일회적이고
개인적인 성취에 그칠 수밖에 없었던 데는 이런 이유가 있었다.

플라토닉 형태.

팔라디오가 지은 빌라 바도에르(1554). 기둥과 페디먼트를 벽돌과 나무로 만들고 그 위에 회벽을 입혀 마감했다.

안동시에 있는 봉정사 극락전의 측면. 구조의 부재 자체가 장식화되었다.

익산의 미륵사지탑. 석탑은
목탑에서 발생한 형태를 돌로
번안한 것이다.

경주 토함산 기슭에 있는
불국사의 석가탑. 3층 석탑의
전형이 완성된 것은 통일 신라
8세기경이었다.

이희태가 설계한 절두산 순교
성지 복자 기념 성당(1967).
콘크리트로 전통 건축의 형태를
표현한 한국의 대표적 근대
건축물 가운데 하나다.

시각과 몸각

동양과 서양은 사람들이 건축물과 감응하는 방식이 달랐다. 서양에서 건축의 가치는 주로 감상자의 시각에 의존해 왔다. 특히 르네상스와 바로크를 거치면서 시각(비전)은 독보적 지위를 획득했고 시각적 즐거움은 건축이 주는 아름다움의 본질로 간주되었다. 물론 〈본다는 것〉은 시각만의 독립된 작용이 아니라 여러 감각의 종합이다.[1] 그런데 서양에서는 시각을 인간의 여러 감각 중에서 가장 우위에 두었다. 20세기 중반 이후 현상학의 영향으로 건축의 체험을 시각뿐 아니라 청각, 촉각 등 다양한 감각에 의존하는 통감각적인 것으로 이해하게 되었지만[2] 적어도 그 이전까지 서양에서의 건축은 시각 중심으로 인식되고 경험된 것이 사실이다. 서구의 문화는 시각에 근거한다고 할 수 있을 만큼 시각은 오래전부터 서양에서 가장 중요한 감각으로 간주되었다. 그리스에서는 비전(시선)을 눈에서 뿜어지는 시각 광선으로 생각했는데 그리스 사상가들은 시각을 다른 감각 기관보다

---

1   인간의 경험은 시각뿐 아니라 후각, 청각, 촉각 등 다양한 감각에 의존한다. 그중에서 시각이 가장 중요한 역할을 한다. 인간의 경험은 여러 감각 중에서 시각에 의해 항상 보완되고 최종적으로 지각되기 때문이다. Juhani Pallasmaa, *The Eyes of the Skin*(Hoboken: Wiley Academy, 2005), pp. 15~21.

2   S. E. 라스무센의 『건축 예술의 체득』과 피에르 폰 마이스의 『형태로부터 장소로』, Juhani Pallasmaa의 『*The Eyes of the Skin*』 등은 건축의 경험에서 현상학의 영향을 보여 주는 건축 입문서들이다.

중요한 지식의 중개자로 보았다. 유클리드는 비전을 진리 획득의 수단으로 보았고 지식을 비전과 동일시했다. 플라톤과 아리스토텔레스도 시각을 가장 중요한 감각으로 보았다. 플라톤이 주장한 〈동굴의 비유〉에서 이데아의 세계로부터 오는 빛, 즉 시선은 진리의 매개자다. 아리스토텔레스는 인간을 이성적 동물로 정의하고 인간의 여러 능력 중에서 이성적 능력을 강조했는데, 이성을 주관하는 것도 바로 시각이다.

반면, 동양에서는 시각을 인간의 모든 감각 위에 두거나 시각의 절대적 지위를 인정하지 않았다. 우리가 눈으로 보는 바깥 세계의 현상은 본질이 아니기 때문이다. 본질은 눈앞에 직접적으로 드러나지 않는다. 노자는 자연은 스스로를 드러내지 않기 때문에 영원하다고 말했다. 따라서 시각은 절대적이지 않다. 동양에서는 시각이 여러 감각 중에서 가장 직접적이라는 이유로 열등하고 믿을 수 없는 것으로 받아들였다. 그래서 명상을 하거나 깊은 생각에 잠기면 우리는 눈을 감는다. 한국에서는 마음으로 본다고 한다. 여기서는 눈에 보이는 것뿐 아니라 경험과 기억이 모두 통합되고, 보이는 현상과 보이지 않는 것의 통합이 이루어진다. 구례의 운조루를 그린 「오미동가도五美洞家圖」는 사랑마루에서 보이는 조산造山인 예록산과 섬진강이 겹쳐 있다. 하지만 실제 사랑마루에서는 섬진강이 보이지 않는다. 이 그림이 묘사하는 것은 시각적 장면이 아니라 마음속의 인식이다. 풍경을 눈이 아닌 마음으로 인식한 셈이다. 한국의 건축에는 정관헌이나 삼관헌과 같이 유독 〈본다〉는 뜻을 가진 집이 많은데, 여기서 관觀은 단순히 시각을 의미하는 것이 아니라는 점에 유의할 필요가 있다.

도가에서 말하는 미는 시각적인 아름다움이 아니다.

도가에서는 자연의 미를 대미大尾라고 하는데, 이것은 시각과
청각 같은 인간의 말초 감각으로 받아들이거나 감상하기에는
불가능한 대자연의 위대한 미를 뜻한다. 16세기 유학자 서경덕은
줄 없는 거문고에 새긴 〈무현금명無絃琴銘〉이라는 글에서 〈소리를
통해 듣는 것은 소리 없음에서 듣는 것만 같지 못하며 형체를
통하여 즐기는 것은 형체 없음에서 즐기는 것만 같지 못하다〉고
했다.[3] 대미는 내가 자연과 하나 되는 체험을 통해서만 느낄 수
있다. 도인의 경지에서 깨닫는 〈미〉다. 한국의 건축은 시각적으로
경험하는 대상이 아니라 환경 속에서 총체적으로, 시각뿐 아니라
청각, 후각, 촉각을 다 사용하여 온몸의 감각과 마음(통감각)으로
경험하는 것이다. 담양 소쇄원의 아름다움을 노래한 조선 시대
유학자 김인후의 오언 절구 「소쇄원 48영」은 건축물보다는
풍경의 아름다움과 소리가 중심이고 여기에는 청각, 후각,
촉각, 미각이 모두 동원된다. 한국 건축에서 자연과 하나가
되는 즐거움은 이처럼 온몸의 감각으로 느끼는 것이다. 햇빛과
바람, 둘러싸인 숲에서 시원한 기운과 냄새를 느끼고 구름, 비,
습기, 석양, 돌, 달 밝은 밤의 기운도 느낀다. 새소리와 뱃노래도
건축의 체험을 형성한다. 이러한 체험은 우리의 기억과 마음,
정신과 통합된다. 김용옥은 이를 〈몸각〉으로 정의한다.[4] 시각은
정보이지만 몸각의 체험은 존재와 연결된다. 모든 감각과 마음,
정신이 하나가 되는 존재의 체험이다. 여기서 건축은 물질이나
형태, 혹은 공간이 아닌 인간의 경험 그 자체가 된다. 건축과
자아가 합일하고 융화하는 체험이 일상화되는 것이다. 한국의

---

3   김동욱, 『한국 건축 중국 건축 일본 건축』(파주: 김영사, 2015), 340면에서
재인용.

4   김용옥, 『아름다움과 추함』(서울: 통나무 1995), 59면.

건축에서 느끼는 감동은 건축물 자체가 주는 감동이라기보다는 이러한 인간의 내면화된 감동이다.

한국 건축의 마루나 방에 앉아 마당에 떨어지는 비를 경험하는 것은 단지 시각적으로 보는 것이 아니라 모든 감각과 기억이 종합된 존재의 체험이다. 처마에서 떨어지는 빗물의 다양한 모습과 소리를 즐기는 것은 한국 건축이 주는 매우 소중한 경험이다. 현대의 아파트에서는 느낄 수 없는 몸각의 체험인 것이다. 건축가 김수근은 일찍이 이러한 한국 건축의 미적 체험에 주목했다. 김수근은 한국 전통 건축의 문방을 그러한 대표적인 예로 설명한다. 〈문방의 디자인은 시간성, 청각, 취각, 촉각 요소를 공간에 포함시켰으며 빗물 소리, 새소리, 바람 소리가 창호지를 통하여 자연스럽게 실내로 들어오며 차 끓이는 소리, 베개 속에 넣은 국화 향기, 향 피우는 냄새, 풍경 울리는 소리를 즐겼으며 이는 인간과 자연이 친교를 가지는 것이다.〉[5]

실제로 한국의 건축은 수많은 몸각 장치로 구성된다. 종묘의 월대나 경복궁의 바닥에 거친 박석을 깔아 놓은 것은 돌을 다듬을 기술이 없어서가 아니었다. 거친 바닥의 돌은 일부러 몸을 굽히게 만든다. 거친 돌바닥을 걸으면서 몸가짐을 조심할 수밖에 없고, 제례를 서두르지 않으며 신중히 몸을 움직일 수밖에 없다. 서원의 계단이나 바닥들도 모두 그런 장치다. 대문의 문지방이 높아서 넘어 다니다시피 해야 하는 것은 아무 생각 없이 만든 게 아니라 발을 들어 조심하도록 하려는 생각이다. 문도 의도적으로 머리를 숙여야 드나들 수 있도록 낮게 만든다. 몸의 움직임을 통해

---

5   김수근, 「궁극 공간」, 『좋은 길은 좁을수록 좋고 나쁜 길은 넓을수록 좋다』(서울: 공간사, 2006), 294면.

존경이나 겸손을 느끼도록 몸의 각성을 요구하는 것이다. 한옥의 기단이나 마루의 높이, 담과 벽의 위치와 높이도 모두 몸의 움직임에 대응하도록 고려되었다. 모두 몸각과 반응하는 건축적 장치들이다. 한국 건축은 가히 몸의 건축이라 할 만하다.

옥산 서원의 무변루나 병산 서원의 만대루 계단은 통나무를 깎아 최소한의 변형만을 가함으로써 만들었다. 왜일까? 이유는 몸각과 관련되어 있다. 계단을 오르면서 몸가짐을 조심하라는 의도를 담은 것으로, 이는 유교에서 수신修身의 한 과정이다. 실제 관아 건물이나 주거에서는 이런 계단을 보기 어렵다. 이 계단은 단순한 기능적 요소가 아니다. 서양 건축의 계단과 같은 조형 요소도 아니다. 계단으로 유명한 피렌체의 라우렌치아나 도서관이 있다. 미켈란젤로가 설계한 이 건물 현관의 내부에 있는 계단은 좁은 공간에서 용암처럼 흘러나오는 듯이 방을 꽉 채운 역동적 형태로 유명하다. 이 계단은 확실히 시각적 조형물에 가깝다. 하지만 한국 전통 건축의 계단은 시각적 조형물이 아니라 몸의 움직임과 감응하는 장치이다. 우리 몸과 감응하고, 자연과 관계하는 더 큰 우주적 의미를 가진다. 간혹 한옥에 계단 대신 경사로가 있는 곳이 있는데, 좀 더 기능적이며 더 편하게 몸을 움직여야 하는 곳에 설치되었음을 알 수 있다. 그러므로 시각에 근거해서 한국 건축의 형태나 공간을 설명하는 것은 한계가 있다. 한국의 건축은 시각적 장면만으로는 잘 설명되지 않는다. 한국 건축의 경험은 몸과 기억의 총체적 감각에 의한 것이지, 르네상스의 투시도처럼 합리화된 시각으로 구성되는 공간적 장면이 아니다. 그래서 그런지 한국 건축의 공간을 투시도로 재현하기는 참 어렵다. 시각은 한국 건축과 우리를 이어 주는 지배적 감각이 아닌 것이다. 사실 인간의 감각은 본능적인 것이 아니라 문화적으로 일깨워지고 교육되며 전수된다. 서양의 건축은 오랫동안 시각적 형태가 주는 세부적 감각(조화와 비례 혹은 부드러움, 딱딱함, 무거움, 가벼움 등등 그리고 질감)을 체험하도록 발전했고 전수되었지만 한국에서 건축은 이러한 감각적 경험의 대상이 아니었다. 그 대신 건축을 통해 우주와 자연의 질서에 통합되고자 하는 더 큰 감각을 추구하고 발전시켰다. 그래서 서양 건축의 세세한 느낌을 표현하는 감각 어휘로 한국의 건축을 설명하면 왠지 어색할 수밖에 없다.

지금 우리는 건축을 〈음악처럼 듣고 미술처럼 보도록〉 교육을 받는다. 음악이나 미술이 우리에게 감동을 주는 건 감각을 통해 인간의 뇌에 입력된 어떤 패턴과 정보 체계에 따르기 때문이다. 청각과 시각을 통해 전달된 정보가 뇌에서 의미를 발생시키는 것이다.[6] 그런데 뇌 과학자나 진화 심리학자들은 뇌의 패턴이 문화적으로 형성된다고 말한다. 현대에 와서 서양의 예술과 건축에 익숙해지기 전까지 실상 〈음악처럼 듣고 미술처럼 보는 것〉은 한국 사람들이 집을 짓고 경험하는 방식이 아니었다. 한국 건축의 경험 방식은 시각 또는 청각을 통한 감상이 아니라 모든 감각과 정신을 통합하는 몸 전체의 감각에 의한 것이다.

현대 건축가들이 많이 사용하는 풍경風景이라는 개념이 있다. 어떤 건축가들은 건축을 〈풍경을 구축하는 것〉으로 정의하기도 한다. 여기서 풍경은 영어의 랜드스케이프landscape와 같이 시각적 장면이나 경관을 의미한다. 하지만 원래 풍경은 시각적 장면이 아니라 볼 수는 없지만 느낄 수 있는 바람과 빛을 뜻한다.

---

6 만일 인간 뇌의 패턴에서 의미가 발생되지 않는다면 음악은 단순한 공기의 파동에 불과할 뿐이고 그림은 빛의 파장일 뿐이다.

풍경은 시각이 아니라 몸각과 관련된 것이다. 그런데 건축가가
풍경을 구축한다는 게 가능한 일인가? 풍경은 인간의 행위와
몸의 체험을 통해 드러나는 것이고, 건축은 풍경을 느낄 수 있는
장소와 틀을 제공할 뿐이다. 현대의 한국 건축은 서양 건축의
영향으로 점점 더 시각에 의존하고 시각적으로 반응하는 환경을
만들고 있다. 앞으로 우리의 건축과 도시 환경이 점점 더 이러한
방향으로 변화되어 갈 것임을 쉽게 짐작할 수 있다. 그러나
시각이 지배하는 환경은 점점 깊이를 상실하고 그 속에서 우리의
경험은 더욱 피상적이 될 수밖에 없다. 이러한 환경에서 개인은
점점 파편화되고 수동적이 된다. 현대의 건축과 도시 환경에서
한국 건축의 오랜 몸각의 전통을 되살려 낼 수 있는 방법은
없을까?

플라톤의 동굴. 서양의 인식
체계에서 시각의 지배적 위상을
상징한다.

「오미동가도」가 묘사하는
것은 시각적 장면이 아니라
마음속의 인식이다.

담양의 소쇄원, 건축물보다
소리가 중심인 정원으로
여기에는 청각, 후각, 촉각,
미각이 모두 동원된다.

정선의 「독서여가도讀書餘暇圖」
(1740~1741)는 『경교명승첩
京郊名勝帖』 중 상권에 수록되었다.
문방에서의 경험은 시각적일 뿐
아니라 모든 감각과 기억이 종합된
통감각적 체험이다.

종묘의 월대. 종묘의 바닥은
몸과 반응하는 장치이다.

라우렌치아나 도서관의 현관
계단. 마치 조각과도 같다.

경사로가 설치된 선교장의 바닥.

빛과 햇빛의 차이

빛은 건축의 인식과 경험에서 없어서는 안 되는 중요한 요소다.
그래서 어떤 건축 입문서든지 빛에 관한 이야기를 빼놓는 책은
없다. 서양의 건축은 돌이나 벽돌로 쌓은 벽식 구조라서 빛을
건물 내부로 끌어 들이는 것이 매우 중요했다. 빛이 없으면
생활이 불가능했고, 돌이나 벽돌로 지으면 습기가 차서 소독을
위해서라도 내부로 유입되는 빛이 필요했다. 비트루비우스는
『건축십서』에서 어떤 구멍으로 빛을 끌어 들일지 계산하기 위해
건축가는 수학을 알아야 한다고 할 정도였다. 서양 건축에서 빛은
창이나 천장의 구멍을 통해 들어왔다. 이집트 신전의 고창clearstory,
로마 판테온 돔의 꼭대기에 뚫린 오쿨러스oculus는 벽으로
둘러싸인 내부 공간에 빛을 들이는 장치였다. 고딕 성당에서는
벽면의 넓은 스테인드글라스를 통해 빛이 유입되었다. 신전이나
성당에서 내부로 들어오는 빛은 상징성을 지녔다. 그리스의
철학자 플라티노스는 빛은 진리(실재)의 존재를 상징한다는
〈빛의 상징주의〉를 주장했는데, 중세 기독교의 교부 신학은
그의 영향을 받아 빛을 하늘의 신성이 내려오는 징표로 보았다.
성당의 내부로 유입된 빛은 신을 상징했고 돌이라는 물질과
만남으로써 그 존재를 드러내는 성스러운 요소였다. 고딕 성당의
스테인드글라스를 통해 내부로 유입되는 빛은 그야말로 지상에
실현된 천상 세계를 표상했다. 바로크 성당에서는 빛의 상징성을

강조하여 천장의 창을 통해 들어오는 빛이 내부 초점을 향해 모이도록 했다.

근대로 오면서 빛은 건축을 미적 대상으로 경험하는 감각 요소가 되었다. 빛이 내부로 들어오는 다양한 방식에 따라 내부 공간이 전혀 다른 느낌을 갖게 되거나 혹은 빛의 각도에 따라 벽의 형태와 질감이 다르게 경험되는 데 주목했다. 서양 건축의 관심은 주로 기둥과 벽, 그리고 매스와 형태의 지각에 있었다. 빛은 이러한 건축의 물성과 양감, 혹은 질감을 드러내는 요소다. 그래서 서양 건축에서는 빛의 효과가 수직 벽면에 집중된다. 건축가 루이스 칸Louis Kahn은 그리스 신전에서 벽을 배경으로 기둥과 기둥 사이에 드리워지는 빛의 효과에 주목하여 〈건축은 빛 아래 볼륨들의 지혜롭고 정확하고 장대한 유희이다. 빛과 그림자는 형태를 드러낸다〉고 했다.[7] 바로크 건축의 물결치는 벽과 리듬감 있는 장식의 배열로 벽면에 드리워진 그림자는 매스와 벽면의 깊이를 통해 그 형상을 드러낸다. 벽면의 장식을 제거한 근대 건축에서도 빛은 여전히 물성을 나타내는 감각의 매체로서 지위를 유지했다. 르코르뷔지에는 그의 저서 『새로운 건축을 향하여』에서 건축을 〈빛과 그림자에 의해 드러나는 형상〉이라고 정의했다.

서양의 건축에서 빛을 인식하는 방식은 다분히 오브제적이다. 기둥과 벽에 부딪치는 빛과 그림자의 작용으로 명암 대비에 의한 형태와 공간이 드러나는 것이 서양 건축이 추구해 온 빛의 미학이다. 한곳에 집중된 빛처럼 빛만으로 공간의 효과를 만들 때도 마찬가지다. 현대 건축에는 빛 공간이라는 개념이 있다.

---

7   데이비드 B. 브라운리, 『칸: 침묵과 빛의 건축가 루이스 칸』, 김희진 옮김(파주: 미메시스, 2010).

빛 공간은 빛 자체를 볼륨을 가진 공간으로 감각을 대상화하는 것이다.[8] 서양 건축은 빛을 이용한 공간과 매스의 창조로 정의될 수 있지만, 한국 건축에서는 빛의 효과가 이런 식으로 경험되지 않는다. 한옥은 무엇보다도 고창이 없다. 한국의 건축은 뼈대식 가구 구조로 지어져서 창을 많이 만들 수 있었고 창호지가 발달해 빛을 직접 건축의 내부로 끌어 들일 필요가 없었다. 오히려 처마를 길게 내서 직사광선이 들어오는 것을 차단했다. 마당에 직사광선이 쏟아지지만 집 안에서는 마당을 통해 반사된 은은한 빛이 들어왔다. 그래서 한국 건축은 빛에 의한 명암 효과가 벽에 집중되는 경우가 없다. 한국의 건축에서 빛과 그림자는 벽보다 마당과 대청 같은 바닥에 드리운다. 빛이 바닥에 드리우면 벽과 기둥은 이내 사라지고 만다. 이는 물론 나지막한 한국 건축의 비례 때문이기도 하지만 어쨌든 빛이 벽에 드리우는 서양의 건축과는 근본적으로 다르다.

　　서양 건축의 벽을 비추는 빛은 초월적 신성함을 상징하거나 시각적 즐거움을 주지만, 바닥을 비추는 한옥의 빛은 따스하고 편안한 감응을 불러일으킨다. 서양의 건축에서 빛은 조형적이고 미적 감각의 대상이지만 한국의 건축에서 빛은 인간의 몸과 반응하는 자연환경의 요소다. 이것을 우리는 빛이 아니라 햇빛이라고 한다. 햇빛은 빛과 열뿐 아니라 정서를 안정시키며 살균 효과도 있다. 오브제의 형상을 인식하는 빛이 아니라 햇볕의 따스함이 한국의 건축에서 느낄 수 있는 감각이다. 햇빛은 시각이 아니라 몸각의 요소다. 한옥에서는 남향에서 들어오는 햇빛이

8　피에르 폰 마이스, 『형태로부터 장소로』, 정인하, 여동진 옮김(서울: 시공문화사, 2000), 134면.

그래서 중요했다. 남향집에서 겨울철 대청으로 들어오는 따스한 햇빛은 시각적 효과가 아니라 온몸으로 느끼는 감각이다. 반면 여름철 마당의 그늘은 시원한 느낌을 준다. 이 점은 한국 건축과 서양 건축이 빛을 인식하고 경험하는 방식의 차이를 잘 보여 준다.

천장의 구멍을 통해
판테온의 내부로 들어온 빛.

르코르뷔지에가 설계한 노트르담 뒤 오 교회(1950~1954), 프랑스 오트손 론샹에 있다. 벽에 뚫린 창을 통해 들어오는 빛은 신비로운 분위기를 연출한다.

양동 서백당의 마당과 대청. 한국 건축의 바닥에 비추는 햇빛과 그림자를 보여 준다.

휴먼 스케일

흔히 한국 건축의 특징은 휴먼 스케일에 있다고 한다. 한옥의
낮은 층고와 좁은 공간에서 친밀감을 느낄 수 있기 때문이다. 한국
건축의 휴먼 스케일은 시각적 비례나 크기보다는 몸각과 관련되어
있다. 한옥은 우리가 몸으로 경험하는 대상이고, 우리 몸이
반응하고 기억하는 치수와 관련하기 때문이다. 시각에 우위를
두는 서구의 건축에서는 전체를 한 덩어리로 보기 때문에 건물의
규모가 확장되면 전체의 시각적 비례를 조절하게 된다. 그러나
이러한 비례의 원리는 몸각에 대응하는 한국 건축에는 적용되지
않는다. 시각은 대상과의 거리를 전제로 하지만, 몸각은 근접한
상태에서 몸의 접촉을 통한 체험을 요구한다. 건축 요소들이
몸각에 대응하다 보니 한국의 건축이 휴먼 스케일을 갖게 된
것은 어떻게 보면 당연하다. 집과 몸 사이에 감각적, 정신적,
인격적 감응이 이루어지는 게 한국 건축이 가진 휴먼 스케일의
비밀인 셈이다. 그래서 한옥은 집 안에 있으면 아늑하고 편안하게
느껴진다.

　　한국 건축의 휴먼 스케일은 바닥과도 관련이 깊다. 한국의
건축은 바닥을 높여 좌식 생활을 하므로 서서 생활하는 입식
건축보다 몸각적일 수밖에 없다. 한옥의 문틀 아랫부분을
머름이라고 하는데 이것은 좌식 생활을 하는 한국 건축의
독특한 요소이다. 머름은 방 안에 앉아 팔을 걸칠 수 있거나

방바닥에 누우면 사생활을 보장받으면서 하늘을 조망할 수 있고 마당에서는 시선을 차단할 수 있는 몸각의 장치다. 한옥에서 현관 역할을 하는 툇마루 역시 오르내리기 위해서는 무릎을 들고 내리는 신체의 움직임에 대응하는 요소다. 따라서 툇마루의 높이나 깊이는 오르내리거나 걸터앉기에 적합한 스케일로 만들어질 수밖에 없다. 한옥의 마당은 크기가 통상 15~20미터 정도인데 이것도 우리가 마루나 방에 앉아 몸으로 편안히 느낄 수 있는 휴먼 스케일이다.

온돌의 사용은 한국의 건축을 휴먼 스케일로 만드는 또 다른 이유다. 온돌을 사용하면서 한국은 중국과 일본에 비해 작은 규모로 집을 지었다. 구들방은 작게 들일 수밖에 없었다. 심지어 왕의 침전에서도 온돌방은 매우 작았다. 또 열의 효율성을 높이기 위해 온돌방의 천장을 낮게 했다. 일본의 건축도 좌식 생활을 하지만 한국보다 스케일이 크다. 구조재로 사용하는 나무가 곧고 강도가 좋은 이유도 있지만 방의 크기가 한국보다 큰 것은 확실히 일본 건축이 온돌을 사용하지 않는 것과 밀접한 관련이 있다. 또 한옥에서는 방의 천장 높이와 대청의 천장 높이를 달리하는데, 주로 앉아서 생활하는 방은 천장이 낮고 제사나 의례가 이루어지는 대청은 천장을 높게 한다.

강릉의 선교장. 한옥의 머름이 갖는
휴먼 스케일을 느낄 수 있다.

양동 마을의 향단.
툇마루와 마당에서 휴먼
스케일을 느낄 수 있다.

선교장의 온돌방 모습.
구들방은 작게 들일 수밖에
없어서, 심지어 왕의
침전에서도 온돌방은
매우 작았다.

밧줄과 삶의 기하학

서양인들은 불안정한 현상의 세계에서 느끼는 불안과 두려움을
수학이나 기하학과 같은 이상적이고 변치 않은 질서를
부여함으로써 극복했다. 근대 건축의 거장 르코르뷔지에는
〈우리는 기하학을 자연에서 길어 올렸다. 자연은 밖에서 보면
혼돈 일색이지만 그 안은 엄정한 질서의 세계이다〉[9]라고
단언했다. 그리스 문명 이후 서양에서는 유클리드 기하학이
세계를 지각하는 기준이 되었다. 수평과 수직은 모든 공간 지각과
구축의 기본이 되었고 아름다움을 인식하는 기준이 되었다.
17세기 영국의 건축가 크리스토퍼 렌Christopher Wren은 〈기하학적
형태는 불규칙한 형태보다 더 아름답다. 두 개의 라인이 만났을
때 아름다운 것은 두 가지밖에 없다. 하나는 수직으로 만나는
것이고, 다른 하나는 평행을 이루는 것이다〉[10]라고 했다.
쇼펜하우어는 건축의 본질을 수평과 수직의 투쟁과 타협으로
보았다. 기둥과 보는 수평과 수직의 순수한 표현이다. 이런
이유에서 그는 수평의 힘, 즉 보가 사라진 고딕 건축을 비판했고
고전 건축을 이상적인 것으로 보았다. 건축을 공간의 관점에서
처음 이론화한 사람은 독일의 고트프리트 젬퍼Gottfried Semper인데,

9   르코르뷔지에, 집-궁전, 1928.

10   크리스토퍼 렌, 〈파렌탈리아Parentalia〉, 유현준, 『모더니즘: 동서양 문화의
하이브리드』(서울: 미세움, 2008), 60면에서 재인용.

그의 건축 공간론도 수직과 수평을 중심축으로 설명된다. 젬퍼에 의하면 모든 직립하는 생물은 수직의 방향성을 갖는다. 수직 축의 인간이 수평 방향으로 움직이면서 자연 공간을 형성하는데 수직적 축의 수평적 확장을 둘러싸는 공간을 구축하는 것이 건축의 시작이다.

동양에서 이상적 자연은 기하학과 수학에 바탕을 둔 형상이나 법칙에 의해 완벽하게 구성된 실체가 아니라 유동적이고 형체 없는 기운이자 흐름이다. 그래서 동양에서는 세계를 추상적 기하학을 통해서가 아니라 경험적이고 직관적으로 인식했다. 노자는 〈가장 위대한 직선은 곡선처럼 보이며, 가장 위대한 사각형은 모서리가 없다. 가장 위대한 이미지는 형태가 없다〉[11]라고 했다. 한국에서는 직선이라는 말 대신 곡직曲直이라는 표현을 썼는데, 이것은 기하학적 직선이 아니라 휜 듯하며 곧고, 곧은 듯하며 휘어진 선이란 뜻이다. 경험적 자연에 직선은 존재하지 않는다. 이러한 특성은 한국 건축의 형태에 반영되었다. 한국 건축에서 지붕의 처마 선은 기하학적 직선이 아닌 밧줄로 당겨진 것처럼 자연스러운 곡선이다. 김봉렬은 한국 처마의 곡선을 다음과 같이 설명한다. 〈한옥의 처마는 시간이 갈수록 처짐이 일어나지만 영원히 수평선을 이루지는 않는다. 애초부터 수평선을 포기하고 위로 휘어 놓았기 때문에 처짐이 일어나도 항상 휘어진 채 변하지 않는 것으로 보인다. 이러한 원리를 시각적 안정성의 원리라고 부르자. 두 점을 연결하는 직선은 하나지만 곡선은 수없이 많다.〉[12] 한국의 건축에서 사용하는 목조는 변형이

---

11 유현준, 위의 책, 82면에서 재인용.

12 김봉렬, 『한국 건축의 재발견 1: 시대를 담는 그릇』(서울: 이상건축, 1999).

일어나고 부재의 특성상 정확한 수직이나 수평을 맞추기 어렵다. 맞추더라도 변형이 생긴다. 그래서 한국 건축의 시각적 안정성은 직선 대신 자연스러운 곡선을 통한다. 한국 건축의 처마를 만드는 서까래 구조는 이러한 자연스러운 곡선을 가능케 했다. 한국 건축의 〈자연미〉는 이러한 한 수 위의 지각적 질서를 위한 전략이라고 할 수 있다. 한국 건축의 처마 곡선은 중국이나 일본 건축과도 다르다. 야나기 무네요시는 한국 건축의 자연스런 지붕선을 조선미의 특징인 곡선을 표현하는 정수로 보았다. 〈가옥의 지붕에 나타나는 한없는 곡선의 물결…… 만약 직선의 지붕이 보인다면 그것은 일본이나 서양의 건축이라고 단언해도 좋다. 곡선의 물결은 움직이는 마음의 상징이다.〉[13] 이러한 비기하학적 곡선은 한국의 건축에서 매우 특징적이다. 일찍이 고유섭 선생도 조선 건축의 아름다움은 지붕에 있다고 했다. 〈조선 지붕에서 생명이라 할 것은 그 곡선미에 있다. 중국의 그것과 같이 창천을 꿰뚫으려는 세력적 곡선도 아니요. 일본의 그것과 같이 성벽적 직선도 아니다. 조선의 곡선은 은일적 소요 기분의 곡선이요. 강개적 유연한 기분의 곡선이다.〉[14]

　　서양의 기하학은 20세기 들어 현상학에 의해 비판받았다. 현상학의 창시자 후설은 『기하학의 기원Origin of Geometry』에서 순수 기하학, 즉 직선, 원, 또는 수평, 수직의 개념이 이미 철학적 행위임을 간파했다. 둥근 형태가 원으로 추상화하는 과정에서 실제 세계와 이상적 기하학의 차이가 생긴다는 점을 지적했다.[15]

13　야나기 무네요시, 『조선을 생각한다』, 183면.

14　고유섭, 『한국 건축 미술사 초고』(서울: 대원사, 1999), 16면.

15　Edmund Husserl, *Origin of Geometry*, trans. by John P. Leavey(Lincoln: University of Nebraska Press, 1989).

후설은 순수 기하학 대신 경험적 지평선과 하늘을 인간 지각의 원천으로 보았다. 서양의 건축이 유클리드적 기하학을 벗어난 공간과 형태를 지각하고 만들기 시작한 것은 현대에 이르러서이다. 역설적이게도 컴퓨터 기술이 발전하면서 현대의 건축은 반유클리드적인 유기적 선과 형태를 만들기 시작했고, 다른 기하학들other geometries을 말하기 시작했다. 철학자이자 비평가인 존 라이크만John Rajchman은 유클리드와 데카르트 기하학과 대비되는 삶의 기하학geometries of living, 생성의 기하학geometries of becoming을 주장한다.[16] 이것은 〈평면이나 구축에서의 느슨함을 통해 우리의 삶에 존속하고 있는 다른 기하학을 해방시키는 것〉으로서 기하학을 시각이 아니라 감촉이나 운동, 혹은 행위의 견지에서 이해할 직관적 태도를 요구한다.[17]

한국 건축은 이런 관점에서 이미 삶의 기하학과 생성의 기하학에 의존한다고 할 만하다. 한국의 고대 건축은 강한 기하학적 질서에 따라 구축되었지만 시간이 지나면서 기하학은 점점 해체되었다. 그 결과 한국의 건축은 주어진 질서에서 정해진 움직임과 행위를 강요하는 추상적 기하학보다 자유롭고 덜 조직화된, 다른 상황을 가능케 하는 느슨한 기하학으로 엮여 있다. 한국 건축의 열린 마당이나 채와 채 사이의 틈과 여백은 이미 삶의 기하학에 의한 건축을 실현하는 것이 아닐까?

---

16 John Rajchman, *Constructions*(Cambridge: The MIT press, 2000), pp. 90~100.

17 이종건, 『문제들: 이종건 건축 비평집』(서울: 시공문화사, 2014), 174면.

루돌프 슈바르츠Rudolf Schwarz의 「땅과
하늘, 몸의 행렬Earth and Sky, the Body
Matrix」은 『교회 건축에 대하여 *Vom Bau
der Kirche*』(1947)에 수록된 수평과 수직
공간의 다이어그램이다.

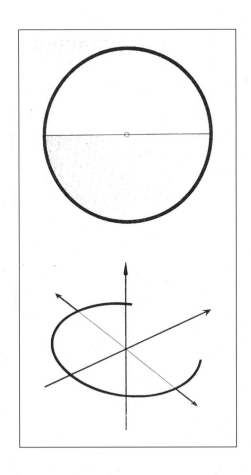

선암사의 전체 배치도. 조금씩
틀어진 건물들의 배치가 느슨한
삶의 기하학을 보여 준다.

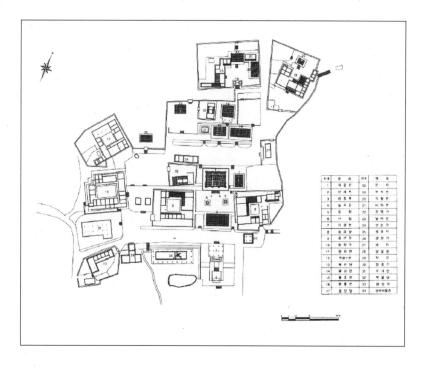

땅과 하늘

땅과 하늘은 인간이 지각하는 원초적 경험의 공간이다. 건축이
인간을 둘러싼 환경을 의미 있는 질서로 구축하는 것이라면
땅과 하늘에 대한 인식은 건축의 근원적 조건이 된다. 건축학자
빈센트 스컬리Vincent Scully는 그래서 모든 건축의 형태는 인간의
상징 구조로 변형된 땅의 형태, 즉, 신성한 산sacred mountain, 분리된
하늘과 소통하기 위해 산의 형태를 모방한 장소라고 말한다.[18]
아주 오래전 동굴에 기거하며 수렵과 채취 생활을 하던 인류가
정착 생활을 하면서 하늘은 경외의 대상이 되었음에 틀림없다.
농경과 유목을 하면서 인류는 자연의 변화에 어떤 질서가 있음을
알게 되었고 특히 태양과 달의 움직임이 중요하다는 것을 깨닫게
되었다. 인류에게 땅은 변화무쌍한 자연 현상들과 죽음을
가져다주었지만 하늘은 변치 않는 영원의 세계를 의미했다. 신석기
시대의 거석문화는 태양과 달에 대한 숭배로부터 나왔다. 거석
건축물과 돌기둥은 하늘과 소통하고자 하는 인류의 열망이 표현된
것이다.

　　고대 국가에서는 절대 권력자를 신으로 숭배하였고 영원한
세계를 의미하는 하늘과 소통한다고 믿었다. 그래서 고대

18　Vincent Scully, *Architecture: The Nature and the Manmade*(New York: St.
Martin's Press, 1991), p. 27.

국가에서는 왕과 하늘을 이어 주는, 하늘을 향한 건축물을 지었다. 중동 고대 국가의 신전(지구라트Ziggurat)은 신으로 숭배되었던 왕의 주검에서 빠져 나온 혼을 하늘로 보내는 발사대, 즉, 하늘에 이르는 계단의 역할을 했다. 이집트의 피라미드도 왕의 혼이 하늘을 향해 올라가게 하려는 것으로 신석기 시대의 거석이 피라미드로 진화한 것으로 볼 수 있다. 지구상 곳곳에 남아 있는 고대 문명의 피라미드는 모두 하늘을 향한 인간의 수직적 열망의 표현이다. 고대 그리스인들은 처음으로 신화적 사유에서 벗어나 하늘을 이성적이고 추상적인 질서로 이해하기 시작했다. 그들은 세계를 수학적, 기하학적 질서로 이해했고 우주 공간도 그렇게 인식했다. 피타고라스는 세계의 본질은 수적 질서라고 보았고, 플라톤은 우주 공간을 절대적이고 관념적인 기하학 형태의 입체로 구성되어 있다고 설명했다. 그리스 시대의 신은 인간 세계로 내려왔고 인간의 모습으로 표현되었다. 그들은 신과의 소통을 위해 신상을 모시는 신전을 땅 위에 지었다. 그리스 신전의 기둥은 거석문화의 전통에서 온 것이지만 하늘에 닿으려는 인간의 수직적 열망의 표현이 아니라 신과 투쟁하는 인간의 능력을 상징한다. 그래서 그리스인들은 신전의 기둥을 직립한 인간의 신체에 은유했고 기둥을 소재로 많은 신화를 만들어 냈다.

고딕 성당에서는 하늘의 절대자를 향한 열망이 직설적으로 표현되었다. 기독교는 하느님이라는 절대자와 내세를 믿는데 고딕 성당은 신과 인간의 관계 맺기를 열망하는 수직 지향적 건축이다. 프랑스의 몽생미셸Mont-Saint-Michel 수도원 성당은 이러한 수직 지향성을 잘 보여 준다. 가장 높은 곳의 꼭대기에 하늘로 치솟은 성당을 건축함으로써 중세인들은 하늘을 향한 열망을 표현했다. 서양 건축은 이와 같이 하늘을 향한 열망을 표현하는 수직의 모뉴먼트라는 성격을 갖는다. 서양 건축의 수직 지향성은 근대 건축의 상징인 에펠탑과 스카이스크레이퍼(초고층 건축)에도 담겨 있다.

동양은 하늘과 땅을 지각하는 방식이 서양과 달랐다. 고대 중국에서 발전된 음양陰陽 이론에 의하면 하늘과 땅은 구분되지만 태극이 상징하듯 서로 연결되고 순환된다. 하늘은 땅과 분리되어 저 위에 있는 어떤 실체가 아니라 음과 양처럼 서로 맞닿고 얽혀서 운행된다. 하늘과 땅 사이에 인간이 존재하는데 천인무간天人無間, 즉 하늘과 인간은 간격이 없는 하나이다. 송명 유학의 유명한 헝취의 서명은 〈하늘은 아버지라 하고 땅은 어머니라 부른다. 나는 그 속에서 싹터 퍼졌으니 그 가운데 혼연히 살고 있다. 그러므로 하늘과 땅 사이에 가득 찬 것이 나의 몸이며, 하늘과 땅의 운행을 거느리는 것이 나의 본성이다〉[19]라고 서술한다. 『예기』의 「예운禮運」에 의하면 인간은 하늘과 땅의 기운이 합쳐진 것이며 음양의 기운이 교합한 것이다. 하늘의 환웅과 땅의 웅녀가 결혼해 인간인 단군을 낳았다는 고조선의 단군 신화도 하늘과 땅이 인간과 상호 조화를 이룬다는 천지인天地人 사상을 반영한다. 동양 건축은 하늘과 땅에 대한 동양인의 이러한 원초적 인식을 반영한다. 그래서 동양에서는 하늘을 향한 열망을 표현하는 수직 지향적 건축이 지어지지 않았다.

하늘과 땅에 대한 동서양의 인식 차이는 유목 문화와 농경 문화의 차이로 설명할 수 있다. 유목 문화에서는 하늘 숭배가 발달하고 농경 문화에서는 땅의 숭배가 강조된다.[20] 하늘은

---

19 김용옥, 『동양학 어떻게 할 것인가』, 236면에서 재인용.

20 김용옥, 『여자란 무엇인가』(서울: 통나무, 1986), 180면.

추상성, 보편성, 절대성의 상징이고 땅은 구체성, 국부성, 상대성의 상징이다. 유목 민족에게 땅은 궁극적 에너지의 근원이 아니며 땅과 관련된 어떤 기준도 없다. 그래서 유목 생활의 사유 구조에선 초월성이 강조된다. 유목 문화의 초월적 하느님 숭배에서는 하늘과 땅은 완전히 이원적으로 분리된다. 그러나 농경 생활의 사유 구조 속에서는 하늘과 땅이 내재적 전체로 이해되기 때문에 양자가 이원적으로 분리되지 않는다.

이집트의 피라미드는 하늘을 향한
인간의 수직적 열망을 표현한다.

그리스 신전은 하늘에
있는 인간 모습의 신과
소통하려는 건축이다.

몽생미셸 성당 역시 하늘을
향한 열망의 표현이다.

수평의 집 대 수직의 건축

서양인들이 땅에서 하늘로 향한 일방향성을 추구했다면 동양에서
하늘과 땅의 관계는 양방향적이라고 할 수 있다. 서양의 종교가
인간과 신과의 관계를 추구한다면 동양의 전통 사상은 인간과
인간의 관계를 중시한다. 동양의 유교는 내세관이 없는 현실의
삶을 중시하고, 불교의 가르침은 자신의 마음속에 존재한다는
깨달음을 얻어 해탈하는 데 있다. 특히 유교는 하늘의 초월자가
아닌 인간 사이의 수평적 연결과 위계를 중시하는데 이러한
유교적 신앙관이 반영된 동양 건축은 수평의 관계를 만드는
집으로 발전했다. 이것은 서양 건축이 수직적으로 하늘을 지향한
것과 대비된다. 조금 일반화해서 말한다면, 서양 건축은 수직
지향적이고 동양 건축은 수평 확장적이라고 할 수 있다. 즉, 서양
건축은 수직의 모뉴먼트이고 동양 건축은 수평의 집이다.

　　일본의 문화 비평가 야나기 무네요시는 건축은 자연과 역사에
의해 결정된다고 하면서 중국 건축과 서양 건축의 차이를 땅의
건축과 하늘의 건축으로 설명했다. 〈중국 건축은 거대하면서도
평탄하다. 첨탑까지 써서 높이 솟구치게 만들어진 중세의 기독교
건축과 얼마나 좋은 대비를 보이는가. 하나는 땅에 앉아 있고
하나는 하늘로 이어져 있다. 유교는 현세의 가르침이고 기독교는

내세의 가르침이었다.)[21] 한국 건축의 원리도 공간의 수평적 연결과
조직에 있다. 김수근은 일찍이 한국 건축의 이러한 성격을 간파하고
간間의 찬가를 언급한 바 있다.[22] 인간, 공간, 시간은 모두 〈간〉이고,
한국의 건축은 하늘과 땅 사이에서 간(사이)을 조직하는 것이다.
프랑스의 과학 철학자 바슐라르Gaston Bachelard는 집을 땅과 하늘을
잇는 수직 지향적 질서로 설명했다. 그는 『공간의 시학La poétique
de l'espace』에서 다락방을 우주와 독자적이고 신비한 관계 속에서
스스로 정체성을 사색하고 자신만의 꿈을 펼치는 원초적 공간으로,
지하실은 비밀스러운 공간으로 이해했다. 그 사이에 거주를 위한
공간이 있다.[23] 한편, 조선 시대 선비들은 장수(공부하여 학문을
닦는 자세)와 유식(긴장과 피로를 풀기 위한 휴식)이라는 두 가지
자세를 중요시했는데 〈폐쇄적인 온돌방을 장수에 적합한 공간으로
삼았으며 벽이 트이고 개방적인 마루를 유식 공간으로 삼았다〉.[24]
도산 서당과 같은 조선 시대 선비들의 이상적 거처는 이처럼 장수와
유식의 공간이 수평적으로 결합되어 있다.

　　한국의 전통 건축에서 그나마 수직성이 강조된 것은 불교
건축이다. 우리나라 고대 사찰에는 고층 탑의 전통이 있었다.
경주의 황룡사탑은 9층 목탑이었고 금산사 미륵전(현존 사찰
건축 중 유일한 3층)이나 법주사 팔상전과 같이 수직성이 강조된
건물은 지금도 사찰에서 찾아볼 수 있다. 불교가 융성했던

21　야나기 무네요시, 『조선을 생각한다』, 176면.

22　김수근, 「〈간〉의 찬가」, 『좋은 길은 좁을수록 좋고 나쁜 길은 넓을수록 좋다』,
68면.

23　Gaston Bachelard, *The Poetics of Space*, trans. by Maria Jolas, John R.
Stilgoe(Boston: Beacon Press, 1964), p. 17.

24　김동욱, 『한국 건축 중국 건축 일본 건축』, 231면.

고려 시대 이전에는 건물이 더 수직 지향적이었음을 짐작할 수 있다. 고층 불탑은 불 사리를 모신 인도 스투파stupa의 수직성에 기원을 둔다. 그러나 중국과 한국으로 전파되면서 수직성은 많이 완화되었다. 탑은 중국의 고층 누각이 불교의 탑으로 변용된 것이다. 원래 중국에서 발전된 고층 누각은 수직 지향적 기념비가 아니라 관망용 망루였다. 즉 인도의 스투파가 중국의 고층 누각과 결합하여 동아시아의 탑이 만들어졌다. 중국의 탑은 사람이 올라가 사용하기 위한 관망용 건축이지 상징적 건축물은 아니다. 한국의 불탑은 관망용이 아니라 멀리서 바라보는 상징적 건물이었다고 한다.[25] 그러나 한국 불탑의 수직성은 수평 요소의 적층에 의한 것으로 수직선이나 사선처럼 수직 지향성을 직접적으로 표현하지는 않는다. 더욱이 조선 시대 성리학이 지배 이념이 되면서 불교 건축의 수직성은 제한되었다.

서양에서 수평의 건축이 처음 등장한 것은 근대에 와서다. 미국의 프랭크 로이드 라이트Frank Lloyd Wright와 독일의 미스 반데어로에는 서양에서는 처음으로 건축의 수평성을 강조한 건축가들이다. 이들이 동양 건축의 영향을 받은 것은 잘 알려진 사실이다. 특히 라이트는 일본 건축의 영향을 받아 미국 중부의 광활한 환경에 어울리는 프레리prairie 스타일의 주택을 디자인했다. 라이트의 건축에서 지면과 평행한 수평면은 바닥과 같이 보이고 마치 건물이 지면에 속하는 것처럼 느끼게 한다.[26] 그는 미국 중부의 끝없이 펼쳐진 평야와 수평의 건축을 자유와 민주주의의 상징으로 보았다.

---

25   김동욱, 위의 책, 48~53면.

26   Frank Lloyd Wright, *The Natural House*(New York: Horizon Press, 1954), p. 15.

경복궁에서 보이는 한국 건축은
수평의 집이다.

법주사 팔상전.
한국 불탑의 수직성은
수평 요소의 적층에
의한 것이다.

렘브란트의 「명상 중인
철학자」(1632). 다락방은 서양
주택의 수직 지향성을 상징한다.

유곡 마을의 학구재.
장수와 유식의 공간으로서
온돌방과 마루가
수평적으로 결합되어 있다.

미스 반데어로에가
지은 바르셀로나 파빌리온(1929).

기둥의 상징성 대 지붕의 상징성

서양의 고전 건축에서 기둥은 가장 중요한 상징 요소다. 그리스
신전에 서 있는 기둥은 중력에 저항해 수평 보(인방)와 지붕을
받치고 서 있는 인간의 의지와 힘의 표상이다. 기둥은 인간의
능력을 상징하면서 동시에 정직하고 아름다운 것으로 인식되었다.
반면, 한국의 건축에서 기둥은 지붕을 받치는 수단일 뿐 그
자체가 의미 있는 건축의 요소로 강조되지는 않는다. 실제 한국의
건축에서 기둥은 없는 것처럼 느껴지는 경우가 많다. 멀리서
바라보면 거대한 지붕과 바닥 사이에서 기둥의 존재는 이내
사라지고 만다. 서양의 고전 건축에서 기둥이 상징성을 갖는다면
한국 건축에서는 지붕이 더 중요한 의미를 갖는다. 집을 의미하는
한자인 사舍, 우宇, 주宙는 모두 경사 지붕을 얻은 모습으로 한자
문화권인 동아시아 건축에서 지붕의 상징성을 읽을 수 있는
대목이다. 10세기경 중국의 유호喩皓라는 건축 기술자가 쓴
『목경삼수木經三首』에 의하면 이상적인 집은 기단과 몸체와 지붕이
각각 3등분 되어야 한다. 시간이 흐르면서 점차 단은 높이가
낮아져서 낮은 기단으로 정착되었지만 지붕의 크기는 그대로
유지되었다. 동양의 건축에서 지붕이 가지는 상징성을 잘 보여
주는 대목이다.

　　한국어에서 지붕은 집에서 나온 것이라고 한다. 또 〈지붕을
가리키는 일본어 야네屋根는 집의 뿌리를 의미한다. 이같이

동양의 목조 건축에서 지붕은 특별한 의미를 갖는 요소였다. 집의 경계를 설정하고 안과 밖을 구분하는 것도 지붕이다).[27] 그래서 지붕에 유난히 상징적 의미와 미적 가치를 부여하고 장중한 지붕을 꾸미기에 노력했다. 동아시아의 목조 건축에서 상징적 건물에는 반드시 기와를 얹었는데 기와는 영원과 기념성을 표현하는 수단이었다. 서양의 건축이 파사드façade와 입면의 기념성에 초점을 맞춘 것과 대비된다. 한국 건축의 지붕은 땅과 하늘 사이에서 특별한 상징성과 주술적 의미를 갖는다. 지붕의 용마루나 추녀마루에는 귀신을 물리치는 조각(주술성을 보여주는 용마루의 치미, 날짐승 꼬리 모양의 장식 기와와 잡상)이 얹혀 있는데 이것은 집 내부를 귀신의 침입과 화마에서 보호하는 역할을 한다.

서양의 건축은 지붕 자체에 특별한 상징성을 부여하지 않았다. 고전 건축에서 지붕을 상징하는 삼각형 페디먼트는 실상 벽으로, 파사드를 형성하는 요소였다. 장식도 지붕 위가 아니라 파사드에 부가된다. 지붕은 공간을 덮는 기능을 할 뿐, 밖에서 보면 지붕이 잘 보이지도 않는다. 로마의 개선문은 아예 지붕 없이 기둥과 보로 장식된 파사드만 있다. 고딕 건축은 경사가 심한 뾰족 지붕으로 수직적 앙천仰天을 상징하지만 지붕 자체가 상징성이나 주술적 의미를 갖지는 않는다. 르네상스 건축에서는 수평선을 강조하기 위해 의도적으로 지붕이 안 보이도록 입면에서 처마를 내미는 방식을 고안하기도 했다. 서양의 건축은 밖에서 보이는 지붕보다 내부 공간에서 보는 천장이 더 상징성을 가진다. 둥근 돔은 지붕으로서의 형태보다

---

27   티에리 파코, 『지붕: 우주의 문턱』, 전혜정 옮김(서울: 눌와, 2014), 59면.

내부에서 바라보는 공간의 의미가 더 크다. 돔의 원형 공간은 중심으로 수렴하는 특성을 갖기 때문에 완전한 우주의 형상을 상징하는 것으로 받아들여졌다. 말하자면 천장은 내부에서 보는 하늘이자 축약된 우주의 이미지다. 로마의 판테온 돔은 우주를 상징하는데 돔의 한가운데 뚫린 구멍은 하늘의 창이며 하늘과의 소통을 담당한다.[28] 판테온의 구멍은 인간과 하늘의 접촉점이다. 초기 기독교회의 집중형 평면의 돔은 세례를 받을 때 사용하던 수조 위에 걸려 있던 텐트를 상징하는 것으로 신이 기거하는 하늘나라를 의미한다. 여기서 발전된 비잔틴 성당의 돔은 내부에서 바라보는 하늘이다. 고딕 성당의 수직성은 높은 층고의 네이브nave 공간을 지으려고 하는 의도에서 발전되었다. 그래서 성당 내부의 장식과 분위기도 천상 세계의 하늘을 상징하도록 만들었다.

한국의 건축은 내부에서 바라보는 천장보다 지붕이 상징성을 갖는다. 대한민국 국회 의사당은 근대 이후 한국에서 지은 가장 상징적인 공공 건축이라고 할 만하다. 한국의 전통을 반영하는 건축으로 설계되었는데 지붕에는 서양 건축의 돔을 모방해서 올렸다. 하지만 국회 의사당 돔은 하늘을 상징하는 내부 공간이 없이 밖에서 보이는 지붕으로만 표현되었다. 서양 돔의 한국식 수용인 셈이다. 마치 양복을 입고 갓 쓴 것과 같은 전통과 서양의 어색한 만남이다. 영국의 국회 의사당은 지역 양식인 고딕 스타일로 지어졌는데 돔을 얹지 않았다. 한국의 국회 의사당은 아직도 답을 찾지 못하고 있는 한국 근대 건축의 미완의 근대화 과정을 대변하는 상징물로 서 있다.

---

28 티에리 파코, 위의 책, 52면.

지붕은 건축이 하늘과 접하는 부분으로 그 형태는 대개 특정 우주론에 바탕을 둔 상징체계에서 비롯된다. 서양의 고전 건축에서 경사 지붕은 삼각형 박공 면(페디먼트)이 정면이 되는데 박공 면의 삼각형은 서양의 건축이 하늘을 어떤 식으로 받아들이는지를 잘 보여 준다. 삼각형 페디먼트는 피라미드의 사선과 같이 땅과 하늘을 연결하면서 높은 곳을 향하는 수직 지향성을 상징한다. 18세기 중엽 신고전주의 건축 이론가 로지에가 삼각형 박공을 창문 장식으로 사용하는 것에 대해 비판적이었던 것은 이 때문이었다.[29] 반면, 한국 건축의 경사 지붕은 삼각형 박공 면이 측면이 되고 정면은 수평으로 하늘과 맞닿는다. 평평한 지붕 선은 하늘과 땅의 수평적 만남을 의미한다. 어쩔 수 없이 삼각형 박공 면이 정면이 되는 경우에도 합각을 달아 수평선을 강조했다.

근대 건축에서 평지붕이 도입되면서 지붕의 전통적인 상징성은 사라졌다. 근대 건축은 지붕을 또 다른 대지로 만들었다. 르코르뷔지에의 옥상 정원이 그것이다. 서양 건축은 지붕의 상징성이 약하기 때문에 지붕을 대지로 만드는 게 큰 문제가 되지는 않았다. 평지붕에 대한 비판도 상징성이 아니라 기능적이고 기술적 문제에 집중되었다. 하지만 지붕의 상징성이 강한 한국 건축에서 지붕이 사라진 것은 매우 큰 상실이라고 할 수 있다. 일제 강점기 시인이자 건축학도였던 이상의 시에서 평지붕과 옥상 정원이 자주 등장한 것은 그만큼 그 충격이 컸기 때문이었음이 틀림없다. 한국의 1세대 근대 건축가들이 전통성을 구현하려고 할 때 지붕의 형상화에 치중한 것을 보아도

---

29 티에리 파코, 위의 책, 21면.

한국의 건축에서 지붕이 차지하는 비중을 잘 알 수 있다. 한국의 건축에서 평지붕은 생소한 것이다. 그래서 한때 집 장사 집에서는 평지붕 위에 다시 경사 지붕을 얹곤 했다.

현대의 건축에서 천장의 상징성은 그다지 중요시되지 않는다, 20세기 건축가 중에서 천장에 숭고한 상징성을 부여한 사람은 핀란드의 알바르 알토Alvar Aalto가 예외적이다. 평지붕을 찬양했던 르코르뷔지에도 후기에는 평지붕 위에 또 다른 지붕을 얹었다. 김중업의 주한 프랑스 대사관은 거기서 영감을 얻었다. 베르나르 추미Bernard Tschumi와 같은 현대 건축가도 지붕 위에 거대한 지붕을 덮곤 한다. 하지만 현대의 건축에서 대형 지붕은 상징성보다는 다양하고 상이한 요소와 프로그램의 공존을 시사하는 방편으로 주로 사용된다.

창덕궁 인정문에서 볼 수
있는 지붕의 치미와 잡상.
지붕의 상징성과 주술적
의미를 보여 준다.

종묘 지붕의 잡상.

로마의 개선문은 아예 지붕이
없이 기둥과 보로 장식된
파사드만 있다.

프랑스 아미앵 성당의 외관.

한국의 국회 의사당. 돔은 내부
공간의 천장이 아니라 지붕으로
표현되었다.

프랑스 파리의 루브르궁
창문의 박공 장식. 로지에는
상징적 지붕인 페디먼트를
창문에 장식으로 쓰는 것을
비판했다.

벽의 건축과 바닥의 건축

서양의 건축은 오랫동안 수직적 형태의 조절이 중요한 과제였다. 그리스 신전에 수직으로 서 있는 기둥의 규범, 즉 오더order는 모든 건축의 절대적 기준이었다. 그리스 시대 이후 기둥은 점차 벽으로 확장된다. 로마의 건축에서는 기둥이 벽에 부착되었다. 르네상스 시대의 건축가 알베르티는 열 지어 선 기둥들, 즉 열 주랑을 벽으로 인식했고 기둥은 벽에 붙은 장식으로 간주했다. 그리스 신전의 지붕 구조는 목조였지만 정면의 삼각형 박공 부분(페디먼트)은 기둥과 같은 돌로 만들었다. 페디먼트는 지붕을 상징하지만 엄밀히 말하면 그것을 받치는 기둥과 함께 파사드를 형성한다. 르네상스 건축에서 오더와 규준 선linement에 의한 파사드의 디자인은 벽을 구성하는 장식 요소들의 부분과 전체가 완벽한 조화를 이루도록 한 것이다. 수직의 벽이 만드는 이러한 정면성(파사드)은 서양 건축의 디자인에서 가장 중요한 요소였다. 그래서 서양의 고전 건축은 가히 파사드의 건축이라고 부를 만하다. 서양 건축에서 수직의 벽, 즉 입면에 대한 특별한 인식은 거석의 상징성으로부터 온 것으로 볼 수 있는데, 이러한 전통은 서양 건축의 역사를 통해서 일관되게 나타난다. 서양에서는 건축물을 증축하거나 변경할 때 새로운 벽을 세워 기존 건물에 붙이는 경우가 많다. 중세의 성당은 수백 년에 걸쳐 만들어진 경우가 많은데 대개 기존에 있던 건물에 벽을 새로 짓거나

덧붙여 공간을 확장해 나갔다. 르네상스 시기에는 기존 건물의
파사드만 새로 디자인한 경우가 많았다. 알베르티와 미켈란젤로,
다빈치도 기존 건물의 파사드만 다시 만드는 작업을 많이 했다.
이것은 물론 조적조組積造로 지어진 벽식 건축이기 때문에 가능한
일이었고, 목 구조인 한국 건축에서는 불가능한 일이다.

한국의 건축에서 벽은 그다지 중요하게 다루어지지 않았다.
기둥의 비례와 장식과 같은 수직적 요소의 구성에 관한 규범도
없었다. 범어사 일주문의 비례가 짧은 기둥이나 휜 목재를
그대로 사용한 기둥의 파격을 보라. 수직적 입면의 형식 미학이
중요했다면 이러한 자유로움은 허용될 수 없는 일이다. 한국의
건축은 입면 구성에서 부분과 전체의 통일성과 조화에 관한
이론도 없었다. 건축을 조형 예술로 보지 않았고 입면을 회화적
구성으로 보지도 않았다. 물론 한국 건축의 입면이 추상적
구성을 하고 있고 요소들의 반복에 의한 미적 질서를 갖고 있어서
아름다움과 감동을 주는 것이 사실이다. 그러나 한국 건축의
입면 구성은 구조와 기능적 고려에 따른 요소의 분할이지, 추상
구성 자체가 미적 의도는 아니다. 앞에서 설명했듯이 동양의
건축은 땅과 하늘 사이에 인간의 생활을 위한 공간을 구축하는
것이다. 생활을 위한 집에서 중요한 것은 수직의 벽이 아니라
수평의 바닥이다. 벽은 지각의 대상이지만 바닥은 생활의
장소이다. 서양인들은 중국의 건축을 처음 보고 〈우리는 공간을
점령한 반면 그들은 지면을 점령한다〉라고 했다.[30] 땅과 곡식에
제사를 지내는 사직단은 물론 하늘에 제사를 지내는 천단도
바닥이었다. 서양의 건축은 서 있지만 동양의 건축은 놓여 있다.

---

30   리원허, 『중국 고전 건축의 원리』, 95면에서 인용.

1960년대 일본 건축과 서양 건축의 차이를 연구했던 아시하라 요시노부芦原義信도 서양 건축은 벽의 건축이고 일본 건축은 바닥의 건축이라고 간단히 정의한 바 있다.

서양의 건축에서 벽이 공간을 둘러싼다면 한국의 건축은 바닥이 공간을 만든다. 한국의 건축은 기단 위에 지어지는데 기단은 습기로부터 건물을 보호하는 역할만 하는 것이 아니라 제례와 의식, 생활을 위한 공간이기도 하다. 예컨대 궁궐의 바닥에 있는 돌길은 중앙부가 양쪽 측보다 높아 왕만 다닐 수 있는 공간이 된다. 때론 궁궐의 월대와 같이 바닥 자체가 상징성을 갖는 공간이 되기도 하다. 종묘의 바닥은 사람의 키 높이 정도의 단차를 갖는 상월대와 하월대로 구분되며 서로 계단으로 연결되는데 바닥의 차이만으로도 영역이 구분되고 경계가 형성된다. 월대는 이미 바닥이 아니라 공간인 것이다. 한국의 건축을 보면 집을 지을 때 땅을 먼저 설계했다는 느낌을 받을 수밖에 없다. 경사지를 다듬어 집을 앉힐 바닥을 만드는 것이 건축의 시작이고 그다음에 집을 앉혔다. 지금 우리는 바닥을 설계하기는커녕 획일화된 건물을 앉히기 위해 인공적으로 땅의 형상을 변경하지만 말이다. 경사지에 지어진 한국 건축의 누마루를 보면 그 진입 방식이 다양한데 이것은 한국 건축이 최소한의 변형만으로 먼저 땅을 설계하고 건물을 앉혔다는 사실을 잘 보여 준다. 그래서 한국의 전통 건축을 감상할 때는 바닥, 즉 석축이나 기단과 같은 단의 변화를 유심히 살펴보아야 한다. 오랜 세월을 지나면서 그 위에 서 있는 건물은 재건축되었거나 사라졌지만 그 시간을 버티어 온 건축의 흔적은 바닥에 남아 있다. 때론 천여 년 전에 있었던 화재의 흔적이나 심지어 초창 때의 흔적을 발견할 수 있는 즐거움도 있다. 많은 전란을 겪은 한반도는 고려 시대 건물도 남아 있는 게 손가락으로 꼽을 정도이지만 바닥은 수천 년을 이어 온 것도 있다.

　　루이스 칸은 시간이 경과하여 건축이 폐허가 되었을 때 제작(테크네)의 정신은 살아난다고 했다. 그리고 그는 폐허에서 아르케arche, 즉 건축의 근원을 찾으려고 했다. 칸은 고대 유적의 기둥과 보, 아치에서 그것을 보았다. 수직 지향적인 서양의 건축은 어느 유적지를 가든 대개 기둥이나 벽이 남아 있다. 반면 한국 건축의 폐허는 터만 남아 있는 경우가 많다. 석축, 기단, 주초만 남은 바닥이 한국 건축의 유적이다. 경사지를 최소한으로 변형해 만든 한국 건축의 바닥은 천년 이상 변하지 않은 것도 있다. 집은 무너지고 새로 지어져도 바닥은 남는다. 한국 건축의 폐허는 바닥인 것이다. 여기서 한국 건축의 아르케를 찾을 수 있지 않을까?

고전 건축의 오더가 만드는 열
주랑은 벽으로 간주된다.

두칼레 비제바노 성당의 입면.
르네상스 시기에는 파사드만
새롭게 디자인한 경우가 많았다.

범어사의 일주문. 비례가 짧은
기둥이나 휜 목재를 그대로
사용한 기둥의 파격을 보라.

도산 서원의 농운정사 입면.

부석사의 범종루와 계단. 바닥과
건물이 같이 설계된 누마루의
진입 방식을 볼 수 있다.

통도사 대웅보전과 기단의 흔적.
많은 전란을 겪은 한반도는
고려 시대 건물도 남아있는 게
손가락으로 꼽을 정도이지만
바닥은 수천 년을 이어온 것도 있다.

폼페이 포럼의 유적.
서양은 어느 유적지를
가든 기둥이나 벽이 남아
있다.

합천의 영암사 사지 절터에는
기단과 주춧돌, 석탑만이
있지만 역사의 체취와
호젓함을 느낄 수 있다.

온돌과 벽난로

바닥의 건축과 벽의 건축에서 차이점은 난방 방식에서도 잘
드러난다. 비트루비우스가 불의 발견을 건축 기원으로 설명했듯이
난방은 건축의 가장 중요한 구성 요소이다. 원시 주거의 화로에서
시작된 난방 방식이 서양에서는 벽난로로 발전했고 한국에서는
구들로 발전했는데 이것은 바닥의 건축과 벽의 건축의 특성을 잘
보여 준다. 동아시아에서도 유독 한국의 건축은 복잡한 바닥을
형성하는데 그것은 온돌의 사용과 관련이 깊다. 한국 건축의
가장 분명하고 위대한 특징은 온돌과 마루의 결합이다. 한옥은
좌식 생활이므로 바닥이 지면에서 떨어져 있고 온돌과 마루로
구분되어 바닥이 연속적이지 않다. 기단, 마당, 그리고 부엌 바닥
등 바닥 구조가 다른 여러 공간이 한 지붕 아래 공존하기 때문에
레벨의 변화가 심하다. 심지어 중간층에 걸린 다락도 있다. 서양
건축은 말할 것도 없고 중국 건축이나, 좌식 생활을 하는 일본
건축에서도 이런 복잡한 바닥의 변화를 보기는 어렵다(일본이나
중국은 바닥 난방이 발전하지 않았다). 한국 건축은 이와 같이
공간이나 영역의 구분을 바닥의 변화로 해결했다.

중국과 일본의 주택은 대개 평지에 건설되고 단일한 바닥을
형성하지만 한국의 주택은 경사지를 이용해 지면의 높낮이를
달리하는 경우가 많다. 평탄한 땅에 집을 짓는 경우에도 일부로
안채나 사랑채의 기단을 높여 바닥의 변화를 준다. 이것은 중국

건축이나 일본 건축에서는 보기 어려운 한국 건축만의 특징으로 한국의 건축을 가히 바닥의 건축으로 부를 만하다. 한국의 현대식 아파트에서 현관과 화장실의 바닥을 낮추는 것도 이런 바닥의 건축 전통이 지금까지 유지되고 있다는 증거이다. 한국 건축의 다양한 공간은 바닥에 의해 형성된다고 해도 과언이 아니다. 어떤 행위가 이루어지는 장소나 공간을 우리말로 〈판〉이라고 한다. 개판, 장판, 난장판, 춤판이라고 할 때의 판은 마당이고 바닥이다. 바닥의 건축은 판의 건축이고 다양한 행위가 일어나는 이벤트의 공간이다. 한국의 건축은 그래서 바닥이 중요하고 벽은 공간을 열거나 닫기 위한 장치일 뿐이다.

근대화 이후 서양 건축의 영향을 받으면서 한때 한국 주택의 마루에 벽난로를 설치하는 게 유행이었다. 방에는 온돌을 놓고 응접실로 사용하는 거실에는 벽난로를 설치하는 방식으로 바닥의 전통과 벽의 건축을 절충했다. 이러한 혼합은 초기 아파트에서도 시도되었다. 우리나라 최초의 분양 아파트였던 종암 아파트는 연탄 구들방과 거실의 벽난로를 결합시켰다. 우리나라 최초의 고층 아파트인 마포 아파트에서는 온돌과 라디에이터를 혼용했다. 거실에는 라디에이터를 두고 방에는 온돌 파이프를 까는 이러한 방식은 고층 아파트가 대량 보급되는 1980년대까지 지속되었다. 그러나 1990년대 이후 경제성과 시공의 편리함이 반영되면서 점차 전체적인 바닥 난방이 보편화되었다. 한국 건축에서 바닥의 전통은 그만큼 뿌리가 깊다. 서양의 건축은 바닥의 변화 없이 일정하게 반복되는 층의 변화가 있을 뿐이다. 기능에 따른 공간의 구분은 벽을 세우고 칸을 나누어 해결했다. 벽은 내부와 외부, 안과 밖을 구분하고 방과 방을 분리한다. 반면에 바닥은 변화가 적고 연속적이다. 그래서 서양의 건축은 안에서나 밖에서나 모두 신을 신은 채 생활한다.

서양에서 바닥의 중요성에 처음으로 주목한 건축가는 오스트리아의 아돌프 로스였다. 20세기 초 로스는 건축은 생활을 위한 공간을 만드는 일이지 예술이 아니라고 선언하고 건축의 외벽에서 장식을 모두 제거했다. 대신 그는 내부 공간의 바닥을 설계하는 데 집중했다. 로스는 서양의 건축이 작은 화장실이나 큰 홀이나 모두 같은 바닥과 천장 높이를 갖도록 했다는 사실을 비판하면서 거주자의 생활을 조직하는 바닥의 변화가 심한 복잡한 내부 공간을 만들었다.[31] 이 점에서 로스는 서양 건축의 패러다임을 동양적으로 전환한 건축가이다. 한국의 건축은 원래부터 바닥을 만드는 건축이었고 생활을 위한 장치이자 무대였다. 한국의 현대 건축가들이 침묵이나 무의 개념을 내세우면서 로스의 무덤을 찾아가 경배하는 건 그래서 어찌 보면 당찮은 일이다. 그러나 우리 건축의 전통을 상실했으니 어쩌겠는가?

---

31   〈칸트 이전에 인류는 공간(볼륨)을 생각하지 못했고 화장실과 홀을 같은 높이로 만들었다. 낮은 방을 만들려면 오직 높이를 반으로 나누는 수밖에 없었다. 언제부터인가 인류는 3차원 보드에서 체스 놀이를 할 수 있게 되었다. 그래서 건축가들도 이제 3차원적 평면의 문제를 해결할 수 있게 되었다.〉 Adolf Loos, Joseph Veillich, *The Architecture of Adolf Loos: An Arts Council Exhibition*(London: The Council, 1985), p. 80에서 재인용, 필자 번역.

남산 한옥 마을에 지어진
한옥의 분합문. 벽은 공간을
열기 위한 장치일 뿐이다.

윤증 고택의 사랑채. 온돌과
마루가 결합된 복잡하고 미세한
바닥의 변화를 볼 수 있다.

한남대 선교사 사택에 남아
있는 근대 한옥의 벽난로.

아돌프 로스가 설계한
프라하의 뮬러 주택(1930).
로스의 주택은 바닥의 변화가
복잡한 내부 공간이 특징이다.

주소의 체계

바닥의 건축과 벽의 건축의 특성은 도시 구조에도 영향을 미친다. 서양은 오래전부터 방어 목적의 성곽 도시가 발전했는데 성벽을 경계로 도시 내부는 건축물로 꽉 찬 내적 구조를 가졌다. 한편, 건축물의 벽은 내외부 공간을 명확히 구분했기 때문에 성벽 내부의 도시 외부 공간은 연속된 건물들의 벽에 의해 규정되는 선적 가로로 구성된다. 한국의 도시는 서양의 성곽 도시와 같이 건축물과 선적 가로로 꽉 짜인 내적 구조가 아니라 담으로 둘러싸인 느슨한 영역의 집합으로 형성된다. 담이 안과 밖의 영역을 구분하고 도시 가로의 경계도 건물의 벽이 아닌 담이 규정한다. 서양 도시처럼 선적 가로가 만들어지려면 건축물이 만드는 연속된 벽이 있어야 하는데 바닥의 건축이 지배하는 도시에서는 이러한 선적 가로가 형성되기 어렵다.

　　주소의 체계는 이러한 도시 구조와 밀접한 관련이 있다. 도로에 이름을 붙이고 도로를 따라 건물에 번호를 매겨 주소를 정하는 것은 연속된 벽이 만드는 선적 가로를 중심으로 도시가 형성되는 서구의 전통이다. 1960년대『건축의 외부 공간』이란 책을 쓴 일본의 건축학자 아시하라 요시노부도 서양의 도시에서 주소 체계가 가로 중심인 것은 이 때문이라고 분석한 바 있다. 반면 일본은 큰 영역에서 작은 영역으로, 즉 동, 번지, 호라는 바닥의 위계로 주소가 체계화되었는데, 아시하라는 이러한

일본식 주소 체계는 유럽과 일본의 도시 구조의 차이를 고려하면
일본에서 더 합리적이라고 주장했다. 한국의 전통적인 도시
구조도 원래 선적 가로 중심이 아니라 영역의 위계로 이루어졌다.
이것은 바닥을 만드는 한국 건축의 전통에서 비롯된 것이다. 주소
체계도 서양의 도시처럼 길을 따라 붙인 건물 번호가 아니라
영역의 위계로 표시되었다. 그런데 최근 정부는 주소 체계를 영역
중심에서 도로 중심으로 바꾸었다. 한국 건축과 도시의 특성을
충분히 고려하고 내린 결정인지 의문이 들 수밖에 없다.

김정호가 제작한 『대동여지도大東輿地圖』에
수록된 「도성도都城圖」(1861).
길과 영역으로 표기로 된 한양의 옛 지도이다.

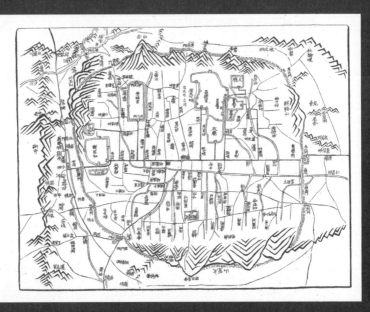

18세기 이탈리아 로마의
놀리noli 지도는 건물로 표기된
서양 도시의 지도이다.

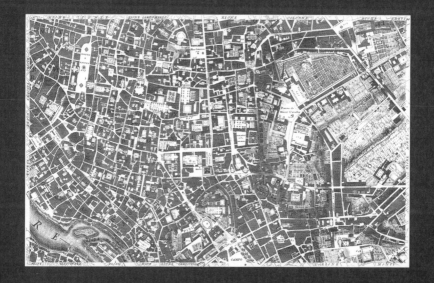

빛과 그늘

서양의 건축은 벽을 비추는 빛으로 내부 공간의 효과가 있지만
한국의 건축에서는 바닥에 드리운 그림자가 공간을 만든다.
일본의 소설가 다니자키 준이치로谷崎潤一郎는 깊숙한 그림자가
만드는 건물 내부 공간의 어두움을 음예陰翳 공간(그늘도 그림자도
아닌 어둡고 거무스르한 분위기의 공간)이라고 예찬했다.[32]
일본의 건축은 안마당 없이 건물이 확장되는 겹집 구조 때문에
어쩔 수 없이 내부에 빛이 들지 않는 깊은 어두운 공간이 생긴다.
하지만 한국의 건축은 홑집인 경우가 대부분이고 앞에 마당을
품고 있어서 집 어디서든 반사 광선이 들어오고 마당(바닥)에
빛과 그림자가 만들어진다. 한국의 건축에서 빛은 바닥에 그늘을
만들고 그늘은 직사광선을 피할 수 있는 셸터를 창조한다.

　일제 강점기 이후 속복도 주택이 많이 지어졌다가 지금은
모두 사라졌는데 그 이유는 명확하다. 겹집은 한국인의 정서에
맞지 않았기 때문이다. 아파트에 중복도가 정착하지 못한 것도
같은 이유에서이다. 이것은 바닥의 건축인 한국 건축의 전통이다.
한국의 건축은 어두운 공간을 찬양하지 않는다. 한국 건축의
미학은 어두움의 미학이 아니라 그늘의 미학이라고 할 수 있다.

32　다니자키 준이치로, 『음예 공간 예찬』 김지견 옮김(서울: 발언, 1997),
63~68면.

그늘은 빛과 함께할 때 의미가 있다.

한옥의 처마가 벽과 바닥에 드리우는 그림자의 효과는 한옥이 주는 묘미다. 툇마루에 앉아 혹은 대청에 누워 빛과 그림자가 연출하는 장면을 바라보고 있으면 한없는 평화를 느낄 수 있는 게 한옥이다. 시시각각 변하는 분위기는 마당과 벽에 드리우는 빛과 그림자의 향연이라고 해도 과언이 아니다. 한옥은 가히 그림자의 건축이라고 할 만큼 빛보다는 그림자가 한옥의 감각으로 남는다. 한옥의 마당은 그림자가 그리는 캔버스이다. 마당 구석에 나무라도 한 그루 있으면 빛과 그림자가 만드는 그림은 경이롭다. 봉정사 영산암의 마당은 빛과 그림자가 마당에 드리워져 만드는 공간의 극치를 보여 준다. 김봉렬이 관찰했듯이 여기서 중요한 역할을 하는 것은 마당 한가운데 심어진 소나무이다. 〈이 소나무를 볼 때 그것이 만들어 내는 그림자에 주목해야 한다. 이 그림자는 아래의 큰 마당과 작은 마당이 연결된 절묘한 부분에 그늘을 만들고 그 그늘은 두 마당이 분리된 것처럼 독립성을 부여한다.〉[33] 나무로 인하여 그림자가 만드는 마당은 실제로는 하나이면서 두 개로 느껴지는 분리와 통합이 공존하는 모호한 유동적 공간을 만든다.

건축을 그림에 비유한다면 빛과 그림자가 그리는 서양 건축의 캔버스는 벽이지만 한국 건축의 캔버스는 바닥이다. 이러한 차이는 다음 장에서 다루게 될 경험 주체의 위상을 함축한다. 서양 건축의 경험 주체는 건축물 앞에 서 있는 중심적 주체로서의 인간이다. 빛은 인간이 내뿜는 시선과도 같고 빛과 그림자의 역할은 인간이 눈을 통해 인식하는 매스의 형상과 공간이다.

---

33 김봉렬, 『가보고 싶은 곳 머물고 싶은 곳 2』(서울: 컬처그라퍼, 2013), 184면.

르코르뷔지에는 〈우리의 눈은 빛 속에서 형태를 지각할 수 있게 해준다〉라고 했다. 반면, 바닥을 캔버스로 삼는 한국 건축의 경험 주체는 건축의 안과 밖을 부유하는 유동적이고 분산된 주체이다.

봉정사 영산암의 마당. 빛과
그림자가 만드는 바닥의
그림은 경이롭다.

일본의 교토 니조조二条城.
전통적 무사 가문의 주택 양식인
쇼인즈쿠리書院造 내부의 어두운
공간을 볼 수 있다.

3

인간의 위상

경험 주체의 위치

건축은 스스로 존재하는 오브제가 아니다. 인간이 구축한 건물에 의미와 가치를 부여하고 그것과 감응하면서 비로소 건축은 존재하게 된다. 건축이 이처럼 인간과의 관계 속에서 존재하는 문화적 산물이라면, 건축은 반드시 그것을 사용하고 경험하는 사람들, 즉 경험 주체의 상대적 위치와 시점을 반영할 수밖에 없다. 예를 들어, 그리스 신전은 인간이 건물 밖에서 바라보도록 의도된 신의 집이라는 것을 쉽게 알 수 있다. 신전 안으로는 극소수의 사제를 제외하고 들어가는 것이 허용되지 않았다. 밖에서 보이는 기둥order과 장식으로 이루어진 신전의 파사드는 마치 내부에 공간을 품은 거대한 조각처럼 사람들 앞에 서 있다. 서양의 건축은 이처럼 시각적 거리를 유지하고 대상 밖에 서 있는 경험 주체를 전제로 한다. 그래서 서양에서는 오래전부터 건축을 미술이나 조각과 같은 시각적 오브제로 다루어 왔다. 건축 이론은 주로 밖에서 볼 때 건물의 형태가 전달하는 의미나 인상에 관한 것이었다. 그리스 신전을 모범으로 삼은 서양의 고전 건축은 주로 정면에 있는 기둥의 규범(오더)과 장식을 이론화의 대상으로 삼았다. 르네상스 이후 체계화된 입면의 비례와 장식, 구성에 관한 이론도 모두 시각적 거리를 유지하고 건물 앞에 서 있는 감상자를 전제로 한다.

20세기에 등장한 근대 건축은 형태보다 공간에 주목했기 때문에 경험 주체가 건축의 내부에 있다고 주장할 수도 있다. 물론 건축은 공간을 담는다는 점에서 미술이나 조각과 다르고, 19세기 말부터 건축론이 공간에 주목하게 된 것도 사실이다. 하지만 서양에서는 공간도 경험 주체와 일정한 거리를 갖는 시각적 대상으로 다루어졌다. 르네상스의 투시도법은 시각 주체에 의해 합리화된 공간의 개념을 잘 보여 주는데, 여기서 시각 주체는 투시도로 표상되는 공간의 밖에 있다. 19세기 말 인간이 형태와 공간을 어떻게 지각하는지 과학적 이론으로 설명하고자 했던 독일의 조각가이자 미학자인 힐데브란트Adolf von Hildebrand는 인간의 순수 시각은 거리가 서로 다른 평면들의 중첩을 통해 깊이를 형성함으로써 공간을 지각한다고 주장했다. 그의 이론은 공간을 시각적 거리를 갖는 대상으로 지각하는 서양의 전통을 잘 보여 준다. 19세기 말 처음으로 건축을 공간 창조의 예술로 정의한 슈마르조August Schmarsow는 건축 공간의 지각을 시각적 경험에 한정하지 않고 통감각적이고 심리적인 과정으로 이해했지만 건축의 공간을 하나의 대상화된 볼륨으로 인식한 것은 마찬가지였다.

서양에서 건축을 이렇게 시각적 오브제로 대상화하여 인식하는 관습이 언제부터 시작되었는지는 분명치 않다. 하지만 그리스 시대 이후 줄곧 주체와 대상을 분리하는 인식론적 전통이 있었고, 르네상스 이후 인간을 중심으로 자연과 사물을 대상화하는 인간주의적 전통이 더 명확해진 것은 사실이다.[1] 바로크 이후 서양의 근대 문명은, 데카르트 철학이 상징하듯이, 인식의 주체인 인간이 이성과 기하학적인 사유를 바탕으로 대상에

---

1   그리스 극장에서 객석과 무대의 분리는 이 점에서 중요한 사건으로 평가된다.

대한 인식 기반을 확장해 간 계몽주의의 산물이라고 할 수 있다.

한국의 건축에 반영되어 있는 경험 주체의 위상은 서양의 건축과는 사뭇 다르다. 동양적 사유의 오랜 전통은 무엇보다도 주체와 대상을 분리하지 않는다. 중국의 유학자 정이는 〈우주와 인간은 본래 둘이 아니다〉라고 했다. 동양에는 고정된 속성이나 정체성을 갖는 자아, 혹은 이성적 주체라는 개념이 없다. 자아는 상황에 따라 유동적이고 변치 않는 본성도 없다. 유교와 도교에서는 자아를 자연의 일부로서, 자연과의 관계 속에서 정의한다. 인간 자체가 우주 흐름의 일부일 뿐이다. 장자는 〈진실로 지각 있는 사람만이 동일성의 원리를 이해한다. 그들은 사물을 그들 자신이 주관적으로 이해한 것으로 보는 것이 아니라, 보인 사물의 위치로 스스로 옮겨간다〉라고 했다. 유교는 마음의 수양을 강조하는데 이는 곧 사물의 질서에 대한 깨달음을 의미한다. 즉, 유교에서 철학의 주체는 인간이 아니라 자연인 셈이다. 인간의 이성이 주체가 아니라 자연의 이성이 주체다. 그것이 바로 리理이고, 리의 발현이 기氣이다. 동양의 철학에서는 인간과 사물이 기적 상호 감흥의 상태에 있다고 한다. 성리학은 말하자면 자연의 이성에 인간이 동참하는 학문이다.

큰 틀에서 보면 불교에서 말하는 자아도 마찬가지다. 불교의 깨달음이란 〈마음의 본체가 생각을 떠나 있음〉이라고 한다. 즉, 나를 벗어나야 비로소 깨달음에 이른다는 말이다. 나라고 하는 자의식조차 사라지니 나의 공간적 위치가 고정되지 않는다. 나의 존재감마저도 사라진다. 이런 상황에서 어떻게 경험 주체와 대상을 구분할 수 있으며 주체의 고정된 위치를 지정할 수 있겠는가? 동양에서는 이와 같이 자아라는 개념 자체가 모호하고 인간이 이성적 주체로 등장한 적도 없다. 유불도에 바탕을 둔

한국 사상의 특징은 인간과 주위 환경, 우주 사이에 인식적
거리를 두지 않는 데 있다. 주체는 대상과 분리되지 않고 합일되어
있다. 이러한 인식 주체의 상황은 한국 건축에 잘 반영되어 있다.
한국에서는 건축물을 경험 주체와 시각적 거리를 갖는 오브제로
바라보지 않았다. 건축의 인식 체계에서 인간의 위치는 건물 밖에
있지 않고 오히려 안에 있다. 풍수지리에서 좌향과 형국을 말할
때 좌청룡 우백호나, 유교적 배치 원리에 좌묘 우사의 기준은
건물 안에서 밖을 바라볼 때의 방향이지 밖에서 건물을 대상으로
바라보는 방향이 아니다. 한옥의 배치에서 향과 안대案臺를
정하는 것도 집 안에서 밖을 바라볼 때이다. 안동 충효당의
안채, 사랑채, 사당은 배치 축이 모두 다른데 각각 주산인 화산,
안산인 원지봉과 규봉規峯을 서로 다른 안대로 확보하고자 했기
때문이다. 이와 같이 한옥의 경험 주체는 집 안에 존재하며,
건물은 안에 거주하는 사람의 입장에서 배치된다.

　　한국 건축과 서양 건축의 경험 주체의 상대적 위치를 보여
주는 상징적인 그림이 있다. 로지에의 원시 오두막은 서양 고전
건축의 기원을 설명하기 위해 그린 그림인데 여기서 사람(원시
자연 상태에서의 건축가)은 건물의 밖에서 건물을 가리키고 서
있다. 반면 한국의 운조루를 그린 「삼수공영정三水公影幀」에서
사람(창건주 유이주)은 건물 안에서 밖을 바라보고 있다.
한국의 건축은 서양 건축처럼 밖에 있는 인간을 위해 시각적
감상의 대상으로 서 있는 오브제가 아니다. 더 정확히 말하면
한국의 건축에서 경험 주체는 안과 밖에 동시에 있다고 할 수
있다. 최순우는 한국 건축의 아름다움에 대해 〈하나는 멀리서
바라보는 운치의 멋이오, 하나는 그 속에 몸을 담고 느끼는

즐거움이다〉²라고 했다. 한국의 건축에는 확실히 이 두 가지
관점이 모두 존재한다. 정자는 이런 대표적 건축이다. 옛 그림에
있는 정자를 보면 항상 정자 안에서 노는 사람과 밖에서 정자를
바라보는 두 개의 시점이 존재함을 알 수 있다. 경험 주체의
위치가 안과 밖에 동시에 존재하는 한국 건축은 객관화된 3차원
공간에서 정해진 위치를 점유하는 오브제가 아니라 4차원의
시공간 속에서 인식되고 경험되는 것임을 말해 준다. 한국의
건축이 이러한 경험과 인식의 체계를 반영한 것이라면, 한국
건축을 서양 건축의 관점에서 해석하고 접근하는 것은 잘못이다.
최순우 선생은 다음과 같이 일갈한다. 〈자연 지형 속에 집을 앉힐
자리와 내다보는 방향을 결정하는 일이 전통 건축 계획의 첫
과제였음을 알고 나면 요즘 건축 계획 교과서와 문제집은 어느
나라 학문인지 의문이 갈 수밖에 없다.〉³

　　서양에도 인간의 상징적 위치를 건물 내부에 둔 건축이
있다. 잘 알려진 대로 팔라디오가 설계한 빌라 로톤다는 사방이
대칭인 건물 가운데 홀 중심에 후기 르네상스의 인간 중심주의를
표상하는 인간의 상징적 위치가 반영되어 있다. 그러나
빌라 로톤다에서 주체의 상징적 위치는 정확히 말하면 건축
안이라기보다는 평면 위에 있다고 할 수 있다. 이것은 입면을
90도 돌려 눕힌 것과 같다고 볼 수 있는데 여기서 건축과 경험
주체의 인식적 거리는 여전히 유지된다. 반면에 한국의 건축에서
경험 주체의 위치는 평면 위가 아니라 건축 안에 있고, 따라서 경험
주체와 대상 사이에는 인식적 거리가 존재하지 않는다.

2　최순우, 『무량수전 배흘림기둥에 기대서서』(서울: 학고재, 2008), 89면.

3　김경수, 『건축 미학 산책』(서울: 발언, 2000), 171면에서 재인용.

파르테논 신전의 파사드.
그리스 신전은 공간을 내포한
조각처럼 서 있다.

힐데브란트의 순수 시각에 의한 공간
지각 이론(1907)은 거리가 서로 다른
평면들의 중첩에 의한 깊이감을 통해
공간을 지각한다고 주장했다.

풍수지리에서의 좌향.

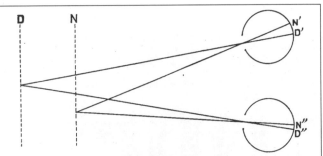

FIG. 3. STEREOSCOPIC VISION.

HOW LIGHT COMING FROM A DISTANT AND A NEAR POINT IS PROJECTED
UPON THE RETINA. D' AND N' ARE FARTHER APART THAN D" AND N". THE
FOLLOWING FIGURE SHOWS HOW THIS RELATIVE DISPLACEMENT APPEARS TO OUR
CONSCIOUSNESS AS A VISUAL IMPRESSION.

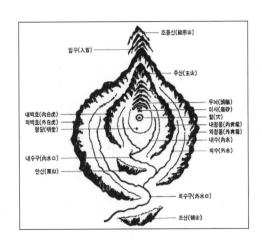

로지에의 원시 오두막.
건축가는 건물 밖에서 건물을
가리키고 서 있다.

「삼수공영정」 속에서 창건주
유이주는 건물 안에서 밖을
바라보고 있다.

정선의 『관동명승첩關東名勝帖』에
수록된 「죽서루竹西樓」(1738).
옛 그림 속에 있는 두 개의 시점인
정자와 배를 볼 수 있다.

팔라디오의 빌라 로툰다의 평면.
주체의 상징적 위치는 건축
안이라기보다는 평면 위에 있다고
할 수 있다.

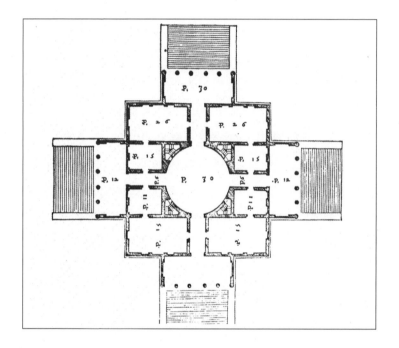

한국 건축의 입면

서양의 건축은 감상 주체가 건축물 밖에 있기 때문에 입면의 구성
원리가 강조되어 왔다. 예를 들어 르네상스 팔라조의 입면은 내부
공간의 기능과 상관없이 창문이 자율적 질서에 따라 정렬되어
있다. 이렇게 입면 요소와 장식들이 만드는 비례와 통일성, 균형과
대칭 같은 형태의 질서는 오랫동안 건축 디자인의 핵심 주제였다.
그러나 한옥의 입면을 보면 전체의 통일성이나 규칙성을 깨면서
창과 문의 크기가 조금씩 다른 경우가 많다. 웬만하면 같이
열을 맞출 법도 한데 조금씩 변화가 있다. 한옥의 입면에는 왜
이런 변화가 생겼을까? 혹자는 여기에 서양의 추상 예술과 같은
구성적 의도가 있다고 설명한다. 하지만 이것은 실제 한옥을
지었을 당시 목수나 건축주의 의도라기보다는 현대 건축의
관점에서 보는 해석일 뿐이다. 한옥의 입면에서 보이는 변화는
실상 각 방이나 칸마다 내부 공간의 필요에 따라 창과 문의
높이와 크기가 결정되었기 때문에 생긴 것이다. 여기서 우리는
확실히 한국 건축의 경험 주체가 건물의 밖이 아니라 안에 있음을
확인할 수 있다.

　　내부 기능과 무관한 입면 구성의 질서는 한국 건축에 적용되지
않는다. 밖에서 부여되는 시각적 질서는 한국 건축에서 절대적
기준이 아니다. 한국 건축의 창과 문은 내부 기능의 표현이고
방 안에서 외부와 소통하는 장치이다. 그렇다고 한국 건축이

입면의 질서를 무시하고 내부 공간의 기능이나 구조적 필요에 따라 단순하게 창과 문을 만드는 극단적 기능주의라는 말은 아니다. 한국 건축의 입면에는 질서가 있다. 하지만 그것은 서구의 건축과 같이 절대적 규범으로 외부로부터 주어지는 것이 아니라 기능과 구조를 우선적으로 고려하면서 전체의 관계를 조절하고 타협하는 약한 질서이다. 한국 건축에는 자연 상태의 휜 나무를 그대로 구조의 부재로 사용한 경우가 많다. 이를 보고 한국 건축이 해체주의를 선취했다고 하는 주장도 있지만 이는 지나친 해석이다. 조선 시대 실학자들이 쓴 책에는 기둥을 쓰는 데 절대 굽은 나무를 쓰면 안 된다고 했다. 굽은 나무를 쓰면 구조적으로 불리한 것이 사실이다. 조선 후기에는 곧은 나무가 부족하여 재료가 마땅치 않아서 궁여지책으로 휜 나무를 썼을 것이다. 하지만 애당초 입면의 미적 질서를 절대적 규범으로 삼지 않았기 때문에 이것이 가능했다. 중국 자금성의 전각 기둥들은 크고 곧은 나무를 구하기 어려워서 여러 개의 나무를 묶은 후 굵게 만들고 진흙을 발라 곧고 매끈한 원형 기둥으로 만들었다. 이 점에서 한국 건축은 중국 건축과 차이가 난다. 한국 건축의 입면은 외부로부터 부여되는 강한 질서가 지배하지 않는다. 이렇게 보면 한국의 건축에는 애초부터 해체주의 미학이 등장할 여지가 없다.

도산 서당의 강당인 전교당은 경험 주체의 위치라는 관점에서 볼 때 흥미로운 입면을 갖는 건물이다. 정면이 네 칸인데 우측 한 칸은 방이고 나머지 세 칸은 마루로 이루어져 진입하는 시점에서 보면 전체가 대칭이 아니다. 17세기 이후에 지어진 서원 강당이 보통 다섯 칸으로 되어 전체적인 대칭을 이루는 것과

대비된다. 실제 전교당의 중심 공간은 오른쪽 마루이다.[4] 마루는
서원의 의례적 공간으로 중심성이 강조된다. 그래서 전체는 네
칸 건물이지만 실제는 세 칸으로 보인다. 여기서 경험 주체의
상징적 위치는 강당 마루 중심에서 밖을 향한다. 한편 전교당의
진입 계단은 정면 좌우에 대칭으로 두 개가 있다. 계단의 배치는
진입 방향에 따른 것이다. 따라서 마루의 중심에서 보면 계단은
한쪽으로 치우쳐 있다. 건물은 대칭이 아닌데 계단은 대칭으로
있어 어색한 구성이다. 하지만 마당의 진입 계단을 내부의 시선에
맞추어 배치하면 전체의 대칭을 벗어나 어색하게 된다. 이러한
입면의 구성은 경험 주체의 위치가 안과 밖에 동시에 존재하는
한국 건축의 특징을 잘 보여 준다. 당시 집을 지은 건축가가
이러한 문제를 구체적으로 의식하지는 않았겠지만, 무의식적으로
이렇게 타협했을 터이다.

　　답사를 갈 때마다 느끼지만 한국 건축은 안에서 느껴야
제맛이다. 밖에서 건축물의 입면이나 형태를 보고 느끼는 감흥은
그렇게 크지 않다. 밖에서 보는 모습도 주변과의 관계 속에서
아름답지 독립된 건물 자체로 아름다운 것은 아니다. 서양 건축이
밖에서 감상하는 오브제라고 한다면 한국에는 그런 건축이 없다.
한국 건축은 마루에 올라가 걸터앉거나 대청에 다리를 뻗고
누워서 밖을 볼 때야 제멋을 느낄 수 있다.

4　　김봉렬은 마루가 오른쪽에 위치한 것을 사당과의 관계로 해석했다. 김봉렬,
『한국 건축의 재발견 3: 이 땅에 새겨진 정신』(서울: 이상건축, 1999). 202면.

르네상스 팔라조의 입면. 내부
공간의 기능과 상관없이 창문이
자율적 질서에 따라 정렬되어 있다.

하회 마을 양진당의 입면. 각
방이나 칸마다 내부 공간의
필요에 따라 창과 문의 높이와
크기가 결정되었기 때문에 생긴
변화이다.

개심사 요사체는 휜 나무를
기둥으로 쓴 한국 건축의
특징이 보인다.

중국 자금성 전각의 곧은 기둥.
여러 개의 나무를 묶은 후
굵게 만들고 진흙을 발라
곧고 매끈한 원형 기둥으로
만들었다.

도산 서원 전교당 정면 모습.
두 개의 시점이 동시에 존재한다.

건축과 그림의 관계

경험의 주체가 시각적 거리를 두고 건축을 대상화하여 인식하는
서양의 전통은 서양에서 건축과 그림의 관계가 유독 발전된 것과
밀접한 관계가 있다. 집을 지을 때 그림을 그려 미리 구상하는
것은 인류의 오랜 전통이다. 하지만 그림은, 보이는 그대로 집을
시각적으로 재현하는 수단이 아니었다. 중세의 건축 그림을
보면 이를 잘 알 수 있다. 그런데 르네상스 시대에 투시도를
발명하면서 그림은 건축을 시각적으로 미리 재현하는 매체가
되었다. 투시도는 고정된 위치의 시각 주체가 3차원 형상을
2차원 그림면pictorial plane의 합리화된 공간에 정확히 재현하는
기술이다. 투시도를 고안한 알베르티가 투시도를 창 위에 그린
그림에 비유했듯이 투시도를 통해 재현된 이미지는 실제로 3차원
대상을 지각하는 것과 동일하게 간주되었다. 투시도의 합리화된
공간 속에 지을 건축물을 미리 시각적으로 재현할 수 있게 되면서
그림을 매개로 건축을 설계하는 방식은 서양의 독특한 전통이
되었다. 이것은 투시도가 건축의 내부 공간을 재현할 때도
마찬가지다. 서양에서 그림을 매개로 건축을 시각적으로 재현하는
전통은 르네상스 이후 더욱 발전했다. 18세기 이후 프랑스의
에콜 데 보자르École des Beaux-Arts에서 발전된 음영을 넣은 아름다운
입면과 평면 드로잉은 화면 밖에 있는 주체가 건축을 화면상에
시각적으로 재현하고 인식하는 평면 시각의 원리에 바탕을 둔

것이다.

　현재 전해지는 것은 없지만 조선 시대에도 궁궐이나 관청을 지을 때 일정한 형식의 그림을 그렸던 것으로 보인다. 그러나 기둥 간격의 치수 정도를 표기한 간단한 평면 다이어그램으로, 건축의 형상을 시각적으로 재현한 것은 아니다. 지금 남아 있는 건축 그림은 모두 집을 짓기 위해 그린 것이 아니라 집이 지어진 이후에 기록으로 남기기 위해 화원이 그린 것이다. 그런데 한국의 건축 그림은 배치와 평면, 입면이 하나의 그림면에 동시에 그려진다. 즉, 투시도나 평면, 입면과 같이 주체의 고정된 시점과 위치를 기준으로 합리화된 공간 속에 건축을 시각적으로 재현하는 것이 아니라 하나의 건축 그림에 여러 개의 시점과 위치가 공존한다. 이러한 건축 그림은 합리화된 기하학적 공간이 아니라 경험적 생활 공간을 중심으로 구축되는 한국 건축의 특징을 잘 반영한다.

　그림은 사물을 그리는 것이지만 사물을 보는 생각을 그리는 것이기도 하다. 그래서 그림을 잘 분석해 보면 그 문화권의 공간 인식 원리를 유추할 수 있다. 동양화는 화가의 위치가 서양화처럼 그림 밖에 있지 않고 그림 안에 있다고 한다. 즉, 동양화는 그림 속 인물의 위치에서 그림을 그린다. 한국의 옛 그림에는 조각배가 등장하고 뱃사공은 정자를 감상하고 있는 경우가 많은데 이것은 화가 자신이 그림 속으로 들어가 뱃사공의 심정에서 그리는 동양화의 기법이다. 또 산수화에는 보통 두 개의 정자가 있는데 이는 두 개의 장면을 의미한다. 하나는 밖에서 감상하는 화면의 풍경이고, 다른 하나는 화면 속의 정자에서 바라보는 경치이다. 그림 속에 있는 정자는 작가나 감상자의 그림 속 위치를 의미한다. 작가와 감상자는 이처럼 그림의 풍경 안에 들어가 있거나 풍경 속을 거닌다. 화가가 그림을 그리는 시점도 움직인다. 김홍도의

「주상관매도舟上觀梅圖」를 보면 전체 풍경은 위에서 아래로 내려다보는데 강에 떠 있는 배는 아래서 위로 치켜 보게 그렸다. 이것은 배 위의 노인이 절벽을 바라보는 시선의 입장으로 화가의 시선과 위치는 고정되지 않고 자유롭게 이동한다. 또 김홍도의 「씨름도」에서 관객은 위에서 보고 그렸고 씨름하는 사람은 옆에서 보고 그렸다. 이렇게 시점을 고정하지 않고 여러 곳에 두는 것을 산점투시법散點透視法이라고 한다. 동양화에는 이같이 고정된 시점 없이 여러 개의 시점이 존재한다.

동양의 산수화를 보는 방법으로 칠관법七觀法이라는 게 있다. 일곱 가지 방법은 감상 주체의 위치를 고정시키지 않는다. 고정된 위치에서가 아니라 거닐고 돌아다니면서 대상을 감상한다. 서양의 회화에서는 보는 방법을 말한다는 것 자체가 이상하다. 그림은 당연히 화면 밖의 고정된 시점에서 감상하는 것이기 때문이다. 하지만 동양화를 감상하는 사람은 그림 속 공간을 자유롭게 움직인다. 동양화는 빛의 방향도 고정되어 있지 않다. 음영을 표현할 때 동양화는 서양화처럼 빛이 한 방향에서 비추어 생기는 음영을 그리는 것이 아니라 사물이 튀어나오거나 오목하게 패인 부분에 따라 음영을 넣었다. 빛이 어디서 들어오고 어디에 그늘이 생기는지는 중요하지 않다. 동양화는 눈에 보이는 현상을 사실대로 그리는 것이 아니라 내면과 정신을 그리기 때문이다. 동양의 회화사에서 처음으로 그림에 그림자를 표현한 사람은 이탈리아에서 청나라로 귀화하여 왕실 화가로 활약한 신부 낭세령(주세페 카스티오네)이라고 한다. 17~18세기 무렵 사람들은 시선과 세계관은 밀접한 관련이 있다고 믿었다. 당시 중국을 처음 방문한 유럽 사람들에게 다多시점적인 동양의 그림은 다多신을 의미하는 것이었고, 투시도법의 유일한 시점은 유일신을 상징하는 것이었다. 그래서 유럽 선교사들은 투시도를 기독교로 개종시키기 위한 방편으로 삼도록 밀명을 받았다.

한편 유럽에서 들어온 일소점 투시도에 의한 시선의 정복은 당시 중국 황제에게는 엄청난 스캔들이어서 청나라 황제 강이제는 이 그림들을 비밀로 분류하여 보관하였다고 한다.

2차원 그림면의 합리화된 공간에 건축을 시각적으로 재현하는 일은 동양의 공간 인식 체계에서는 생소할 뿐 아니라 불가능한 것이었다. 동양에 서양의 건축 개념이 들어오면서 생긴 가장 큰 변화는 건축 드로잉, 즉 〈그림〉이었다. 일본과 중국의 유학생들이 서양에서 건축을 처음 접했을 때도 가장 생소한 것이 건축가가 그림을 매개로 건축을 디자인한다는 사실이었다. 서양의 건축을 공부한 이들이 본국에 돌아와서 처음 한 일도 동양의 건축을 그림을 통해 시각적으로 재현하는 것이었다. 한 문화권의 그림과 건축은 공간의 인식 체계에서 유사성을 가진다. 한국의 그림 속 공간처럼 한국 건축은 고정된 위치에서 시각적으로 재현할 수 있는 대상이 아니다. 그래서 한옥을 투시도로 그리면 어색하기 짝이 없다. 고정된 시점에서 한국의 건축은 결코 전체를 드러내지 않는다. 또, 밖에서 보아서는 한국 건축의 전체를 인식하는 것이 불가능하다. 여기저기를 옮겨 다니며 다양한 위치와 시점에서 동시에 보아야만 한국의 건축을 제대로 경험할 수 있다. 즉, 유동적이고 분산된 시점이 필요하다.

르네상스 건축 양식의 창시자 중
하나인 필리포 브루넬레스키Fillppo
Brunelleschi의 투시도에 관한 실험이다.

블레의 국립 도서관. 건축의 내부
공간을 투시도로 재현했다.

조선 시대, 유학의 교육을
맡아보던 관아인 태학. 영조
23년에 제작된 그림이다.
한국의 건축 그림은 배치와
평면, 입면을 하나의 그림면에
동시에 그렸다.

『인정전 영건도감 의궤』의
전각도. 여러 개의 시점이
동시에 존재한다.

김홍도가 그린 「주상관매도」.
전체 풍경은 위에서 아래로
내려다보는데 강에 떠 있는 배는
아래서 위로 치켜 보게 그렸다.

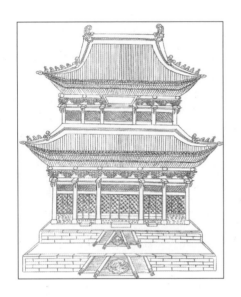

윤두서의 초상화는 빛에 의한
음영이 없고 정신을 표현한다.

중국 영조학사가 제작한
독락사의 관음각에서 중국
건축의 서양식 입면 표현을
볼 수 있다.

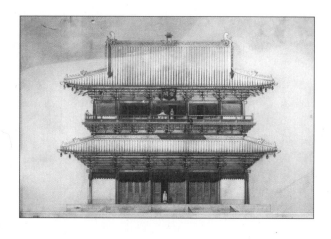

중심적 주체 대 유동적 주체

일소점 투시도가 상징하는 것처럼 서구 르네상스의 인간
중심주의는 건축을 바라보는 인간의 시점을 고정시켰다.
인간을 중심으로 공간은 시각적 합리성 안에서 통제되었다.
바로크 시대 이후 시각 주체의 위치가 움직이기 시작하지만
대상은 여전히 시각 주체를 중심으로 합리화된 공간 안에서
표상되었다. 동양인은 어떤 대상을 관조할 때 고정된 시점에서가
아니라 이리저리 돌아다니며 대상의 전체를 파악한다. 중국의
정원을 조성할 때 쓰는 차경 기법에는 원차(먼 곳의 경물을 차용),
인차(가까운 곳의 경물을 차용), 앙차(높은 곳의 경물을 차용),
부차(낮은 곳의 경물을 차용), 응시이차(계절에 따른 경물의
차용)와 같은 여러 가지 방식이 있다. 올려다보고 내려다보고
먼 곳과 가까운 곳을 모두 보는 이러한 방식은 중국 철학자와
시인들의 전통적 관조법이다. 이러한 관조법은 사물을 하나의
고정된 시점에서 보는 것이 아니고 고립된 사물에 국한해서
보는 것도 아니다. 거시적, 미시적으로 같이 봄으로써 천지의
도와 만물의 정情을 파악한다.[5] 동양인은 이렇게 주체의 시선을
고정시키지 않고 대상의 전체를 파악하며, 직접 몸을 이동하지
않아도 주체의 시선은 이곳저곳을 돌아다닌다.

---

5   장파, 『동양과 서양 그리고 미학』, 507~515면.

건축에서 경험 주체의 시점을 삼인칭 전지자의 시점과 일인칭 주체의 시점으로 나누어 설명하기도 한다. 기하학적 패턴으로 디자인된 르네상스 정원은 삼인칭 전지자의 시점이고, 바로크 이후에 등장한 서양의 정원은 일인칭 주체의 시점을 반영한다. 영국의 픽처레스크 정원picturesque garden은 후자의 대표적인 예인데 움직이는 감상 주체를 전제로 한다. 동양 건축에서 경험 주체의 위치를, 삼인칭 전지자의 시점이 아니라는 점에서 일인칭 시점이라고 할 수도 있다.[6] 그러나 한국 건축의 경험 주체는 바로크와 같이 고정된 위치에 있거나, 픽처레스크처럼 이곳저곳을 돌아다니는 중심 주체가 아니라 여러 곳에 분산되어 있으며 여기저기 동시에 존재하는 유동적 주체이다. 내부에 있다가 외부에 있기도 하고 일인칭이었다가 삼인칭이 되기도 한다. 서양의 픽처레스크는 하나의 시간 축 선상에서 이동하는 근대적 시각 주체가 중심이지만, 한국 건축에서 경험 주체는 이곳저곳에 동시에 존재하는 유동적이고 분산된 주체이다. 이 점에서 한국 건축은 중국 건축과도 차이가 있다.

---

6   유현준, 『모더니즘: 동서양 문화의 하이브리드』, 85~86면.

중국 소주의 사자림. 중국의
관조법과 원림에서 경험 주체의
다양한 위치를 보여 준다.

프랑스 일드프랑스에 자리한
보르비콩트Vaux-le-Vicomte성의
정원은 중심적 주체와
르네상스 정원의 기하학을
뚜렷하게 보여 준다.

픽처레스크와 장면의 시퀀스

서양에서 고정된 주체의 위치가 움직이기 시작한 것은 바로크
시대 이후였다. 이때부터 건축이나 정원을 디자인할 때 고정된
시점을 벗어나 움직이는 일인칭 감상 주체를 기준으로 삼았다.
르네상스 정원과 바로크 정원이 정형화된 기하학적 평면을
만들었다면, 18세기 영국에서 발전된 픽처레스크 정원은
관찰자의 움직임에 따른 시각적 장면의 시퀀스를 의도적으로
구성하기 시작했다. 픽처레스크 정원은 고전 풍경화landscape
painting의 자연을 그대로 현실에 실현하고자 했던 것으로, 자유로운
축을 따라 움직이는 관찰자가 경험하는 시각적 장면을 서사적
시퀀스를 갖도록 구성한 것이다. 픽쳐레스크 정원은 정형화된
기하학적 패턴이 아니라, 감상자의 움직임에 따라 변하는
시각적 장면이 종합되면서 어떤 느낌과 감흥을 불러일으키도록
설계되었다. 움직이는 감상 주체를 중심으로 시각적 장면을
구성하는 건축 디자인은 낭만주의의 영향을 받았으며, 18세기
말 프랑스의 신고전주의 건축에서도 나타난다. 당시 대표 건축
학교였던 에콜 데 보자르의 중요한 설계 개념인 마르세marché는
중심축을 따라 이동하는 주체의 상상적 움직임(이를
시차parallax라고 한다) 속에서 경험되는 연속된 공간적 장면에 전체
통일성을 부여하도록 평면을 구성하는 것이다. 영국의 픽처레스크
원리는 중심축과 정면성을 파괴하고 자연스럽게 휘어진 길을

따라서 움직이며 경험하는 서사 장면을 구성한다는 점에서 프랑스의 신고전주의 건축과 구별된다. 하지만 움직이는 주체가 경험하는 시각 장면의 시퀀스를 만든다는 점에서는 같다.

20세기 초 근대 건축의 거장 르코르뷔지에가 동방 여행에서 경험한 〈관찰자의 움직임에 따라 시시각각 변하는 아크로폴리스의 풍경〉을 통해 발전시킨 건축적 산책로architectural promenade(건축 내부를 거닐면서 순차적으로 맞닥뜨리는 개별 장면의 연속)의 개념이나, 영국의 근대 건축에서 발전된 타운스케이프townscape의 원리도 모두 이동하는 경험 주체의 위치에 따라 변화하는 시각적 장면을 구성하는 픽처레스크 원리로부터 나왔다. 영국의 픽처레스크 정원은 중국 정원의 영향을 받은 것으로 알려져 있다. 앞에서 설명한 대로, 중국 원림은 고정된 시점에서 정원을 바라보는 것이 아니라 사람의 움직임에 따라 변하는 장면을 감상하도록 의도한다. 회랑을 따라 감상자를 인도하거나 암시된 순로順路로 감상자를 이끌어 이리저리 돌아다니면서 전체 정원을 감상하도록 한다(이를 관상 순로라고 한다). 경험 주체가 움직이는 경로의 각 시점마다 명확하게 의도된 장면을 만든다는 점에서 중국 원림과 영국의 픽처레스크 정원은 유사하다. 하지만 중국 원림은 감상자의 이동 경로가 마침표나 종점 없이 순환적이고 동시적이어서 전체의 구성에서 보면 서로 보고 보이는 관계를 형성한다.[7] 이런 점에서 픽처레스크가 만드는 서사적 장면의 시퀀스와 차이가 난다.

한국의 건축과 정원은 주체의 시선이 여러 방향으로 확산되고 관통되어 장면이 중첩되고 순환적이며 서로 보고 보이는 관계가

---

7   권영걸, 『한중일의 공간 조영』(서울: 국제, 2005), 162~166면.

형성된다는 점에서 중국 원림과 유사하다. 그러나 의도된 순로를 구성하지 않고 장면의 의도를 명확히 드러내지 않는 점에서 중국 원림과 다르다. 한국 건축의 이러한 특성은 한국 건축이 반영하고 있는 유동적이고 분산된 주체의 성격과 위상에서 비롯되었다. 한국의 대표적 정원인 소쇄원은 한국 건축의 이러한 특성을 잘 보여 준다. 건축학자 정인하는 소쇄원에서 경험 주체의 성격과 위상을 다음과 같이 관찰한다. 〈서양의 투시도 개념은 공간을 지각하는 명확한 주체가 존재했다. (……) 그렇지만 한국의 공간 체계는 공간을 지각하는 일관된 주체를, 고의적인지 아니면 무의식적인지 모르지만, 없애 버리고 다수의 공간 지각의 주체로 대체하고 있다. (소쇄원의) 아름다움은 투시도적인 공간 체계로는 이해되지 않는다. 모든 전경은 한꺼번에 잡히지 않기 때문이다. 소쇄원의 공간 체계는 낮은 담이나 높이 차에 따라 형성된 각 장소에서 느껴지는 공간감과 이것이 연속되면서 엮어지는 과정상을 이해해야지만 느껴진다.〉[8]

영주 부석사의 마지막 영역인 안양루에 오르는 계단과 무량수전의 방향은 사찰의 진입 축과 틀어져 있다. 이에 대한 많은 해석이 있다. 종교적 의도나 건축적 감흥을 불러일으키기 위해 의도적으로 그렇게 했다는 해석도 있지만[9] 이건 경험 주체의 위상 변화라는 관점에서 보아야 한다. 즉, 범종루 밑을 통과하는 계단까지의 축은 사찰로 진입하는 사람의 입장에서 만들어졌지만, 안양루와 무량수전의 축은 주불전 안에서 밖을 내다보는 사람의

---

8   정인하, 『김수근 건축론: 한국 건축의 새로운 이념형』(서울: 미건사, 1996), 148면.

9   건축가 안영배는 이러한 해석을 지지했다. 안영배, 『흐름과 더함의 공간』(서울: 다른세상, 2009), 108~111면.

관점에서 안대인 가야산을 바라보는 방향으로 형성된 것이다. 두 개의 축은 경험 주체의 위치와 시선이 다르다. 부석사 안양루에 올라 밖을 내다보면 확실한 방향성을 갖고 멀리 보이는 가야산의 겹쳐진 능선들을 느낄 수 있다. 명확한 의도를 갖고 이러한 방향성을 설정한 것이다. 하나는 불국토로 향하고 다른 하나는 불국토에서 삼라만상을 조망하는 방향으로 주체의 위치가 변하면서 두 축은 서로 틀어진다. 그러므로 부석사를 진입할 때 끊긴 두 개의 축이 주는 건축적 감흥이나 종교적 긴장감은 원래 의도된 것이라기보다는 덤으로 얻어진 것이다. 부석사의 배치에서 보이는 축의 변화를 한 방향으로 움직이는 주체의 이동에 따른 장면의 전환[10] 즉, 서양 건축의 픽처레스크 개념에서 해석하는 것은 한국 건축에서 분산되어 있는 경험 주체의 위상을 고려하지 않는 것이다. 부석사에서 축의 변화는 픽처레스크의 관점이 아니라 유동 주체의 위상이라는 관점에서 이해할 수 있다. 부석사는 경사지를 다듬은 11개의 대大석단으로 전체 영역이 구성되어 있으며 모두 조금씩 다른 각도이다. 부석사의 긴 석축들이 다른 각도인 이유는 왜일까? 진입 방향의 축만 의식했다면 그렇게 만들지 않았을 것이다. 석축의 각도는 안에서 밖을 보는 관점에서 결정된 것으로 역시 경험 주체의 위상의 변화를 반영한다.

한국 건축에는 늘 이런 미세한 축의 변화가 이루어진다. 사찰뿐 아니라 살림집에서도 그렇다. 대전 동춘당의 사당은 오른쪽으로 조금 틀어져 있는데 사당에서 안산을 바라보는 풍수적 이유 때문이다. 경험 주체는 진입 시에는 마당에서 건물을 바라보지만 사당에서는 안에서 밖을 바라본다. 따라서 축이

---

10   김보현, 배병선, 박도화, 『부석사』(서울: 대원사, 2008), 59면.

틀어져 있다기보다는 축과 축 사이에 시공간적 전환이 있다고 보아야 옳다. 한국 건축에 이러한 축의 변화가 많은 이유는 진입 축을 따라 움직이는 주체가 경험하는 시각적 장면의 서사 시퀀스를 구성하기 위한 것이 아니라, 진입의 축과 안대의 축이 동시에 존재하는, 분산된 경험 주체의 위상 때문이다. 이처럼 경험 주체의 위치가 이곳에서 저곳으로 자유롭게 변하는 특징은 서양 건축에서는 찾아보기 어렵다. 현대 조각가 리차드 세라Richard Serra는 일련의 공간 조각 작품에서 마치 몽타주와 같이 경험 주체의 위치와 시점이 이쪽저쪽 동시에 있게 함으로써 의도적으로 픽처레스크 정원과 건축의 시각적 장면이 만드는 서사 시퀀스를 부정하고 주체의 중심성과 정체성을 파괴하려고 했다.[11] 이것은 중심 주체를 유지하는 서양의 픽처레스크 전통에 대한 비판을 담는다. 세라가 의도하는 현대 조각의 미적 체험은 한국 건축의 경험 방식과 일맥상통하는 점이 있다.

11   Yve-Alain Bois, "A Picturesque stroll around Clara-Clara", *October* vol 29, trans. by John Shepley(Cambridge: The MIT Press, 1984), pp. 32~62.

뒤랑J. N. L. Durand은 움직이는
감상 주체를 중심으로 시각적
장면을 구성하였다.

고든 컬런Gordon Cullen의
타운스케이프(1961).
도시 설계에 적용된
픽처레스크의 원리.

영국 잉글랜드 윌트셔에
있는 스타우어헤드Stourhead는
대표적인 픽처레스크 정원이다.

중국 소주의 졸정원. 중국의
원림은 루, 전, 대를 통해
정원을 보는 시점을 만든다.

부석사 범종루에서 보는 안양루와
무량수전은 축의 방향이 틀어져 있다.

소쇄원의 모습. 유동적이고
분산된 공간 지각 주체의
위치를 반영한다.

대전 회덕 동춘당의
전체 배치도. 사당은
오른쪽으로 조금 틀어져 있는데
사당에서 안산을 바라보는
풍수적 이유 때문이다.

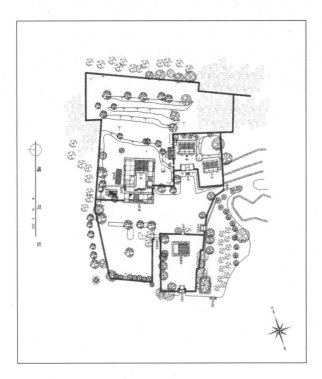

프랑스 파리의 튀일리 정원에
있는 리처드 세라의 설치 작품
「클라라클라라Clara-Clara」(1983).
경험 주체의 위치와 시점이 이쪽저쪽
동시에 있어 서사적 구성을
의도적으로 파괴한다.

원경, 중경, 근경

경험 주체의 위치가 움직이면서 서양의 예술사학자들은 거리의
근접성에 따른 지각 변화와 예술 형태의 관계에 관심을 가졌다.
19세기 말 독일의 예술사학자 알로이스 리글Alois Riegl은 서양의
예술과 건축의 발전 과정을 이런 관점에서 설명했다. 역사를
통해 예술적 형태는 촉각 지각으로부터 시각 지각으로, 그리고
텍스처와 형태로부터 공간으로 발전했는데 이것은 각 시대마다
인식 주체의 상대적 위치를 반영한다는 얘기다. 리글에 의하면
원시 예술일수록 더 근접한 시야에서 대상을 촉각적이고
평면적으로 지각하며 후대로 갈수록 점점 시각적 거리를
확보하면서 주관적 해석이 개입하는 형태와 공간을 지각하게
된다. 예를 들면 이집트 피라미드와 신전에서는 내부 공간은
억압되고 표면이 강조되며, 그리스 신전은 내부 공간이 있지만
밖에서 지각되고, 로마 건축에서는 명확한 형태로 지각되는 내부
공간이 만들어진다. 이러한 예술 형태(양식)의 변화는 각 역사적
시기마다 인식 주체가 고유한 위치에서 통일성을 갖는 자기
충족적인 안정된 세계의 지각적 질서를 유지하려는 의도(예술
의지)를 반영한다. 인식 주체와 대상과의 지각 거리의 변화에
따라 서로 다른 예술 형태(양식)의 발전을 설명하는 경향은
이후의 예술론에서 일관되게 나타나는데, 조각과 미술, 건축의
경계는 이 과정에서 설정된다.

대상과의 거리가 원경, 중경, 근경으로 변화하면서 건축은 위의 세 가지 예술 형태를 모두 경험할 수 있다. 높은 비행기에서 내려다보면 마천루는 비석을 세워 놓은 조각품같이 보이고, 지상에 내려와 적당한 거리에서 입면을 감상하면 2차원의 그림면을 보는 것과 같다. 그리고 좀 더 건물에 근접해서 보면 납작해 보이던 면은 공간과 생활이 있는 건축으로 경험된다. 서양에서는 건축을 이처럼 원경, 중경, 근경의 변화에 따라 서로 다른 예술적 형태로 인식하는 관습이 있다. 그러나 한국 건축은 원경, 중경, 근경에 따른 경관의 변화로 설명하기 어렵다.[12] 한국 건축은 멀리서 보는 경관과 근접해서 보는 경관, 즉 원경, 중경, 근경이 완전히 다르다. 예컨대 독락당의 내부를 밖에서 상상할 수는 없다. 한옥은 건물만이 아니라 마당과 같은 외부 공간도 포함한다. 그래서 집 안에서 또 집을 볼 수 있다. 한옥은 외부 공간을 품는 건축이므로 밖에서 보이는 모습이 전부가 아니다.

한국 건축은 건물과 마당 같은 외부 공간이 내부에 수평적으로 겹겹이 중첩되어 있어서 주체와 대상 사이의 지각 거리의 변화라는 관점에서 그 본질을 경험하거나 설명할 수는 없다. 한국 건축을 원경, 중경, 근경의 관점에서 설명하는 것은 한옥의 고유한 원리에 근거한 것이라기보다는 서양 건축의 관점을 단순히 한국 건축에 대입한 것에 불과하다. 한국 건축에서 경험 주체의 위치와 시선은 여러 곳에 동시에 존재한다. 다시 말하면 한국 건축은 무수한 시점과 풍경을 내포한다. 따라서 원경, 중경, 근경이 아니라 여러 공간적 장면의 부분들이 중첩되면서 전체를

---

12   이러한 설명의 예로 임석재, 『나는 한옥에서 풍경놀이를 즐긴다: 창으로 만들어 내는 한옥의 미학』(파주: 한길사, 2009)이 있다.

파악할 수 있다. 이것은 마치 한국의 그림이 근경, 중경, 원경을 하나의 화폭 안에 동시에 담고 있는 것과 비슷하다. 이러한 그림 공간은 주체의 고정된 시선을 중심으로 하는 투시도적 원칙을 따르지 않는다. 한국의 그림 공간에 담겨 있는 이러한 공간 인식 체계는 한국 건축에도 반영되어 있다.

비행기에서 본 맨해튼의 스카이스크레이퍼. 마치 비석처럼 서 있다.

독락당의 원경.

독락당 근경에서 본
내부의 모습. 독락당의 내부를
밖에서 상상할 수는 없다. 한옥
내부는 마당과 같은 외부 공간을
포함한다.

스펙터클과 미로의 건축

서양 건축이 밖에서 보이는 시각 이미지가 강조되는 스펙터클의
건축이라면 한국 건축은 미로와 같이 길과 마당을 거쳐 안으로
들어와야만 그 모습의 일부를 드러낸다. 심지어 권력을 상징하는
왕궁도 바깥에서 그 모습이 스펙터클하게 표현되는 경우는 없다.
웅장한 지붕이 그 규모와 내부의 질서를 암시할 뿐 전체 형태를
인식하기는 어렵다. 한국 건축은 밖에서 보는 파사드보다 그것이
품고 있는 공간 조직이 더 중요하다. 한국 건축은 외부에서 보면
폐쇄적이지만 안에 들어가면 또 다른 세계가 펼쳐진다. 그래서
한옥은 가히 미로의 건축이라 할 만하다. 김봉렬은 독락당을
미로의 건축이라고 설명했다. 독락당 입구를 들어서면 벽이
막혀 있고 90도 돌아 골목길을 만나면 다시 몸을 돌려 마당으로
진입하게 된다. 이러한 의도된 공간의 긴장감은 독락당의 주인인
이언적이 중앙 정치를 떠나 세상과 단절된 삶을 산 고독과 은둔의
표현이기도 하다.[13] 하지만 은둔은 아닐지라도 자연에 묻혀 도를
실천하는 사색의 건축은 굳이 독락당에만 해당하는 것이 아니라
조선 시대 선비들의 일반적 거처라고 할 수 있다. 독락당에서
그것이 더 강조되었을 뿐이다. 실상 독락은 여민락與民樂보다

---

13   김봉렬, 『한국 건축의 재발견 2: 앎과 삶의 공간』(서울: 이상건축, 1999),
95~98면.

못하다고 한다. 사회가 나를 버리므로 어쩔 수 없이 혼자 즐길
수밖에 없다는 말이다.

그리스 신화에 나오는 미로를 설계한 다이달로스는 춤과
드라마의 장소인 비극의 코러스 무대를 디자인한 건축가로
전해진다. 미로는 명백한 질서와 대비되는 무질서의 망상
조직으로 중심의 상실과 부재를 의미한다. 미로는 인간 운명의
상징이며 존재의 심연을 나타낸다. 그리스 비극의 무대에서
행해지는 춤과 드라마는 원시인을 세계 내에 전체로서 거주하게
한다.[14] 건축이 모순으로 가득 찬 무질서한 현실 세계에 인간이
참여하여 장소를 생성하는 일이라면 미로는 건축의 근원임이
틀림없다. 미로는 인간이 이 땅에 거주하는 소우주이자 세상에서
자연의 일부로 사는 인간의 거처를 상징한다. 프랑스의 랭스Reims
성당 바닥에는 미로 문양이 있다. 성당은 신의 집이고 천상의
공간이다. 바닥에 새겨진 미로는 낙원에서 추방된 후, 이 세계에
던져진 인간의 현실을 표현한다. 이 두 공간은 역설적으로
대비된다. 성당과 미로는 세상에 속해 있는 인간의 보잘것없는
운명과 신의 은총에 의한 구원을 대비시킨다. 근대 이후 서양은
이성에 의지하여 세상의 새로운 질서와 중심을 회복하려고 했다.
영웅적 건축가들은 미로의 혼돈과 공포로부터 벗어나기 위한
새로운 중심을 건설하기 시작했다. 그러나 철학자 니체는 이에
맞서 미로의 건축으로 돌아갈 것을 주장했다. 〈우리가 우리의
영혼에 맞는 건축물을 지을 용기가 있다면, 미로가 모델이 되어야

---

14   아리스토텔레스의 연극론에서 비극의 기원은 디오니소스 축제이다. 그리스
비극은 인간이 제의ritual를 통해 운명의 굴레에서 해방되는 시공간적 전이가
일어나는 축제의 장소다. 말하자면 미로는 인간이 세계 내 존재로 실존하게 되는
참여와 창조의 공간인 셈이다.

할 것이다.〉15 니체에 따르면 근대 사회는 미로를 벗어날 수 없을 뿐 아니라 더 이상 의지할 수 있는 상징이나 중심도 없었다.

해체주의 건축가 베르나르 추미는 근대 건축의 유토피아적 이상과 현실의 괴리가 명백해지면서 현대 건축이 구체적인 공간 문제에 집중하게 되었는데, 여기서 현대 건축은 새로운 역설적 상황에 직면했다고 진단했다.16 추미는 그것을 피라미드와 미로의 비유로 설명한다. 즉, 현대 건축은 피라미드처럼 이성적(개념적) 원형의 건축(공간의 객관적 표상)을 제시하려고 했지만, 그것은 미로와 같은 현실의 경험 공간(공간의 경험)과 공존할 수 없는 모순이라는 점이다. 미로 속에 있으면서 미로의 형태를 볼 수는 없다. 그래서 현대 건축은 현실을 변화시키는 일을 포기하고 자율성 속에서 침묵할 수밖에 없는데, 추미가 이러한 현대 건축의 니힐리즘을 극복하는 대안으로 주목한 곳 역시 미로였다. 이를 위해서 오랫동안 서양 건축을 지배해 온 객관화된 대상에서 주체의 경험과 공간의 실천으로, 건축의 주제와 개념, 혹은 건축에 대한 태도를 변경할 필요가 있다. 그리고 미로의 경험으로부터 주체의 상상력을 통해 경험적 미로를 초월하여 감각과 이성을 혼합한 공간의 실천이 가능할 수 있다고 주장한다.

서양 건축은 피라미드와 같은 중심의 구축으로 현실의 미로를 벗어나려는 인간 의지의 표현이었다. 하지만 한국 건축은 미로를 벗어나려고 하지 않는다. 서양에서 미로는 심연이고 혼돈이지만 한국 건축의 미로는 그 자체로 삶의 터전이다. 아마도 한국에

---

15   Karsten Harries, *The Ethical Function of Architecture*(Cambridge: The MIT Press, 2000), p. 344에서 재인용.

16   Bernard Tschumi, "The Architectural Paradox", *Architecture and Disjunction*(Cambridge: The MIT Press, 1996), pp. 27~52.

영웅적 엘리트로서 건축가에 대한 개념이 없었던 이유는 현실에서
건축을 통해 인위적 중심을 구축하려는 건설에의 의지(권력
의지)가 없었던 것과 관련이 있을 것이다.

독락당의 입구, 담에 막힌
미로처럼 보인다.

그리스 크레타 궁전의 미로.

그리스 신화의 배경이다.

1. LITTLE PALACE
2. ROYAL VILLA

0   50   100   150 FEET

0   10   20   30   40   50 METERS

랭스 성당의 바닥에 있는 미로 문양.
미로의 심연에서 구원은 신에 의해
가능하다.

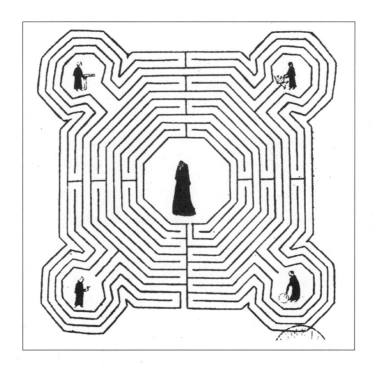

한국 건축과 현대 건축의 언캐니

건축학자 앤서니 비들러Anthony Vidler는 현대 건축과 언캐니uncanny 현상의 관계를 이론화한 바 있다.[17] 〈언캐니〉는 프로이트의 심리학에서 나오는 개념으로, 죽음과 같이 새롭거나 낯선 것이 아니라 반복되어 나타나는 익숙함 속의 공포로서 억압된 것을 말한다. 길들여진 공포, 불안함에서 오는 익숙한 것의 억압이다. 비들러에 의하면 포스트모던의 양식적 절충주의, 해체주의의 찌그러진 형태, 파사드의 상실과 같은 현대 건축의 여러 경향은 언캐니 현상의 건축적 표현이다. 근대 사회의 언캐니함은 근본적으로 근대 사회에서 인간의 소외와 불안을 반영하며 그것은 공간 현상으로도 나타난다. 서양의 중심적 주체는 공간을 대상화하여 합리적으로 통제해 왔다. 합리화된 공간에서 안정적 시각 거리를 두고 다루던 대상과의 거리가 붕괴되면 주체의 공간 위치는 불안해지고 인식 주체는 혼돈과 불안의 상태에 있게 된다. 힐데브란트의 순수 시각 이론이 제시한 공간 지각에서 시각 주체와 대상의 거리를, 이브알랭 브아Yve-Alain Bois는, 서양의 독특한 〈사실적 공간 혹은 공간 조작의 상실에 대한 두려움〉[18]으로

---

17   Anthony Vidler, *The Architectural Uncanny*(Cambridge: The MIT Press, 1996).

18   Yve-Alain Bois, "Kahnweiler's Lesson", *Painting as Model*(Cambridge: The MIT Press, 1993), p. 75.

설명한다. 근대 사회의 언캐니 현상은 이러한 상황에 대한 불안과 공포로부터 나온다.

　　비들러는 20세기 초 근대 아방가르드 회화의 추상화는 근대적 주체가 직면한 이러한 공간적 상황을 반영한다고 해석한다. 예컨대 입체파의 주체는 대상과의 관계에서 더 이상 고정된 위치를 점하거나 거리를 유지하지 않고, 대상의 여기저기를 돌아다니면서 동시성 안에서 대상을 묘사한다. 입체파는 중심 주체를 전제로 한 서양 미술의 오랜 전통을 깬 혁명적 사건으로, 투시도적 프레임을 벗어나 시공간 속에서 중심성이 해체된 주체의 위상과 파편화된 대상을 표상한다. 현대 건축의 언캐니성性도 현대 사회에서 주체의 공간적 위상과 관련이 있다. 현대 건축의 언캐니는 대상과의 거리가 소멸된 공간적 불안감에서 그것을 억압하려는 충동을 반영한다. 그래서 정면성을 의도적으로 부정하거나 뒤틀리는 형상을 만든다, 비들러는 제임스 스털링James Stirling이 지은 슈투트가르트 미술관에서 보이는 파사드의 상실, 전통적 기념비성과 재현의 해체, 얼굴 없는 자율적 건축의 추구를 근대 사회에서 주체와 대상 사이의 거리 붕괴로 인한 불안과 두려움에서 나온 현대 건축의 언캐니적 현상으로 해석한다. 현대 건축의 언캐니 현상은 파사드의 해체와 거리의 소멸이라는 면에서 한국 건축의 인식 체계와 유사한 면이 있다. 그러나 한국 건축은 애당초 주체와의 시각적 거리를 전제로 하지 않기 때문에 언캐니 현상이 있을 수 없다. 한국 건축은 원래부터 밖에서 경험하는 대상이라기보다는 안에서 생활하는 장소이므로 거리의 소멸에 대한 두려움이 없다. 서양 건축과 한국 건축의 근본적 차이는 여기에 있다.

　　한국의 건축과 도시에서 주체와 대상 사이에 시각적 거리를 두지 않는 경향은 서양의 영향을 받은 지금도 우리의 문화 유전자에 깊이 각인되어 있다. 한국은 아직도 도시를 3차원 물리적 대상으로 인식하는 전통이 약해서 도시를 만들 때 밖에서 보이는 형태의 명확한 인식과 조정 없이 내부에서부터 부분을 해결해 나가는 데 집중한다. 좋게 말하면 자생적이고 나쁘게 말하면 대증적이고 부가적으로 도시를 만들고 관리하는 것이다. 건축과 도시를 대상화하여 조절하기보다는 경험 주체의 위치가 내부에 있고 안에서 밖을 보는 데 익숙하기 때문이다. 하지만 이러한 방식으로 끝없이 팽창하는 현대 대도시가 만들어질 때 전체적인 무질서와 혼돈, 그리고 정체성의 부재는 피할 수 없다. 콜하스Rem Koolhaas는 이러한 특성을 갖는 동아시아의 대도시를 제너릭 시티generic city로 개념화했다.[19] 이에 대한 우리의 답이 필요하다.

19   Rem Koolhaas, "The Generic City", *S,M,L,XL*(New York: The Monacelli Press, 1995).

제임스 스틸링이 설계한
슈투트가르트 미술관.
파사드의 해체를 보여 준다.

프랭크 게리Frank Gehry가
디자인한 로스앤젤레스의
디즈니 콘서트홀.

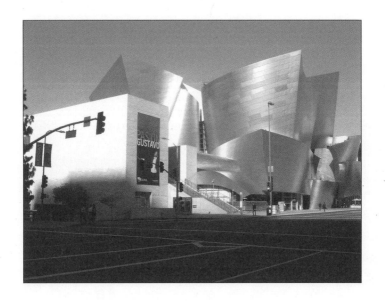

도시의 내부urban interior. 내부로부터
만드는 한국의 도시는 외부에서 보는
형태 질서를 명확히 파악하기 어렵다.

한국 건축에는 인간이 없다

한국 건축의 특징은 인간적 스케일에 있다는 말을 수없이 들어왔기 때문에 한국 건축에 인간이 없다고 하면 좀 이상하게 들릴 수 있다. 그러나 여기서 말하는 인간은 근대의 〈중심 주체〉로서 인간이다. 서양 건축은 경험 주체가 건축물을 미적 지각의 대상으로 인식하는 데서 출발했다. 인식 주체와 건축 사이에는 항상 지각 거리가 존재하고 건축은 대상에 대한 주체의 미적 인식과 경험으로 설명되었다. 르네상스 이후 서양 건축의 모든 형식 규범과 미적 질서는 이러한 인식 주체로서 인간을 전제로 한다. 이것을 서양 건축의 인간주의humanism 전통이라고 하는데 이러한 관점에서 보면 한국 건축에는 인간이 없다. 이 말은 한국 건축이 인간과 무관하거나 인간적 가치와 관계없는 무심한 건축이라는 뜻이 아니다. 다시 말하지만, 인간과 무관하게 스스로 존재하는 건축은 없다. 한국 건축은 인간과의 관계가 서양 건축과 다른 방식으로 맺어졌을 뿐이다. 예컨대 한국의 유교 건축은 예와 질서를 갖추어 유교적 위계를 표현한다. 그러나 개체의 시각적 형태나 상징으로 표현되지 않고 전체 환경의 질서와 관계에 반영된다. 이것은 서양 건축의 인간주의와는 다른, 건축의 인격화라고 말할 수 있다. 서양 건축의 인간주의가 시각적 형태를 통한 의미의 소통을 강조한다면, 한국 건축이 담고 있는 인간주의는 건축을 통한 윤리의 실천이라고 할 수 있다. 한국

건축에는 인간이 절절히 녹아 있다. 다만 대상과 분리된 경험 주체로서의 인간, 즉 근대적 인식 주체로서 인간이 존재하지 않는다는 말이다. 인간은 한국 건축의 곳곳에 스며들어 있다. 이런 주체의 개념을 철학적으로 간(間) 주체, 혹은 유동적 주체라고 한다. 그래서 한국 건축에는 형태적 오브제는 없고 간(사이)만 있다고도 한다.

서양은 이제 철학과 건축에서 인간을 걷어 내는 일을 하고 있다. 데리다Jacques Derrida와 같은 해체주의 철학자는 서양에서 진리의 기준으로 간주되었던 중심 주체와 이성의 해체를 시도했다. 그의 해체주의는 현전의 형이상학에 대한 비판을 통해 서구의 인간 중심적 철학을 해체한다. 그가 서구 철학을 인간 중심으로 구축된 질서라는 점에서 건축에 비유한 것은 의미심장하다. 해체주의 철학의 영향을 받은 건축가 추미는 건축 설계에서 분리, 분열, 분해, 왜곡, 단편화의 중요성을 강조했다. 〈추미는 그러한 건축은 현대 문화적 상황의 결과인데, 통일된 주체가 있고 그의 자율성이 건축 작품의 자율성에 반영된다는 믿음을 거부하는 것이 그 특징〉[20]이라고 주장하며 해체주의 건축론을 옹호했다. 해체주의 건축은 서양의 인간주의적 건축의 전통을 해체하지만 한국 건축에서 이러한 인간은 이미 해체되어 있다. 한국 건축에는 처음부터 중심 주체로서의 인간이 개입되어 있지 않다. 이성 주체를 중심으로 한 어떠한 현전의 형이상학도 한국 건축을 지배하지 않는다.

---

20   브랑코 미트로비치, 『세상에 단 하나뿐인 건축을 위한 철학』, 이충호 옮김(서울: 컬처그라퍼, 2013), 224면.

4

공간의 개념

동서양 공간 개념의 차이

흔히 건축을 공간 창조의 예술이라고 한다. 그러나 공간이 건축의
주제가 된 것은 최근이다. 건축은 결과로서 공간을 만들지만
처음부터 공간이 건축의 주제였던 것은 아니다. 공간을 만드는
것은 건축만이 아니라는 사실도 잊지 말자. 철학자 하이데거가
말했듯이 조각도 공간을 생성하고, 구조물을 설치하거나 바닥을
조성하거나 조경을 하거나 혹은 사람이 모이기만 해도 공간은
형성된다. 공간은 인간의 거주와 함께 발생되는 실존적 현상이다.
건축이 공간 형성과 가장 밀접한 관련이 있다고 할 수는 있겠지만
공간을 만드는 것이 건축의 배타적 영역은 아니다.

공간은 원래 철학적 탐구의 대상이었다. 인류는 거친
자연에서 생활하며 하늘을 바라보고 우주에 관해 사유하기
시작했고, 하늘과 우주 공간에 질서와 의미를 부여했다. 황량하고
변화무쌍한 원시 자연에서 두려움을 해소하고 심리적 안정감을
얻기 위한 방편이었다. 공간은 이렇게 철학적, 과학적, 혹은
심리학적 탐구의 영역에 속했고 우주와 세계에 대한 인식의
문제였다. 그런데 우주 공간에 대해 동양과 서양은 아주 다른
인식 체계를 발전시켰다. 그리스인들은 처음으로 신화적
우주관에서 벗어나 우주 공간의 질서를 개념화했다. 그들은
우주를 경험할 수는 없지만 개념적으로 알 수 있는, 수학적
비례를 갖는 기하학적 입체로 구성된 실체라고 생각했다. 이러한

기하학적 공간 개념은 그리스인들의 특유한 사유 체계인데
여기에는 기원전 5세기경 우주의 본질이 수학적이고 기하학적
규칙에 따른 질서와 조화라고 설명했던 피타고라스 학파의 영향이
크다.

그리스의 철학자 플라톤은 이 세계가 불, 땅, 공기, 물로
구성되어 있다고 보았다. 그런데 그것은 눈에 보이는 현상일 뿐
실재(본질)는 아니다. 실재는 우리가 보거나 지각할 수는 없는
사유의 대상으로 개념적으로만 존재한다. 불, 땅, 공기, 물과 같은
현상은 실재가 아닌 성질의 차이이기 때문에 이러한 성질이 각인될
수 있는 보이지 않는 틀이 필요하다. 플라톤은 이 틀을 삼각형을
기본으로 하는 기하학 형태라고 생각했다. 이것은 에테르라고
하는 투명한 액체 상태의 물리적 실체이며 위치를 갖는다. 또 빛과
같이 보거나 만질 수는 없지만, 즉 형상은 없지만 경험적으로
존재하는 실재를 설명하기 위해서 플라톤은 현상과 본질 사이에
제3의 형태로서 코라Khôra(공간 또는 장소)를 상정했다. 코라는
현상과 본질(실재) 사이에 존재하는 일종의 그릇receptacle과
같은 것으로, 인간과 자연을 구성하는 원초적 요소로서 추상적
공간이며, 영원하고 변하지 않는 모든 것, 즉 실재에 위치와
장소, 공간을 제공한다. 플라톤의 세계는 개념적으로 이러한
3차원 구조의 기하학적 질서로 구성된다. 이러한 기하학 구조의
연속으로 구성된 우주 공간 개념은 물론 피타고라스의 영향을
받았다.

플라톤의 제자인 아리스토텔레스는 물리적 요소가 소속되는
구체적 장소로서 토포스topos 이론을 제시했다. 그는 토포스
개념을 다음과 같이 설명했다. 〈물체는 그 자체의 적절한 장소

속에 존재한다. 그리고 장소나 공간은 물체를 가질 수 없다.〉[21] 아리스토텔레스의 토포스 개념은 공간을 물질로 보았던 플라톤의 명제를 비판하고 토포스를 형태와 질료가 없는 것으로 정의한다. 그에 의하면 토포스는 실체와 분리된 허공으로 물체를 담는 그릇과 같다.[22] 토포스는 외부와 구분되는, 둘러싸고 움직이지 않는 경계를 갖고 내부는 물체로 채워지는 빈 것이다. 〈모든 것은 자기 자리, 자기 장소와 자기 위치를 가지므로〉[23] 텅 빈 것은 없다. 고대 그리스 철학자들에 의해 사유된 공간은 이처럼 그냥 비어 있는 허공이 아니라 물질로 채워진 한정된 실체이며 구체적인 경계를 갖는다. 이런 관점에서 우주는 유한한 공간이고 물질로 채워지며, 경계 지어진 장소로 생각되었다.

　유한한 공간, 또는 경계 지어진 장소로서의 우주가 무한 공간으로 확장된 것은 르네상스 이후이다. 코페르니쿠스의 지동설(1543)은 비어 있는 우주 허공의 존재를 인정하지 않는 고전적 장소 이론에 치명타를 주었다. 구체적인 장소와 위치, 경계를 갖는 플라톤의 코라나 아리스토텔레스의 토포스 개념은 우주의 무한 공간을 설명할 수 없다. 코페르니쿠스가 지동설을 주장한 지 약 100년 후 갈릴레오는 천체 망원경을 통해 완전히 객관화된 우주 무한 공간을 발견했다. 이제 우주 공간은 더 이상 명상되지 않고 관찰되고 조작될 수 있게 되었다. 17세기 후반 천문 과학의 발전은 플라톤의 코라와 같은 개념적 우주 공간을

21　아리스토텔레스의 『자연 과학Physics』 4권, 반 드 벤Van de Ven의 『건축 공간론』, 정진원, 고성룡 옮김(서울: 기문당, 1986), 36면에서 재인용.

22　반 드 벤, 위의 책, 30면.

23　피에르 폰 마이스의 『형태로부터 장소로』, 정인하, 여동진 옮김(서울: 시공문화사, 2000), 113면.

천상에서 지상으로 가져온 것이다. 18세기 중엽 데카르트는 이 무한 공간을 매스와 동일시하고 공간을 물질의 3차원적 확장을 수반하는 것으로 인식했다. 고전 시대에는 개념적 존재로만 이해되었던 공간이 이제 눈앞에 〈재현된 세계〉가 되었고 기하학적 볼륨을 갖는 양적 실체로 전환되었다.

　　우주 공간에 대한 사유를 통해 변화무쌍한 세계에 질서를 부여하는 것은 동양과 서양이 다르지 않지만 그 방식은 아주 달랐다. 서양은 가상의 개념적 세계를 고안함으로써 수학적이고 기하학적 질서를 가진 실체로서 우주를 상정했지만 동양은 이러한 이원론적 접근을 하지 않았다. 동양에서 공간은 객관적으로 존재하는 물리적 실체나 기하학적 허공이 아니다. 동양에는 실재하는 객관적 공간이란 없다. 따라서 공간의 위치나 크기도 없다. 유클리드적 또는 갈릴레오적인 무한 공간 속의 좌표라는 것도 존재하지 않는다. 우주의 질서는 시각으로 정돈할 수 있는 것이 아니며 공간도 이렇게 정의될 수 있는 대상이 아니다. 공간이라는 말 자체가 비어 있는 사이라는 뜻으로 관계를 의미하며 유동적이고 상대적이다.

　　동양에서 우주는 이념(순수)과 현상(속)의 구분도 없고, 주관적인 심미 판단도 불가능한 세계이다.[24] 실체와 허공도 서로 대립하는 독립 요소가 아니다. 동양의 공간 개념은 존재와 비존재를 모두 포함하며 감각으로 파악할 수 있는 상태와 감각으로 파악할 수 없는 물질적 상태가 어우러진 결과이다. 마치 현대 물리학의 양자론에서 파동과 입자, 공간과 관측자가 서로

24　건축학자 김성우는 서양의 공간space 개념은 공간空間이 아닌 천지天地 개념으로 이해해야 한다고 주장한다. 「동서양 건축에서의 공간과 시간」, 『건축 역사 연구』, 36호, 2004, 104면.

분리될 수 없는 존재로 이해되는 것과 유사하다. 이러한 동양의 공간관을 결정한 것은 도교라고 할 수 있다. 도가에서 자연 현상은 유형과 무형이 상호 작용한 결과이다.

동양에서는 이렇게 변화무쌍한 우주 만물과 자연 현상 자체에 질서를 부여했다. 즉, 우주와 자연의 질서는 고정된 원리나 실체가 아니고 그 자체가 변화하며 유동적이다. 동양의 음양론에서 하늘과 땅 사이 우주 공간의 흐름을 기氣라고 한다. 기가 모여 실체가 되고 다시 흩어져 허공이 되는 것은 일시적 변화의 양상일 뿐이다. 마치 태극을 이루는 음과 양의 관계처럼 이 둘은 어느 하나 없이 다른 것이 존재하지 않는 상호 생성의 관계에 있다. 따라서 모든 공간은 생성적이며 시간 속에서 존재한다. 이러한 공간은 잡을 수도 없고 가둘 수도 없다. 그래서 동양에서는 공간과 시간을 같은 것으로 생각했다. 예를 들어, 음양오행은 자연의 운행 원리를 말하는데 동쪽은 봄, 서쪽은 가을, 남쪽은 여름, 북쪽은 겨울로서 공간과 시간이 분리되지 않는다. 중국 고대 국가의 제도를 논한 주례는 관직을 천지 춘하추동의 육관六官으로 구분한다. 이건 분명한 공간적 표상이지만 사방을 동서남북이 아니라 춘하추동으로 한 것은 공간을 시간적으로 인식한 고대 중국의 공간관을 보여 준다. 공간은 고정된 위치와 장소가 아니라 시간의 흐름 속에서 인식된다.

원래 시간을 순수하게 파악할 때 고정된 시점은 존재하지 않는다. 나의 의식 흐름이라는 내적 경험 속에서 시점은 상대화된다. 과거, 현재, 미래의 시점이 구분되는 것은 시간을 공간으로 파악한 결과이다. 서양은 이렇게 시간을 공간화했지만 동양은 공간을 시간적으로 이해했다. 그래서 동양에서는 공간이라는 외적 형태의 절대성을 인정하지 않는다.[25] 동양에서는 공간도 시간에 따라 생성하고 소멸하며 변화한다.

---

25   김용옥, 『동양학 어떻게 할 것인가』, 108면.

케플러Johannes Kepler에 의한
플라톤 입체. 플라톤의 우주
개념을 볼 수 있다.

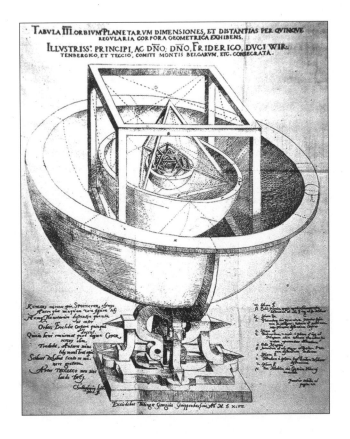

「천지도」(1851)는 하늘과 땅을
겹쳐 그렸다. 하늘과 땅이
연결되어 있어 서로 영향을
주는 관계에 있음을 나타낸다.

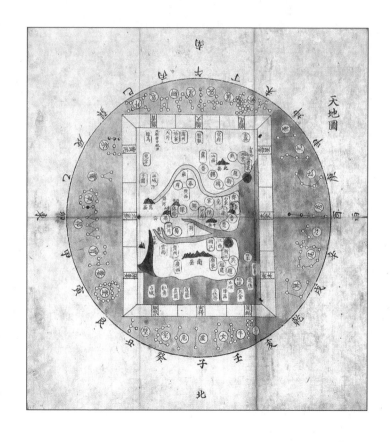

우주 공간과 건축 공간

한 문화권의 우주 공간에 대한 철학적 사유는 자연스럽게
건축에 반영된다. 우주宇宙는 원래 집을 의미한다. 원시 움막에서
나무로 만든 기둥을 주宙라고 하고 그 위에 덮은 풀을 우宇라고
했다. 이것이 하늘의 허공을 상징하는 우주가 되었다. 집을 움막
안에서 보면 지붕의 우주가 보이는 셈이다. 이렇게 집과 하늘은
동일시되었다. 집은 소우주의 상징이다.[26] 서양에서 둥근 지붕을
말하는 돔domus은 집을 뜻하는데 원래 돔은 집이자 곧 하늘이었다.
예컨대 로마 판테온의 돔 내부 로툰다는 하늘을 추상화하여
표상하였다. 고대 서양의 공간 개념은 수학과 기하학적 질서를
갖고 있었기 때문에 건축 공간을 만들 때 기하학과 수학적 법칙을
적용했다. 고대 그리스에서 극장을 계획할 때 건축가는 수학적
비례를 사용하여 조화의 원리를 적용하고, 음악적 구성의 원리를
사용했다. 또 극장 평면은 하늘의 이미지를 따라서 원과 네 개의
삼각형으로 만들었다. 우주를 기하학적으로 이해한 로마인들은
판테온과 아야 소피아Hagia Sophia 성당 내부를 기하학이 반영된
공간으로 만들었다. 르네상스 시대에는 건축이 우주의 질서를
조형적으로 구체화한 것으로 보았기 때문에 수학적 비례와
기하학이 건축 디자인의 기본이 되었다.

---

26   티에리 파코, 『지붕: 우주의 문턱』, 53면.

우주 공간이 개념적이라면 건축 공간은 경험적이다. 말하자면, 개념적 공간 인식에도 불구하고 건축은 지평선과 하늘처럼 감각적이고 지각적 경험 공간에 영향을 받는다. 이런 점에서 건축은 개념 공간과 경험 공간을 연결하는 기술이라고 할 수 있는데 개념 공간과 경험 공간(뉴턴의 구분에 따르면, 감각에 의해 지각될 수 없는 공간과 지각 경험에 의해 파악될 수 있는 공간) 사이에는 간격이 존재한다. 서양에서 개념 공간과 경험 공간을 보다 직접적으로 연결해 준 것은 르네상스의 투시도법이다. 투시도가 발전되기 이전에 공간은 균일한 허공으로 간주되지 않았고 공간적 관계를 기하학적으로 일관성 있게 표상할 수도 없었다. 그런데 투시도법은 개념 공간을 시각적으로 합리화된 균질 공간으로 재현할 수 있게 했다. 투시도는 말하자면 개념적 무한 공간에서 경험적 공간을 국지화localization하는 기술이라고 할 수 있다.[27] 투시도의 발전과 함께 건축 공간은 투시도적 표상에 지배받게 되었다. 공간은 더 이상 명상되거나 상상되지 않고 시각적 합리성으로 재현되고 기술적으로 조작되는 기하학적 볼륨을 갖는 양적 실체로 전환됐다.

17세기 들어 우주 무한 공간에 대한 인식이 생기면서 바로크 시대는 르네상스 시대보다 훨씬 더 인간 중심인 투시도적 공간의 표상을 실현했다. 세계는 이제 투시도를 통해 그림으로 재현될 수 있는 대상이 되었다. 이렇게 합리화된 공간은 주지하듯이 근대화의 과정에서 공간을 효율적으로 지배하고 통제하는 수단이

---

27   건축사학자 페레즈고메즈의 지적대로 여기서도 여전히 신비적 영역(간격)이 존재한다. 인간의 눈을 소점으로 하는 투시도는 개념적 무한 공간을 왜곡하기 때문이다. Alberto Pérez-Gómez, *Architectural Representation and the Perspective Hinge*(Cambridge: The MIT Press, 1997).

되었다. 하지만 19세기 말까지 건축에는 공간space이라는 어휘조차 없었다. 건축은 주로 형태와 구축의 관점에서 정의되었고, 공간은 구체적 지각 대상이 아니었다. 이때까지 공간은 솔리드한 벽을 통해 인식되는 직관의 영역에 속해 있었다. 건축을 공간의 관점에서 처음 이론화한 사람은 독일의 건축가 젬퍼였다. 그는 건축의 기원을 직립한 인간을 중심으로 하는 공간 형성의 과정으로 설명했다. 19세기 말 독일의 이론가 슈마르조는 젬퍼의 이론을 발전시켜 처음으로 건축을 공간 창조의 예술로 규정했다. 추상 개념으로서의 공간이 마침내 구체적인 미적 지각의 대상으로 건축의 주제가 된 것이다.

동양의 공간 개념은 수학적 비례와 기하학 형태로 표상되지 않으며 투시도로 재현될 수도 없다. 불교의 이상 공간은 욕계에서 바다와 아홉 개의 산맥을 넘어 수미산에[28] 이르고 수미산의 중턱에 있는 천왕문에서부터 몇 개의 관문을 통해 산 정상에 있는 불국토에 이른다. 극락은 산의 정상 위에 있다. 이러한 수미산의 공간 구조는 유클리드적 공간에서는 그 위치나 관계가 도저히 설명되지 않는다. 동양의 공간관은 유클리드적 공간을 초월한다. 따라서 동양에서는 공간에 대한 사유가 건축 형태에 직접 적용되기보다는, 〈건축 공간의 처리에서 특수한 관계적 양상으로〉[29] 나타난다. 동양은 개념 공간과 경험 공간을 연결하는 방식이 서양과는 다르다고 볼 수 있다. 불교에서는 우주, 자연, 현실 사이에 유추적 대응 관계가 있다고 본다. 불국사의 여러 전각이 형성하는 복합적 공간 구성은 불교적 우주관의 유추적

---

28   수미산은 불교의 우주론에 나오는 상상의 산으로 세계의 중심에 솟아 있는 거대한 산으로 정의된다.

29   김용옥, 앞의 책, 108면.

표현이다. 각각의 전각이 이루는 공간은 하나의 소우주를 상징하는데, 각각은 완결된 영역이면서 경계가 없이 하나로 통합된다.[30] 이것은 유클리드적 공간이 아니라 수미산의 공간 구조처럼 전체적으로 다多초점의 복합 동심원적 구조를 갖는다.

한국 건축과 서양 건축의 개념적 공간과 경험적 공간을 연결하는 방식의 차이는 앞에서 설명한 경험 주체의 위상과 관련되어 있다. 한국 건축은 중심 주체가 고정된 시점에서 지각하는 공간이나 형태가 아니라 분산된 경험 주체의 여러 시점이 중첩되어 있는 시공간의 조직이다. 한국 건축을 읽을 때는 이 점을 고려해야 한다. 한국 건축의 고유한 원리라고 할 수 있는 경험 주체의 유동적 위치와 동시성은 종교나 사상의 문제가 아니라 무의식으로 내면화되어 있는 한국인의 공간 의식이 건축에 반영된 것이라고 할 수 있다. 한국 건축은 개념 공간의 질서를 시각적으로 재현하는 대상이 아니라 그 안에서 행해지는 의례와 생활을 위한 장소를 만드는 것이고, 그 과정에서 한국인의 고유한 공간 의식이 반영된다. 한국인의 의식 속에서 공간은 고정된 상태의 실체가 아니기 때문에 한국 건축의 공간은 무형성과 가변성으로 드러난다. 한국에서 건축물이란 시각적 재현의 대상이 아니라 수시로 생성되고 변화하는 시공간을 담는 틀이다.

---

30   김봉렬, 『한국 건축의 재발견 1: 시대를 담는 그릇』, 29면.

아야 소피아 성당의 내부. 로툰다
내부는 하늘을 표상한다.

근대 이후의 투시도는 공간을
효율적으로 지배하고 통제하는
수단이 되었다.

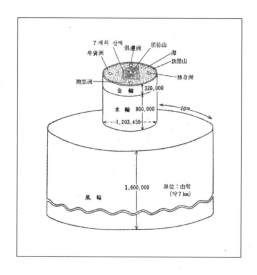

수미산의 우주 개념도.
유클리드, 데카르트적 공간
개념으로는 설명되지 않는다.

불국사의 배치 전경. 각각의
전각이 이루는 공간은 하나의
소우주를 상징한다.

사이트와 터

집 짓는 대지를 서양에서는 사이트site라고 한다. 사이트는
암암리에 추상적 공간 개념을 내포한다. 사이트 개념의 추상성은
컴퓨터의 가상 공간을 웹 사이트라고 하는 데서도 나타난다.
서양에서 건축 용어가 추상 개념으로 사용되는 예는 이
밖에도 많은데, 고딕 성당의 거대한 문을 뜻하는 포털portal이란
용어는 인터넷 공간의 입구를 말한다. 인터넷의 가상 공간으로
들어간다는 말을 한국어로 〈컴퓨터의 대문을 통해 대지에
들어간다〉고 하면 어쩐지 어색하다. 우리말의 대문이나 대지는
이렇게 가상 공간으로 추상화되기에는 어색한 구체적 장소성과
맥락을 함의한다. 고대 서양의 수학적, 기하학적 공간 개념은
집 짓는 대지site가 추상화되는 단초를 제공하는 것으로 보인다.
건축의 장소place 개념과 가장 비슷한 것으로 많이 인용되는
아리스토텔레스의 토포스도 구체적 장소라기보다는 중립적이고
추상적이며 개념적인 장소를 의미한다. 물론 고대 그리스에서
집을 지을 때는 구체적 장소로서 땅의 정신을 중요하게
생각했지만, 르네상스와 바로크를 거치면서 장소는 점점 텅 빈
허공에 좌표화된 공간으로 추상화되었고, 이 과정에서 건축의
대지는 구체적 장소의 맥락에서 벗어난 이상화된 사이트로
간주되었다. 빌라 로툰다로 유명한 르네상스 건축가 팔라디오의
건축은 장소적 맥락을 무시하고 건축의 이상적 원형을 추구한

것으로 유명하다.

19세기 에콜 데 보자르에서 발전된 설계 방법론에서도 건축 형태와 구성의 기념비성과 완전성을 위해 장소의 맥락은 중요하게 고려되지 않았다. 설계를 위한 대지는 몇 미터의 도로에 의해 둘러싸인 중립적이고 평탄한 조건으로 주어졌고 구체적 대지의 맥락과 의미를 해석하는 원리나 이론은 없었다. 이렇게 추상화된 대지 조건에서 기념비적 공간과 형태를 구성하는 것이 건축 디자인의 과제였다(이를 보자르 플랜Beaux-Arts plan이라고 한다). 보자르의 건축은 19세기 자본주의 대도시의 대지 조건이 추상화된 현실을 반영한다. 철학자 헤겔과 쇼펜하우어의 설명대로 서양에서 건축은 추상과 기하학으로 무질서 상태의 대지를 지배하여 정신을 드러내는 기술로 생각되었기 때문에 자연 상태의 대지는 그렇게 존중되지 않았다.[31] 근대 건축의 거장 르코르뷔지에는 대지를 건축 구성의 기반으로 규정했는데 그의 건축은 대지로부터의 자유를 추구했다.[32]

한국에서 집 짓는 땅을 의미하는 말은 〈터〉이다. 한국의 터는 사이트처럼 추상적이지 않다. 한국의 모든 집터는 백두 대간 산줄기에서 내려온 지맥의 흐름 속에서 존재한다. 그래서 한국 건축은 건물보다 주변의 자연이 중요했고, 건물이 어떻게 생겼느냐가 아니라 어디에 위치하느냐가 더 중요했다. 한국 건축은 땅으로부터 시작한다고 해도 과언이 아니다. 그래서

31　철학자 하이데거는 라움의 개념을 통해 건축은 대지를 다스려 정신을 드러내는 것이 아니라 대지를 대지로 드러나게 하는 것이라고 했다. 독일어 라움은 한정된 공간, 피난처, 일정 경계까지 개간한 땅을 의미한다. 라움은 거리와 순수한 확장의 체계로 보는 추상적 의미의 공간과 다르다.

32　이종건은 현대 건축에서의 대지 문제를 조성룡 건축을 비평하면서 심도 있게 논한다. 이종건, 『문제들: 이종건 건축 비평집』, 155~168면.

집을 지을 때 터 잡는 일에 가장 많은 노력과 시간을 쏟았다. 퇴계의 『도산잡영島山雜詠』에는 그가 도산 서당을 지을 때 터 잡는 일에 얼마나 고심했는지 잘 나타나 있다. 서양 건축은 기하학의 구축으로 대지를 지배하지만, 한국의 터 짓기 방식은 건축의 형태적 질서를 만든다기보다는 터를 경영하는 일이다. 서양 건축의 사이트는 자연과 주변의 맥락에서 분리되어 주어진 중립적 대지이지만 한국 건축의 터 잡기는 그 자체가 설계 과정으로 주변 자연과 관계를 생성한다. 그래서 터는 이미 건축이고 공간이다. 건물은 없어져도 터는 남는 게 한국의 건축이다. 건축가 승효상은 현대 한국에서 〈터무니(터를 잡은 흔적) 있는 건축〉을 주장한다. 터무니는 단순히 대지의 물리적 흔적이 아니다. 터는 이미 조건과 맥락, 땅에 부여된 가치, 그리고 삶의 흔적을 가진 유의미한 장소이다. 우리는 오랫동안 터무니 있는 건축을 해왔는데 급격한 근대화 과정에서 터 짓기의 전통이 상실되었다. 그러나 땅에 대한 인식과 기술이 도구적으로 변해 버린 현대 사회에서 그걸 어떻게 되살릴 수 있는지는 의문이다. 단순히 형태적으로 접근할 수 있는 문제가 아니기 때문이다.

제2차 세계 대전 이후 대지의 추상화와 장소의 상실에 대한 비판이 많아지면서 서양 건축은 오랫동안 잊혔던 땅의 가치에 대해 다시 주목하기 시작했다. 케네스 프램프턴Kenneth Frampton은 비판적 지역주의critical regionalism에 대한 글에서 현대 건축의 대지 추상성을 비판하고 다음과 같이 주장한다. 〈불규칙한 지형을 평평한 사이트로 만들기 위해 불도저로 땅을 미는 것은 분명히 절대적 장소의 초월 상태를 갈망하는 기술 관료적 제스처이다. 이에 반해 계단 형태의 건물을 수용하려고 같은 사이트에 층을 두는 것은 사이트를 일구는 행위에 참여하는 것이다. 이러한 처방은 (……) 건축 형태 안에 장소의 전사前史, 그곳의 고고학적 과거 내지는 이후 지속되어 온 개발, 그리고 시간을 가로지르는 변형을 체현하는 능력을 갖는다. 이렇듯 사이트에 층을 부여하는 것을 통해 장소의 남다른 특질이, 감상주의에 빠지지 않고 표현될 수 있다.〉[33] 프램프턴의 주장은 〈터무니 있는 건축〉과 일맥상통하는 면이 있다. 하지만 한국 사회의 급격한 근대화 과정에서 발생한 터의 상실은 서양에서 근대성이 가져온 장소의 상실과는 차원이 달라서 이런 감상적 접근으로 문제가 해결될 수 있을 것 같지는 않다.

---

33   Kenneth Frampton, "Towards an Critical Regionalism: Six Points for an Architecture of Resistance", *The Anti-Aesthetic: Essays on Postmodern Culture*(Port Townsend: Bay Press, 1983), p. 26.

보자르 플랜. 장루이 파스칼Jean-Louis Pascal의 부유한 은행가를 위한 저택Un hôtel à Paris pour un riche banquier(1866)에서 대지는 추상화되어 있다.

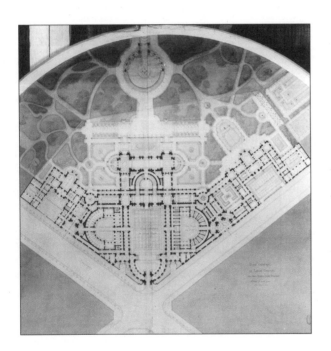

양동 마을에 자리한 향단.
한국 건축의 경사지 터 잡기와
건축의 조화를 잘 볼 수 있다.

지도의 공간

서양의 근대 지도는 합리화된 데카르트적 공간에서 요소들의
위치와 크기, 관계를 표상한다. 지도상의 여러 요소는 합리성에
의거한 공간 통제와 분배의 대상이 된다. 반면에 한국의
고지도는 전반적인 지형의 흐름, 즉 땅의 형국을 표현한다.
한국의 고지도에서 산의 위치와 크기를 상대적으로 인식하고
산맥이 이어지는 방향을 기준으로 삼으면 땅의 형국을 파악할
수 있다. 한국 사람들이 지형을 어떻게 인식했는지에 관한 공간
인식 체계를 반영한다. 한국 고지도는 산세와 하천의 흐름을
표현하는데, 산이 높은 곳에서는 하천이 가늘게 그려지고, 점점
굵어지면서 강으로 변하기 시작하면 반대로 산이 낮아진다.
하천과 산은 마치 음양의 관계처럼 표현되어 서로 대립하거나
조화를 이루면서 그 둘이 알맞게 맞닿는 곳에 사람들은 집을 짓고
마을을 이루었다. 그래서 한국 건축은 지형을 크게 변경하는 일,
지맥을 끊는 일을 금하고 자연 순리와 지형의 흐름에 따르고자
했다. 서양의 근대 지도가 표상하는 것은 인간적 의미가 결핍된
일방적 정보이고 지도는 순수하게 기능적인 도구로 활용된 반면,
한국의 고지도는 인간이 부여하는 의미와 관계, 그리고 기억이
반영된 쌍방향 소통의 결과이다. 한국의 고지도는 서양과 다른
한국인의 땅을 바라보는 당대의 보편적 인식과 자연과 공간을
이해하는 방식을 잘 표상한다.

조선 철종 12년에 김정호가
제작한 「대동여지도」(1861)는
지형과 지물을 인식하는 관습적
체계를 옮겨 놓았다. 땅을
바라보는 당대의 보편적 인식과
자연과 공간을 이해하는 방법을
표상한다.

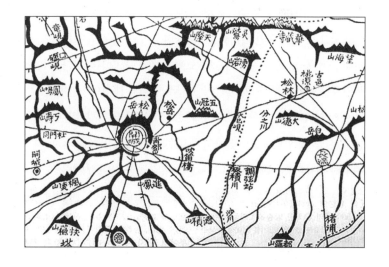

포셰와 칸

보자르의 건축 개념 가운데 포셰poché(포켓처럼 둘러싸다는 뜻)가
있다. 보자르의 구성 원리에 따르면 좋은 설계는 좋은 포셰를
가져야 한다. 포셰는 건물 평면도에 검게 표현되는 두꺼운 벽의
구성 패턴을 말한다. 그런데 실제로 포셰가 의미하는 바는 벽의
패턴 자체보다는 그것이 형성하는 공간의 구성이다. 지각의
대상은 벽이지만 그것을 통해 벽에 둘러싸인 덩어리로서 공간을
직관적으로 인식하는 것이다. 마치 인도의 석굴 사원에서
속이 꽉 찬 바위를 파내 공간을 만들 때나, 혹은 진흙으로
공간을 빚을 때 공간을 형성하는 매스를 먼저 지각하는 것과
같다. 이것은 조적조, 또는 스테레오토미stereotomy(돌이나 벽돌,
흙을 쌓아 올리는 구축 방식)적인 건축에서 공간을 인식하는
일반 관습이라고 볼 수 있다. 서양은 로마 시대 이후 두꺼운
내력벽으로 둘러싸인 거대한 내부 공간을 만들기 시작했는데
이러한 전통이 보자르에 이르러 포셰 개념으로 발전하였다.
서양 건축에서 처음으로 공간이 직접적 인식의 대상이 된 것은
19세기 말 젬퍼와 슈마르조와 같은 이론가들에 의해서였다.
이들은 공간을 벽으로 둘러싸인 투명한 덩어리로 인식했다.
주지하다시피 20세기 초 모더니즘 건축은 공간을 미적 지각의
대상으로 삼고 새로운 근대적 공간 개념을 발전시켰다. 1932년
뉴욕에서 열린 국제주의international style 전시회에서 히치콕Alfred

Hitchcock이 선언한 〈매스보다는 볼륨〉이라는 국제 양식의 원리는 매스를 통해 인식하던 공간을 순수한 부피로 접근하려는 관점의 전환, 즉 투명한 공간의 볼륨 자체를 지각 대상으로 삼는 인식의 전환을 반영한다. 르코르뷔지에는 공간의 볼륨보다 공간의 경계를 이루는 선을 디자인의 대상으로 삼는 〈자유로운 평면〉 개념을 발전시켰다. 그는 공간의 부피가 아닌 윤곽에 관심을 가졌는데 이는 포셰의 흔적이라고 볼 수도 있다.

동양에는 벽으로 둘러싸인 볼륨으로서의 공간에 대한 명확한 인식이 없었다. 무엇보다 동양에서는 공간을 가둘 수 있는 실체나 조작할 수 있는 투명한 덩어리로 생각하지 않았다. 공간은 고정된 절대적 상태가 아니라 유동적이기 때문에 공간을 벽으로 가두는 것은 원초적으로 불가능하다. 공간空間이라는 어휘 자체가 의미하듯 그저 빈 사이다. 동양 건축을 설명할 때 자주 인용되는 공간에 관한 노자의 유명한 글이 있다. 〈그릇이 그릇으로서 쓰임이 생기는 것은 찰흙이 단단히 굳어 흙의 성질은 없어지고 그릇의 공간이 생겼기 때문이다. 방이 방으로서 쓰임이 있는 것은 창과 문이 있기 때문이다. 벽을 쌓고 창호를 뚫었기 때문에 방이 된다. 이렇듯 수레나 그릇이나 방이나 그 쓰임이 생기는 것은 바큇살, 흙, 창호가 자신의 용도를 버리고 쓰임새와 하나가 되었기 때문이다.〉[34] 이 말은 흔히 서양 건축의 포셰나 솔리드/ 보이드 개념과 유사한 것으로 받아들여지지만 실상은 전혀 반대로 해석될 수 있다. 즉, 공간에 대한 설명이 아니라 그릇에 대한 설명으로, 흙의 성질이 없어지면서 그릇은 공간을 만든다는

34　김치범이 해석한 노자의 『도덕경』 11장. 유현준, 『모더니즘: 동서양 문화의 하이브리드』, 33면에서 재인용.

말이다. 흙 또는 공간이라는 변치 않는 실체가 아니라 모든 게
관계로 정의된다. 양자는 본래의 개체적 성질을 넘어서는 새로운
상황을 만든다. 도교의 음양 이론이 대립되는 양자의 이분법적
관계가 아니라 상호 의존적이고 상대적 관계에 있는 것과
마찬가지다. 동양에서는 벽 또는 공간처럼 절대적이며 변치 않는
실체는 없다. 이것이 동양 건축과 서양 건축과의 차이다. 중국의
미학자 장파는 〈건축물에서 서구인이 중시한 것은 기둥 양식과
벽면과 같은 실체적 요소이고, 중국인이 중시한 것은 허공인 문과
창〉[35]이라고 했다. 벽 또는 공간이 중요한 게 아니라 관계를 만드는
창과 문이 중요했다.

　　동양에서 공간은 크기나 기능, 형태가 고정되지 않고 주변
또는 자연과의 관계 속에서 시간적으로 변화무쌍한 상태에 있다.
이러한 변화를 수용하기 위한 건축은 개방적이고 융통성과
가변성도 가져야 한다. 한국 건축은 한 칸을 이루는 네 개의
기둥으로 공간의 얼개를 암시할 뿐 공간을 가두지 않는다. 여기서
필요한 부분을 다양한 방식으로 막거나 열어 둔다. 기둥과 벽은
공간을 가두지 않고 변화하면서 한없이 깊은 공간을 창조한다.
칸으로 구획된 방들은 서로 연결되거나 외부로 열리기도 한다.
이처럼 막힌 듯 열려 있는 공간의 연결이야말로 한국 건축의
특징이다. 흔히 한국 건축의 본질을 공간이라고도 한다. 그런데
그것이 서양적 의미의 공간을 의미한다면 그 정의는 틀렸다. 한국
건축이 담고 있는 공간은 서양 건축의 공간space과는 다르다.

　　한국 건축은 공간을 담는 물질이 아니라 공간을 생성하는
도구나 장치라고 할 수 있다. 건축은 도구일 뿐 자신의 형태는

35　　장파, 『동양과 서양 그리고 미학』, 51면.

그다지 중요하지 않다. 또 공간을 생성하는 구조는 최소한일수록 좋다. 서양 건축의 평면에서 두꺼운 선으로 표현되는 포셰가 벽으로 둘러싸인 공간을 표상한다면, 네 개의 점으로 표현되는 칸間은 한국 건축의 개방적이고 유동적인 공간을 잘 표상한다. 점적 요소인 칸으로 구축되는 한옥은 단순한 듯하면서도 변화무쌍하다. 여수 진남관은 한국에 현존하는 가장 큰 규모의 목조 건축물이다. 높이 14미터, 정면 15칸 측면 5칸의 거대한 기둥 68개와 지붕밖에 없는 75칸의 장대한 건물은 창호나 벽체가 없는 통 칸의 건축 그대로이다. 진남관의 단순한 기둥 배열이 만드는 칸 구조가 생성하는 공간을 건축가 김개천은 이렇게 설명한다. 〈욕망은 없고 의도도 없는 듯한 텅 빈 몸으로 (……) 그 한 채만으로도 우주의 심연이 느껴지는 장소이다. 진남관은 기둥만으로 차 있는 무를 이룩한 유다. (……) 진남관의 내부에서 외부를 바라보면 각각의 시점에 따라 공간은 완성된 형으로 변화하고 때로 없어지기도 한다. 치밀하게 의도된 기둥 위치와 간격에 의해 벽과 창의 개폐는 없으나 공간의 경계와 크기는 변한다.〉[36]

이러한 개방적이고 유동적 공간은 일본 건축에도 나타난다. 일본의 건축사가 이토 데이지伊藤ていじ는 일본의 공간을 위상학(토폴로지topology)적이라고 하면서 다음처럼 정의했다. 〈서양적 의미의 공간은 기능과 형태가 합치하고 공간의 모양 자체가 그 공간의 역할을 상징한다. 하지만 일본적 공간은 다다미 두 장으로 우주를 표현하듯 물리적 공간의 크기로 공간의 역할을 가리키지는 않는다. 공간 자체를 변화시키는 것이

36   김개천 『명묵의 건축: 한국 전통의 명건축 24선』, 62~66면.

아니라 칸막이를 치거나 사물의 위치 관계를 재정립함으로써
완전히 다른 공간의 역할을 만든다.〉[37] 서양에서는 근대 이후
철근 콘크리트와 철골 구조를 사용한 프레임 건축이 등장하면서
벽에 갇힌 공간이 해방되고 유동 공간을 만드는 것이 가능해졌다.
공간의 상호 관입과 유동성은 입체파의 영향을 받아 등장한 근대
건축의 새로운 공간 개념이었다.

  1920년대 초 〈데 스테일De Stijl〉의 작가들은 입체파가 성취한
새로운 공간성을 3차원 볼륨의 표면을 해체함으로써 건축에 직접
적용하려고 했다. 폰 마이스의 설명에 의하면 공간의 상호 관입은
〈벽, 천장 바닥과 같은 공간 규정 요소가 시각적으로 여러 개의
공간에 소속되면서 만들어진다. 공간을 분리시키는 면이 가상적이
되고 암묵적 구분만이 존재〉[38]한다. 데 스테일의 작가들이 보여
준 공간 해체는 미국 건축가 프랑크 로이드 라이트의 영향을 받은
것이기도 한데 라이트의 건축이 앞서 선보인 〈박스의 해체breaking
the box〉는 실상 일본 건축의 영향을 받았다. 한국 건축에서 공간은
볼륨으로 구획되거나 경계가 있는 실체가 아니기 때문에 그것을
해체함으로써 발생하는 공간의 상호 관입으로 한국 건축을
설명하기는 마땅치 않다. 한국 건축은 공간 속에 틀이 놓인 것이지
건축이 공간을 만드는 것이 아니기 때문이다.

---

37   소프트유니온, 『건축 만담: 건축가 77인이 들려주는 일과 생각과 아름다움에
대하여』, 염혜은 옮김(서울: 디자인하우스, 2013), 206면.

38   피에르 폰 마이스, 『형태로부터 장소로』, 122면.

평면 포세. 파리의
생트마리드라메르 성당의 검은
벽선은 공간을 함축한다.

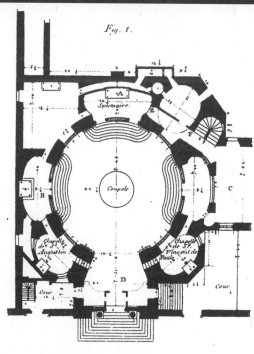

칸 다이어그램. 네 개의 점으로
표현되는 칸은 한국 건축의
개방적이고 유동적인 공간을 잘
표상한다.

강릉 선교장에서 볼 수
있는 칸의 연결과 확장.

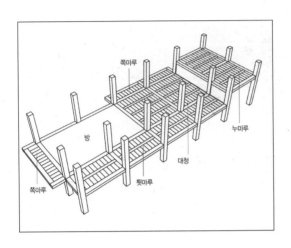

통영 세병관의 내부.

테오 반 두스뷔르흐Theo van Doesburg의
「건축학적 분석Architectural Analysis」
(1923)에서 보이는 박스의 해체
다이어그램.

중심으로서의 마당

서양 건축은 솔리드한 매스가 공간을 담고 있지만 한국 건축은
마당과 건물의 집합으로 공간을 생성한다. 그래서 서양 건축은
건물이 중심이지만 한국 건축은 건물이 둘러싸는 마당이
중심이다. 한국 건축은 중심이 비어 있고 건물은 배경이 된다.
마당과 건물이 이루는 공간의 켜는 동아시아 건축의 원형이다.
문과 마당, 집으로 이루어진 건축 단위를 중국 건축에서는
문당제도門堂制度라고 하는데 이러한 공간의 단위 조직은 서양
건축과는 대조적이다. 서양 건축은 벽으로 둘러싸인 공간, 즉
볼륨으로 갇힌 공간이지만, 중국 건축은 문, 마당, 당堂이 이루는
내부가 결합된 공간의 단위로 구성된다. 〈당이 있으면 반드시 문을
세웠고 문은 당을 따라 이어졌다. 문은 건축물의 표피를 이루거나
대표성을 지닌 형식이고 당은 건물의 내용이고 기능상 필요한
곳이다. 그 사이에 마당이 있다. 이같이 안과 밖을 분립하고,
표면과 내용을 분리하는 것은 다른 건축에선 찾아볼 수 없다.〉[39]
이러한 문당제도는 중정을 구성하는 방법으로 먼저 발전했고 점차
예禮의 이론적 해석을 거쳐 더욱 확고해졌다. 이렇게 발전된 중국
건축의 문당제도는 내외, 상하, 빈주賓主를 구별하는 예의 정신에
근거한 것이다.

---

39   리윈허, 『중국 고전 건축의 원리』, 89면.

『건축 공간과 노자 사상』의 저자 창Amos Ih Tiao Chang은 중국 건축의 분산된 공간 조직에 대해 다음과 같이 서술한다. 〈매스보다 매스와 매스 사이의 공간, 매스의 솔리디티를 줄이는 것은 보이드의 다양성을 풍부히 하는 것이다. 공간을 담는 것은 한 음을 치는 것이지만 파편적으로 정의된 공간은 인간의 시야에 의해 많은 조화로운 화음으로 직조될 수 있다.〉[40] 그리고 마당이 중심이 되는 건축이 미래 건축이 나아가야 할 방향이라고 주장한다. 〈밀집한 매스의 건축은 보통 인류 진보의 쇠퇴를 상징했다는 점을 상기하면, 자연의 빈 공간(마당-나무가 자라고 다양한 행위가 일어나는)이 중심이 되는 건축은 미래의 성장과 대체를 위한 살아 있는, 생명을 주는 창조적인 허공이다.〉 같은 건축적 원형을 갖지만 한국 건축은 엄격한 문당제도와 문의 역할을 강조하는 중국 건축과는 다르다. 중국 건축의 마당은 사합원에서 보는 것처럼 폐쇄적 공간 구조를 갖는다. 그러나 한국 건축의 외부 공간은 중국 건축처럼 꽉 짜여 있지 않다. 한국 건축의 마당은 반쯤 트인 공간으로 옆이 비어 있거나 모서리가 열려 있는 경우가 대부분이다. 막되 완전히 막지 않으며 열되 완전히 열지 않는다. 막힌 듯 열려 있는 공간의 연결이야말로 한국 건축의 특징이다. 한옥의 정수는 이러한 마당과 다양한 공간의 상호 관통에 있다. 그래서 마당과 함께하지 않는 한옥은 맛이 떨어진다. 겹집 한옥이 답답하게 느껴지는 이유가 여기에 있다.

한국에서는 집을 지을 때도 마당이 중심이 된다. 건물이 들어서고 난 후 마당이 생기는 것이 아니라 마당을 중심으로

---

40   아모스 탸오 창, 『건축 공간과 노자 사상』, 윤장섭 옮김(서울: 기문당, 2006), 131면.

건물이 계획된다. 집을 배치하거나 지붕 선을 결정할 때도
건물(형태 미학, 비례 등)만 보지 않고 마당과 함께 마당을 안고
건물을 보면서 결정한다. 한옥에서 경험 주체의 상징적 위치가
안과 밖에 동시에 있는 것도 마당을 통해서나 마당 때문에
가능하다. 1962년에 『한국 미술The Arts of Korea』을 쓴 미국의
동양학자 에벌린 매큔Evelyn McCune은 한국은 음악과 무용을 다
마당에서 하는데 이것은 아시아의 다른 민족보다 더 특징적이라고
했다.[41] 한국 건축에서 마당은 사실상 생활의 중심 공간이다.
서양에서 땅은 건물이 놓이기 위한 대지에 불과하지만 한옥에서는
마당 자체가 가장 중요한 건축의 요소이다. 20세기 초, 데
스테일이 보여 준 폐쇄적 볼륨 공간의 해체는 중심이 비어 있는
동양 건축과 유사하다. 네덜란드의 화가 반 두스뷔르흐는 기둥과
벽을 해체하면서 중심의 제거에 대해 언급했다. 〈중심적 발전보다
주변적 구성은 새로운 균형을 창출한다.〉[42] 그러나 이것은 중심인
매스와 볼륨을 해체하는 것으로, 마당이 중심이 되는 한국
건축과는 근본적 차이가 있다.

41   이상현, 『인문학 한옥에 살다』(서울: 채륜서, 2014), 99면에서 재인용.

42   Colin Rowe, "Neoclassicism and Modern Architecture", *The Mathematics of Ideal Villa and Other Essays*(Cambridge: The MIT Press, 1988), p. 128.

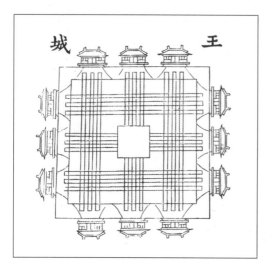

중국 송나라의 섭숭의가 편찬한
『삼례三禮』의 「성시도城市圖」. 인도의
만다라나 중국의 우주 개념을 보면
중심이 가운데 있다. 고대 중국의
정전제나 방리제 역시 가운데가
중심이며, 풍수지리에서도 혈인
마당이 중심이다.

윤증 고택 대청에서 본
안마당. 한국 건축은
마당이 중심이다.

보이드 대 여백

한국 건축의 마당을 설명하기 위해 보이드란 개념이 많이
사용된다. 보이드 개념은 앞에서 설명했듯이 기본적으로 서양
건축의 스테레오토미적 공간 인식에서 나온 것이다. 보이드는
솔리드한 벽으로 둘러싸인, 혹은 솔리드한 매스에서 파낸
덩어리로 비워진 공간을 말한다.[43] 이것은 얼음처럼 투명한
물질로 충전된 공간으로 인식된다. 건축가 콜하스는 현대 건축의
보이드 개념을 새롭게 정의했다. 콜하스가 프랑스 국립 도서관의
현상 설계에서 적용한 보이드의 전략은, 매스에서 파내어진
볼륨으로서의 공간이 아니라 충전된 공간(기능 공간, 또는
빌딩)들 사이에 남는 보이드이다. 남겨진 공간으로서 보이드는
부정적으로 정의되는데, 가변적이고 무엇이든 될 수 있는
가능성과 잠재성이 있는 빈 공간이다. 콜하스가 설계의 전략으로
사용하는 이 보이드는 다목적 공간으로서 기능주의에 반대하는
건축의 중심이 된다.[44] 가변적이고 확정되지 않은 공간이라는
점에서 콜하스의 보이드 개념은 한국 건축의 마당과 통하는
면이 있다. 그러나 엄밀히 말하면 한국 건축에 이러한 보이드
개념을 적용하기는 어렵다. 콜하스의 보이드 개념과 전통적인

---

43   S. E. 라스무센, 『건축 예술의 체득』, 50면.

44   Rem Koolhaas, "Strategy of Void", *S,M,L,XL*(New York: The Monacelli
Press, 1995), p. 603.

보이드 개념의 차이는 빈 공간을 어떻게 이해하느냐에 달려 있다. 과거엔 포셰, 즉 솔리드한 매스의 사이에 주목했다면 콜하스는 볼륨으로서의 공간(혹은 빌딩)들 사이에 주목하였다. 결국 포셰 개념의 연장이라고 볼 수 있는데 과거의 포셰가 솔리드한 벽의 네거티브였다면 콜하스의 보이드는 충전된 공간의 네거티브라고 할 수 있다. 그러나 이 인식적 빈 공간은 여전히 명확한 경계를 갖는 충전된 보이드이다. 한국 건축에 이런 보이드는 없다. 한국 건축에서 마당은 규정되어 있기보다는 유동적이며 갇혀 있지 않고 흐르는 것이기 때문이다.

한국 건축의 마당은 보이드가 아니라 여백의 개념으로 더 잘 정의될 수 있다. 여백의 공간은 경계가 모호하고 유동적이다. 여백은 요소에 의해 정의되지만 한정되지 않고 무한이 퍼져 가는 공간이다. 4차원적 시공간이며, 합리적인 기하학 공간으로 형상화되지 않는다. 한국 건축의 마당은 건물과 담 등으로 구획되지만 자기 완결적이 아니라 주변으로 퍼져 나간다. 처마와 처마, 건물과 건물들 사이에 만들어지는 틈과 같은 여백의 공간은 서양 건축에서는 잘 발견되지 않는다. 명확한 의도와 한계, 틀이 지워진 자기 완결적 형상을 가진 공간은 보이드이지 여백은 아니다. 마당은 매스나 공간의 명확한 경계로 정의되는 보이드가 아니라 여백이다. 아시하라 요시노부는 『건축의 외부 공간』에서 구심적이고 의도를 가지며 경계가 확실한 것을 적극적 공간positive space으로, 원심적이고 경계가 모호하며 자연 발생한 무계획적 공간을 소극적 공간negative space으로 정의했다.[45] 이

---

45 아시하라 요시노부, 『건축의 외부 공간』, 김정동 옮김(서울: 기문당, 1979), 28~49면.

중간에 pn(포지티브/네가티브) 공간이 있는데 자연 공간과 틀이
지워진 공간의 중간적 성격이라고 할 수 있다. 보이드는 포지티브
공간의 성격이 강하다. 여백은 아시하라가 말하는 pn 공간의
성격이 강하며 일본 건축이나 한국 건축의 외부 공간은 여기에
속한다. 여백은 동양의 공간 인식과 공간에 대한 사유의 특징을
잘 반영한다. 서양에서 공간은 경계가 명확한 볼륨이지만 동양의
공간은 유동적이어서 명확한 크기나 기능이 규정되지 않는다.
시간에 따라 점유되거나 사용되지 않은 여유, 여백을 갖고 다양한
시공간적 전이가 발생한다. 한국 건축을 구성하는 마당과 마루는
모두 이런 여백과 여유의 공간이다.

한국 사찰의 공간 구성은 상단, 중단, 하단의 동심원적 삼단
구조를 이룬다.[46] 상단인 주불전을 중심으로 중단의 보살전,
그리고 하단인 신중단의 전각들은 점점 더 먼 거리에 위치하는데
마당의 열린 틈을 통해 전각들은 서로 연결된다. 이 열린
공간은 물리적, 시각적 거리만으로는 측정될 수 없는, 각 영역이
중첩되면서 시공간적 전이가 발생하는 여백의 공간이라고 볼 수
있다. 한국의 건축가나 이론가들은 한국 건축의 특징인 여백을
보이드와 구분 없이 혼용하는 경우가 많다. 2002년 국립 현대
미술관 올해의 작가이자 건축가로는 처음 선정된 승효상은 자신의
전시 주제를 〈어반 보이드〉로 정했다. 그는 기본적으로 어반
보이드를 마당과 같은 개념으로 정의한다. 보이드를 마당, 틈,
시간 속에서 발생하는 장소의 개념으로 사용하는데 이것은 잘못
붙여진 이름이다. 보이드는 다양한 해석에도 불구하고 경계가

---

46   김봉렬, 『가보고 싶은 곳 머물고 싶은 곳 1』(서울: 컬처그라퍼, 2011),
212~221면.

명확하고 충전된 빈 공간이며, 보이드가 있으려면 솔리드가 있어야 한다. 그런데 한국 건축에는 보이드/솔리드의 대립 개념이 없다. 한국 건축의 여백은 솔리드의 반대가 아니라 그 자체로는 형상화될 수 없는 배경이다.

한국 건축의 공간을 설명하기 위해 비움이라는 개념도 많이 사용한다. 비워 내는 것 역시 꽉 찬 솔리드에서 재료를 비워 내어 공간을 만든다. 일종의 허공cavity을 만드는 셈이다. 서양 건축에서 보이드는 이처럼 비움의 개념으로 설명된다. 채움과 비움은 매스 위주의 서양 건축에서 솔리드/보이드 혹은 오목과 볼록의 대비 효과로 이해된다.[47] 이런 점에서 한국 건축의 열린 마당이나 채와 채 사이의 빈 공간은 서양 건축의 비움과는 다르다. 최근 많이 거론되는 허의 공간과 무의 공간도, 공간을 솔리드와 대비되는 보이드로 본다는 점에서 역시 한국적이지 않다. 한국 건축의 주제는 솔리드/보이드의 대립 개념보다는 건물과 건물 사이의 마당이 만드는 여백에 있다.

---

47   S. E. 라스무센, 앞의 책, 50면.

인도의 아잔타 석굴 사원의 보이드.
꽉 찬 솔리드에서 재료를 비워 내어
만든 공간이다.

김홍도가 그린 「연광정연회도」(1745).
한국 건축의 칸이 생성하는 공간과
여백으로서의 마당을 보여 준다.

유화와 수묵화의 공간

동양화의 그림면에 함축된 여백은 한국 건축 공간의 성격을 잘
보여 준다. 동양화에서는 묘사하는 대상만큼 배경의 여백이
중요하다. 동양화에서 대상과 배경은 상호 규정적이기보다는
상호 보완적이다. 여백은 회화의 정신적 지주로서 화면에
나타나지 않는 형상이며, 형태의 표현을 간소하고 소박하게
함으로써 여백의 존재를 느끼게끔 한다. 여백이 없으면 동양화는
그림으로서 성립이 불가능하다. 동양화의 원경, 중경, 근경 사이는
여백으로 처리된다. 산수화의 대상은 자연의 무수한 개체인데,
개체와 개체 사이에는 일정한 공간, 즉 여백이 존재한다. 겸재
정선의 「청풍계淸風溪」를 보면 몇 개의 장면이 여백으로 연결되는
것을 알 수 있다. 이 그림을 감상하다 보면 여백으로 남겨진
공간을 건너야 하고, 우리의 인식은 그림 속에서 시간의 흐름을
따라가게 된다. 이처럼 동양화는 공간을 그리는 것이 아니라
공간과 시간을 함께 표현한다. 산수화의 여백은 그리지 않은
빈 곳이 아니라 그림으로 그릴 수 없는 공간과 시간을 표현한
것이라고 한다. 이러한 여백은 서양화의 그림 공간에는 없다.
서양의 유화는 화가가 물감과 화면을 완전히 통제하며 완벽한
재현을 지향한다. 그림면에 황금 분할이 적용되어 그림의 모든
요소가 배치되고 화면은 꽉 찬 구성으로 채워진다. 서양의 회화는
빈 공간 없이 충전되어 있으며 배경도 자체의 분명한 형상을

갖는다. 하지만 동양화의 그림 공간에서는 여백과 물상이 하나로 느껴지고 서로 구분되지 않는다. 물상과 여백이 공존하듯이 존재와 비존재(비가시적 존재)의 영역은 공시적으로 공존한다.

다빈치의 그림은 배경을 모호하게 표현한 것으로 유명하다. 다빈치가 「모나리자」의 배경을 그리면서 사용한 기법인 〈스푸마토sfumato〉란 〈연기처럼 사라지다〉의 이탈리아어 〈스푸마레sfumare〉에서 유래한 단어로 색을 연기처럼 미묘하게 변화시켜 색 사이 윤곽을 명확히 구분할 수 없도록 부드럽게 처리하는 명암법을 말한다. 다빈치가 고안한 이 회화 기법은 충전을 통해 여백을 만들려는 시도라고 할 수 있다. 동양의 수묵화는 처음에는 화가가 선을 긋고 점을 찍지만 그 이후에는 스스로 번져 나간다. 인간의 통제를 벗어나 스스로를 형성하고 화가는 이것을 허용한다. 이것은 한국 건축이 공간을 구축하는 방식과 일맥상통한다. 한국 건축은 이렇게 주변과 자연과의 관계에서 확장되는 공간 개념, 작지만 우주로 무한 확장되는 공간 개념을 발전시켰다. 단언컨대 공간의 질에 관한 한 한국 건축이 한 수 위이다. 인간이 만든 인위적이고 닫힌 공간의 한계는 명확하다. 서양 건축은 근대 이후 닫힌 공간의 한계를 인식하고 공간을 열고 확장하기 시작했다. 서양 건축은 근대 이후 유동적 공간의 개념이 등장하면서 안과 밖, 내부 공간과 외부 공간의 소통과 상호 관입을 언급하기 시작했다.

정선의 「청풍계」(17세기 후반)는
정선이 노년 시절에 그린 것으로
무르익은 진경 화법을 볼 수 있는
대표 작품이다. 원경, 중경, 근경
사이는 여백으로 연결된다.

레오나르도 다빈치의
「모나리자」(15세기경).

5

안과 밖

안과 밖의 구분

서양 건축은 객관적으로 존재하는 공간에 벽이 세워지면 안과
밖의 구분이 생기고 안은 내부로 밖은 외부로 인식된다. 안과
밖의 단절이 분명해서 밖에서 문을 열고 안으로 들어가면
육중한 벽으로 둘러싸인 내부에 있게 된다. 내부는 통상 지붕이
덮이는 실내가 되고 외부는 지붕이 없는 실외 공간이 된다.
서양에서는 건축물의 외벽을 엔벨로프envelope(봉투)라고 하는데
이 용어는 건축물의 내부와 외부를 분명하게 구분 짓는 서양의
공간 인식을 잘 보여 준다. 또 건물 내부의 동선을 의미하는
서큘레이션circulation이라는 용어는 혈액의 순환을 의미하는 근대
생물학의 개념에서 빌려 온 것으로 외부와 단절된 자기 완결적
체계라는 점에서 안과 밖의 완전한 분리를 전제로 한다. 성벽으로
둘러싸인 서양 도시도 안과 밖, 내부와 외부가 분명히 구분되는데
성벽을 경계로 내부는 안으로, 외부의 자연은 밖으로 간주되었다.
이처럼 서양에서는 안과 밖, 내부 공간과 외부 공간의 구분이
명확하다. 안과 밖의 명확한 구분은 공간을 가두는 데서 출발한다.
　　한국 건축은 서양 건축과 달리 벽으로 내외부 공간을 명확히
구분하지 않는다. 방의 분합문을 대청을 향해 들어 올리면 대청과
방은 하나의 공간이 된다. 한국 건축의 벽은 이렇게 열어서
안과 밖이 통한다. 그래서 한국 건축은 벽보다 지붕으로 안과
밖이 구분되는 경우가 많다. 담양의 소쇄원에는 광풍각이라는

정자가 있다. 광풍각은 정면 세 칸, 측면 세 칸의 정자인데 가운데 칸의 방이 마루로 둘러싸여 있다. 광풍각의 방문을 접어 올리면 방과 마루는 하나가 되고, 나아가 내부는 자연으로 열리면서 외부로 확장된다. 그러면 계곡의 바람과 폭포 소리, 풀 냄새마저 들어와서 그야말로 안과 밖이 하나가 된다. 한마디로 안과 밖의 구분이 폐기되는 것이다. 이렇게 안과 밖의 경계가 모호하니 한국 건축에는 엔벨로프란 말이 어울리지 않는다. 노자는 말했다. 〈두 개의 근원은 하나이다.〉 그 둘은 단지 이름이 다를 뿐이다. 비밀은 둘의 일치된 조화에 있다. 이 말은 한국 건축의 안과 밖에도 적용된다.

한국에서 안과 밖은 물리적 공간 개념이라기보다는 추상적 개념이다. 집안이라고 할 때 〈안〉은 물리적으로 집의 안쪽을 말할 뿐 아니라 혈연으로 맺어진 대가족을 뜻하기도 한다. 남편을 바깥사람, 부인을 안사람이라고 하는 것도 마찬가지다. 한국 건축에서 안과 밖도 물리적인 내부 공간 또는 외부 공간을 의미하지 않는다. 한옥 안에는 지붕이 덮인 내부 공간과 외부 공간인 마당이 함께 있다. 마당은 방 안에서는 밖이지만 집 밖에서 보면 안이다. 실제로 마루나 방에 걸터앉아 안마당을 보면 심리적 〈안〉으로 느껴진다. 한편 부엌이나 창고로 쓰이는 공간은 문이 달려 있는 내부 공간이지만 신을 신고 다니는 외부 공간으로 취급된다. 한옥에는 이렇게 안과 밖이 중첩되는 복잡한 내적 질서가 있다. 서양 건축에서 안과 밖이 일대일 대응 관계에 있다면 한국 건축에서 안과 밖의 관계는 중층적이라고 할 수 있다.

19세기 초 유럽의 수도로 불리던 파리에 처음 등장한 아케이드(프랑스에서는 파사주passage라고 했다)는 상점가를 유리 지붕으로 덮은, 내부도 외부도 아닌 모호한 공간이다. 독일의 문예 평론가 베냐민Walter Benjamin은 파사주에 대해 〈밖이 없는 집이나 복도, 실내이기도 하고 가로이기도 한 애매한 공간이다. 거리 산책자는 시민이 네 방향의 벽 안에서 살듯이 집들의 정면과 정면 사이에서 산다〉라고 했다. 베냐민이 관찰한 대로 아케이드는 당시 파리 시민들에게는 서양의 전통적 안과 밖의 구분을 허무는 새로운 경험이었다. 그가 주목했듯이 안과 밖이 중첩된 모호한 성격의 아케이드는 유토피아를 꿈꾸는 꿈의 공간이나 초현실적인 공간과 같았다. 그러나 한국 건축에서 이렇게 안과 밖이 중첩되는 공간은 일상적이다.

안과 밖의 다이어그램.

소쇄원의 광풍각.

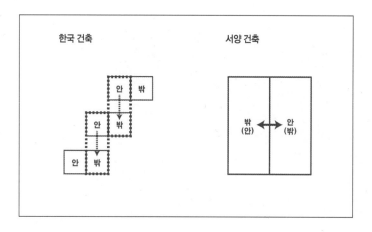

대전 회덕 동춘당의
문간에서 본 마당. 문간은
안이지만 안마당에서 보면
밖이다.

동춘당 집 안에서 보는 마당.
집 안이지만 방과 마루에서
보면 밖이다.

파리의 아케이드인
벨리베트Bellivet 파사주(1836).
실내화된 내부 공간으로 안과
밖이 중첩된 모호한 성격을
갖는다.

안과 밖의 중첩

건축은 안과 밖의 관계를 만드는 것이라고 정의할 수 있다.
그런데 한국 건축과 서양 건축은 안과 밖을 만드는 방식에서
차이가 난다. 서양 건축은 안과 밖의 대립적 관계를 만들지만,
한국 건축은 안과 밖이 중첩된다. 안이 된 공간이 밖이 되고 또
다시 안이 생기는 방식으로 말이다. 한옥의 문간으로 들어서면
안과 밖의 구분이 모호해진다. 문간은 지붕이 있는 안이고
안마당은 하늘에 열린 밖이다. 문간에서 마당으로 들어가면
분명 안에서 밖으로 가는 것이지만 실은 밖인 문간에서 안인
마당으로 들어가는 것이다. 방으로 둘러싸인 마당은 집 안이지만
동시에 건물의 밖이 된다. 방 안에서 마당으로 나오면 밖이지만
여전히 집 안이다. 안으로 들어갔지만 밖이 되고 또 다시 안에
들면 되돌아 밖을 보는 과정이 되풀이된다.[48] 한옥의 집 안으로
들어와서 보면 내외부 공간이 섞여 있고 안과 밖이 중첩되는 한국
건축의 특성을 쉽게 경험할 수 있다. 앞마당에서 방의 앞뒤로 난
창을 통해 뒷마당을 보면 안과 밖이 관통된다. 방, 마루, 마당,
벽체, 담이 섞여 이루는 장면은 안과 밖을 구분 짓는 자체가 어려울
정도로 서로 중첩되어 있다. 이와 같이 건축의 안에서 안과 밖이

---

[48] 김인철은 한옥의 안과 밖 순환에 대해 이렇게 설명한다. 김인철, 『공간 열기』,
228면.

중첩된 복잡한 켜를 볼 수 있는 집은 한옥밖에 없다. 건축물의
안과 밖이 명확히 구분되어 건물 안에서는 밖을 보고 밖에서는
건물의 외관을 보는 서양 건축에서는 경험할 수 없는 현상이다.
그래서 안과 밖의 구분이 명확하고 밀폐된 건축은 아무리
아름답고 매혹적이어도 한국적으로 느껴지지 않는다. 한국 건축은
규모를 떠나 안과 밖이 공존하고 중첩되어야 한다.

　　한국 건축은 마당에서 어떤 행사나 의식이 벌어질 때 멍석을
깔고 장막을 둘러 마당 안에 또 다른 안을 만들기도 한다. 마당
안에서 다시 안과 밖이 생기는 것이다. 반대로, 지붕이 덮힌 건물
내부에서도 때때로 안과 밖이 구별된다. 관아 건물이나 사찰의
불전에서 가운데 칸의 천장이 특별히 우물천장으로 만들어진
곳이 있는데 그 칸은 건물 내부에서도 안으로 간주된다. 또 툇간은
가운데 칸과 안과 밖의 관계를 형성한다. 여수 전라좌수영의
객사였던 진남관은 마루에 툇기둥을 심고 툇마루를 설치했는데
마루와 약 10센티미터의 단 차가 있다. 이곳은 건물의 내부이지만
대청마루에서 보면 밖이 된다. 또 지붕 덮인 바닥이 마루인가
맨땅인가에 따라 안과 밖이 구분되기도 한다. 이렇게 안과 밖이
중첩되는 현상은 한국의 현대 건축과 도시 환경에도 스며들어
있다. 1970년대부터 지어지기 시작해서 하나의 전형이 된
판상형板狀型 아파트에서 계단실과 복도는 건물의 내부이지만
밖처럼 간주된다. 그래서 집에 들어올 때 내 집 현관에서 신발을
벗고 올라와야 집 안이 된다. 낮에는 외부인들도 계단실과 복도를
비교적 자유롭게 드나든다. 건물의 내부이지만 밖처럼 간주되는
것이다. 집 안에서 밖으로 나갈 때는 그 반대가 된다. 한국의
아파트에서 복도는 아직 집 안으로 간주된다. 그래서 손님을
배웅할 때 꼭 아파트 건물 현관까지 내려가야 한다. 그렇지 않으면

손님에 대한 예의에 벗어난다고 생각한다. 한국 아파트의 복도와 계단실은 전통 건축의 마당처럼 집 밖에서 볼 때는 안으로, 집 안에서 볼 때는 밖으로 간주된다.

　서양의 아파트는 건물의 입구가 안과 밖의 명확한 경계로 통제되므로 외부인이 쉽게 건물 안으로 들어오기 어려운 반면 집에 온 손님을 배웅할 때는 내 집 현관 앞에서 하면 끝이다. 복도는 내부 공간이지만 이미 밖으로 간주된다. 안과 밖은 중첩되기보다 점진적으로 연결된다. 한국의 아파트는 내부에도 안과 밖이 존재한다. 아파트의 발코니, 현관, 다용도실은 모두 신발을 신고 다니는 공간인데 이곳은 내부 공간이지만 밖이다. 신발을 벗고 올라와야 안으로 간주된다. 현관문을 열고 들어오면 바로 안이 되는 서양의 아파트와 다르다. 한국에는 현대적 아파트에도 이렇게 안과 밖이 중첩되어 있다. 한국의 음식점도 안과 밖이 중첩된 곳이 많다. 음식점은 분명히 지붕 덮인 실내 공간인데 그 안에 마당과 방이 있어 안과 밖의 구분이 생긴다. 실내 음식점에 마당과 방이 있는 곳은 한국밖에 없다.

　한국의 도시 건축에서도 안과 밖이 중첩되는 현상을 발견할 수 있다. 예를 들어 여러 건물 군으로 구성된 서양의 학교나 공공시설에서 건물 밖은 외부이고 밖이다. 누구나 접근할 수 있어 특별히 통행의 제한도 없다. 그런데 한국의 학교나 관공서 건축은 담 안에 건물과 외부 공간이 있어 건물 밖은 외부 공간이지만 담으로 둘러싸여서 여전히 안으로 인정되고 출입도 제한된다. 캠퍼스 담 안의 외부 공간은 밖이면서도 안으로 간주되는 이중성이 있다. 최근 한국의 도시 건축에서 전통적 안과 밖의 중첩이 사라지고 안과 밖이 단순하고 명확하게 구분되는 경향이 있다. 아파트만 해도 점점 건물 입구에서의 통제가 강화되고 안팎의 공간적 구분이 명확해진다. 한국 건축에 담겨 있는 고유한 공간 인식 체계가 점점 사라지는 것이다. 건축이든 도시든 서구화되는 게 무조건 좋다고 여겨지는 현실에 대해 깊은 반성이 필요하다.

공간의 중첩을 볼 수 있는 연경당.
여러 채의 집합으로 구성되는 한국
건축의 특성과 관계가 있다.

고종 때 신정 왕후의 회갑을 기리는
근정전 하례 장면을 그린
「무신진찬도병戊辰進饌圖屛」(1868)의 인정전.
마당에서 어떤 행사나 의식이 벌어질 때
멍석을 깔고 장막을 둘러 마당 안에 또
다른 안을 만들기도 한다.

조선 시대 건물인 통영 세병관의
뒷마루. 내부에서 안과 밖을
구분한다.

도시에서 일상적으로 볼 수
있는 건물 계단실과 복도. 건물
내부이지만 외부 공간처럼
쓰인다.

도시의 외부 공간

서양 건축은 안과 밖의 구분이 명확하기 때문에 도시의 외부
공간은 건물에 둘러싸여 분명히 정의되는 또 하나의 안이 된다.
유럽에서는 도시의 외부 공간을 하나의 내부 공간처럼 생각했다.
르네상스 건축가 알베르티가 도시를 큰 집으로 정의하고
광장은 연속된 건물 벽으로 둘러싸인 하나의 방으로, 길을
복도로 규정한 것은 이런 맥락에서였다. 후기 르네상스 건축가
세를리오는 도시 공간을 극장에 비유하여 열주와 페디먼트가
있는 비극용, 발코니와 창이 있는 희극용, 자연 풍경을 배경으로
한 사티로스Satyros극용, 이 세 가지 무대 배경으로 표현했다. 도시
외부 공간이 실내화된 외부 공간을 보여 주는 극장 무대처럼
재현의 대상이 된 것이다.[49] 그가 도시 공간을 하나의 내부
공간처럼 인식했다는 사실을 잘 보여 주는 대목이다.

이탈리아 중세 도시인 시에나의 캄포 광장에 있는 시청사는
외부 광장의 모양을 따라 곡선 형태로 휘어서 지었다. 도시
외부 공간의 형상이 건축 형태를 결정한 것인데 이것은 당시
사람들이 도시 외부 공간을 하나의 방으로 간주했다는 사실을
의미한다. 서양의 도시 외부 공간은 솔리드한 덩어리의 연속된

---

49   서양 건축의 장경theatricality은 실내화된 외부 공간의 이미지로
프로시니엄proscenium을 만드는 것으로 투시도를 도구로 해서 발전되었다.

건물들로 둘러싸여 있어서 하나의 방처럼 명확한 형상을 갖는다. 오스트리아의 카밀로 지테는 이러한 도시 공간의 형상이 가진 심리적, 미학적 가치에 주목하고 이에 따른 도시 계획을 주장한 최초의 건축가이다.[50] 지테가 고안한 도시 공간의 지도地圖figure/ground 그림에서 솔리드와 명백하게 대비되어 드러나는 보이드는 도시 외부 공간의 형상을 잘 표현한다. 그러나 한국의 도시를 이와 같은 관계로 표현하면 도시 외부 공간의 형상이 명확히 드러나지 않고 건물들이 흩어져 있는 것처럼 보인다. 그 이유는 무엇일까? 한국 건축은 안팎의 경계가 벽으로 명확히 구분되지 않고 집 안에 안과 밖이 중첩된 마당과 건물이 모두 있기 때문이다. 그래서 지도 관계로 표현해 보면 도시 외부 공간의 형상과 구조가 명확히 드러나지 않는다.

아시하라 요시노부가 『건축의 외부 공간』에서 지적했듯이 동양은 서양과 비교하여 외부 공간(외적 질서)을 정의하는 기술이 부족했다.[51] 더 정확히 말하면 외부 공간의 개념과 질서에 대한 의식 자체가 별로 없었다고 할 수 있다. 서양의 광장은 건물로 둘러싸인 포켓과 같은 공간이지만 동양은 건축 자체가 건물과 마당의 복합체이므로 도시 외부 공간에 대한 개념이 분명하지 않았다. 한국은 집 내부에 안과 밖의 복잡한 내적 질서를 갖고 있었기 때문에 도시 외부 공간의 질서가 그다지 중요하지 않았다. 한국에서는 마당이 서양의 도시 외부 공간의 기능을 대신했다고 볼 수 있다. 한국 도시에 광장과 같은 물리적 공공 공간이 만들어지지 않는 데는 이러한 이유가 있다. 한국에서 도시 외부

---

50   Camilo Sitte, 『예술적 원리에 의한 도시 계획Der Städtebau nach seinen künstlerischen Grundsätzen』, 1889.

51   아시하라 요시노부, 『건축의 외부 공간』, 165면.

공간에 관심을 갖게 된 것은 근대 이후였다. 구한말 개화파들이
치도론[52]을 주장하면서 도로, 가로수, 공원과 같은 도시 외부
공간에 대해 관심을 갖기 시작했다. 서울에 탑골 공원(1899), 독립
공원(1897)이 만들어진 것도 이 무렵이었다. 대한 제국 시기에는
대안문 앞에 방사형 도로가 만나는 시민 광장의 성격을 가진
도시 공간을 만들기도 했다. 하지만 본격적인 한국 도시의 근대화
과정은 일제 강점기에 시작되었다. 일제는 서울의 공간 구조를
식민지 수도로서의 위용을 갖도록 방사형 도로와 광장을 갖춘
서양 도시처럼 대대적으로 재편하려고 했지만 실현되지 못했다.
결국 일제에 의한 도시 근대화는 식민 통치를 위한 주요 시설을
원활히 연결하고 교통의 흐름을 효율적으로 하려는 격자형 간선
도로와 신작로 건설을 중심으로 이루어졌다. 그 결과 한국의 도시
외부 공간은 단순히 통로 역할을 하는 도로가 대부분이고 명확한
기능과 형상을 갖는 공공 공간은 찾아보기 어렵게 되었다.

　　서양에서 도시 외부 공간은 시민들을 위한 공공 공간으로서의
성격을 갖는다. 도시 공공 공간은 시민들의 자발적 행위와 참여를
통해 여론을 형성하는 공론장(공공 영역) 기능을 담당해 왔다.
서양과 비교하여 한국의 도시 외부 공간이 명확하게 정의되지
않았다는 사실은 우리나라에서 아직 시민 사회의 공공 영역이
성립되지 않았음을 의미한다. 광장에서 해야 할 버스킹과 같은
시민들의 자발적 행위들이 대로변의 비좁은 구석에서 힘겹게
일어나는 것을 보면 한국 도시의 물리적 구조가 근대 시민
사회로의 변화를 제대로 담아내지 못하는 것 같아 안타깝다.

52　　김옥균, 「치도규칙」, 「치도약론治道略論」, 1882.

이탈리아 시에나의 캄포 광장.

Fig. 37.

Fig. 38.

SIENA:
Pietro alle scale.

SIENA:
S. Vigilio.

Fig. 40.

Fig. 39.

SIENA:

SIENA:

세를리오의 사티로스극을 위한
극장, 재현의 장소로서 도시 외부
공간이다.

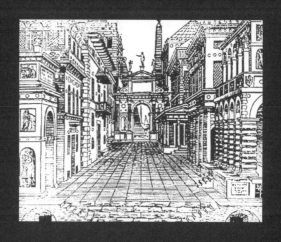

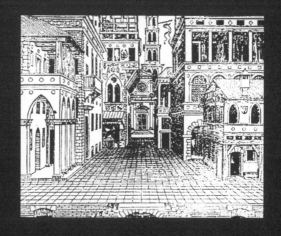

공적 공간과 사적 공간

유럽의 도시 외부 공간은 공적 공간의 성격을 갖는다. 고대 그리스의 폴리스polis에서 시민들의 모든 공공 생활은 광장에서 이루어졌다. 르네상스와 바로크 도시에서는 건축물의 내부 공간보다 도시 외부 공간이 더 중요하게 다루어졌다. 반면, 주택의 내부는 사적 영역이 보호되는 곳이다. 대체로 유럽의 도시 주택은 두꺼운 벽으로 둘러싸여 내부가 어둡고 답답하며 창과 발코니를 통해 외부와 소통한다. 도시 주택 내부의 답답함은 도시 외부 공간으로의 열림을 통해 보상받는다. 그래서 도시의 외부 공간은 중요한 공공 재현의 장소가 되었고, 외부 공간에 면하는 건축의 파사드가 중요하게 다루어졌다. 17세기 중엽에 만들어진 파리의 콩코르드Concorde 광장과 영국 바스의 로열 크레센트Royal Crescent는 광장에 면한 땅을 개인에게 불하할 때 건축의 파사드를 국가에서 통일성 있게 디자인하여 입면과 함께 팔았다. 도시의 공공 공간이 개별 건축물보다 더 중요하게 간주된 것이다.

한국의 도시 외부 공간은 서양 도시와 같이 공적 공간으로서의 성격이 명확하지 않다. 건축 내부도 사적 공간으로 명확히 구분되지 않는다. 한국 건축은 내부에 공적 성격의 공간이 있는데 마당이 그러한 대표적 예이다. 마당은 공적인 행사나 의례가 일어나는 점에서 서양의 광장과 같은 성격을 갖는다. 마루도 집 안에서 공적 공간의 성격을 갖는다. 원래 대청마루는 단순히 여름에 시원하게 지내기 위한 공간이 아니라 제사나 결혼과 같은 의례 공간의 성격이 강하다. 대청이라 할 때 청은 관청과 같은 공적 의례를 위한 장소를 말한다. 사당이 없는 집은 마루에 조상 신주를 모시는 벽장(감실)을 두기도 했다. 이후 부모의 사진이 걸리고, 결혼과 졸업을 기념하는 가족사진이 걸리는 것도 이러한 전통의 연장선에서 이해할 수 있다. 또 사랑채는 사적 공간과 공적 공간이 혼합된 성격의 공간이다. 한국 건축에는 이처럼 공적 공간과 사적 공간이 명확히 구분되지 않는 모호한 성격의 공간이 많다. 서양의 건축과 도시는 공적 공간과 사적 공간이 명확히 구분되지만, 한국에서 이 둘은 중첩된 공간이 분산되어 있어 서구인의 관점에서 보면 그러한 공간의 구분 자체가 어렵다.

공적 공간과 사적 공간이 명확하게 구분되지 않고 중첩되는 문화적 전통은 한국의 현대 주택에도 나타난다. 한국의 아파트 평면을 자세히 보면 서양의 아파트와 좀 다른 점을 알 수 있다. 서양의 아파트 평면은 공적 공간인 거실, 식당 영역과 사적 공간인 방의 영역이 명확히 구분되어 있다. 반면 한국의 아파트는 거실을 중심으로 방들이 배치되어 있는데, 이것은 서양 건축의 관점에서 보면 이해하기 어렵다. 집 안에서 방과 같은 사적 공간과 거실과 같은 공적 공간이 서로 침해받기 때문이다. 건축학자 박인석은 한국 아파트에 대한 분석에서 이것을 급속한 압축적 근대화 과정에서 가족의 연대감, 즉 공동체 성격이 강화되었기 때문이라고 했다.[53] 하지만 한국은 전통적으로 공적, 사적 공간의 명확한 구분이 없이 서로 중첩된 성격의 공간 문화를 갖고 있었기

---

53   박인석, 『아파트 한국 사회』(서울: 현암사, 2013), 205면.

때문에 이러한 평면이 발전될 수 있었다. 실제로 근대의 초기 주택들은 서양 주택의 영향으로 응접실이 부가되고 접객 공간을 거주 부분과 분리하여 공적 영역과 사적 영역을 구분하는 경향이 있었지만 지금은 사라지고 말았다. 한국인의 공간 의식과 문화는 안과 밖, 내외부 공간, 공과 사의 분리가 분명치 않고 중첩되며, 상호 유동적인 특징이 있다. 요즈음도 사람들은 일상적으로 공적 공간인 가로를 사적인 용도로 활용한다. 도시의 가로를 가판대로 점유하는 상점들이나 시골의 한가한 가로변을 마당처럼 이용하는 경우가 그렇다. 한국 사회는 이러한 공공 공간의 사적 점유에 대해 비교적 관대하다.

　　한국에서 공적 공간과 사적 공간이 중첩되고 광장과 같은 도시의 공공 공간이 발전하지 않은 까닭은 혈연, 지연, 학연과 같은 보이지 않는 공동체의 네트워크가 공공 영역의 기능을 대신하기 때문이다. 서양 도시의 광장은 공공 영역의 물리적 표현이다. 한국은 지연, 학연, 혈연 공동체가 사회적 관계를 지배하므로 사적 개인들이 모이는 물리적 공공 공간이 굳이 필요하지 않다. 한국 사람들은 야외에 앉을 때 신문지나 돗자리를 깔지만, 서양 사람들은 공원이나 해변에서도 의자를 놓고 앉는다. 이것은 개인과 공동체, 사적 영역과 공적 영역의 관계에 대한 인식 차이를 잘 보여 준다. 의자는 개인이 앉는 자리다. 그러나 돗자리는 두 사람 이상의 집단이 사용하고 관계를 형성하는 〈방〉이다. 한국 사회는 아직도 사적 개인보다는 공동체의 일원으로 사는 방식에 익숙하다. 한국 사회에서는 지금도 친족 관계가 아닌 사적 개인을 친족 관계의 호칭인 형이나 동생으로 불러야 보이지 않는 공동체의 일원으로 인정받는다. 형, 동생은 개인이 공적 소속감을 확인하는 호칭이다. 여기서 개인의 사적 영역과 공적 영역의 명확한 구분은 사라진다.

흔히 한국의 닭장과 같은 획일적 아파트 단지는 개인을 고립시킨다고 비판받는다. 이러한 환경에도 불구하고 한국 사회에서 비가시적 공동체의 존재는 개인의 고립을 완충시키는 역할을 하고 있음에 틀림없다. 하지만 한국 사회도 개인주의를 바탕으로 한 공적 영역이 점점 발달하면서 어쩔 수 없이 사적 공간과 공적 공간, 내부와 외부 공간의 질서를 재편성할 필요에 직면할 수밖에 없다. 한국도 이제는 도시 외부 공간을 내부화해서 생각하는 서양의 사고방식을 배워서 한국의 도시 상황에 맞는 외부 공간의 질서를 창조해야 할 필요가 있다. 이것은 한국의 도시 근대화 과정이 풀어야 할 궁극적 숙제이다.

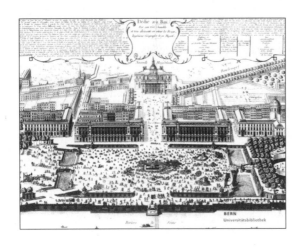

파리 콩코르드 광장. 광장에 면한
건축의 파사드를 통일성 있게
디자인하여 입면과 함께 땅을
개인에게 불하했다.

바스의 로열 크레센트. 스퀘어에
면한 입면의 통일성과 후면의
개별성이 대비된다.

사적 영역과 공적 영역을
구분하는 다이어그램.

한국 도시에서 일어나는
가로의 사적 점유.

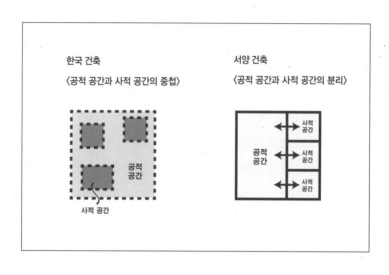

인테리어

인테리어는 외부에 막힌 둘러싸인 내부 공간을 말한다. 로마 시대 이후 서양의 기념비적 건축은 외부 세계와 구별되는 벽으로 둘러싸인 내부 공간, 즉 인테리어를 발전시켰다. 로마 시내의 그물처럼 얽힌 복잡한 가로를 지나 판테온의 안으로 들어오면 외부 광장만큼 크고 넓은 내부 공간이 있는데, 그 인테리어는 기하학적 원리를 반영하고 종교의 상징성을 갖는 천상 세계를 표현한다. 유럽의 중세 교회는 내부에 들어가서 종교 의식을 거행하도록 의도된 자기 완결적인 세계로 교회의 내부에는 벽과 지붕 모두에 성화가 그려졌다. 교회의 공간이 높아지고 벽이 개방되면서는 고딕 성당의 내부는 신비한 빛으로 가득한 신의 세계로 만들어졌다. 중세의 장인들이 이러한 공간을 만든 것은 그들의 종교적 신앙심 때문이었다. 그들은 성당을 하느님의 집이자 작품이라고 믿었다. 이슬람 건축은 종교적 교리에 충실해 외관의 장식이 거의 없다. 그러나 인테리어의 복잡하고 정교한 장식은 경탄스럽다. 이슬람 건축은 외부 장식은 없지만 내부 공간에서는 이슬람의 이상 세계를 표현하고자 했다. 흥미롭게도 17세기에 제작된 놀리의 로마 지도를 보면, 판테온과 교회들의 거대한 내부 공간은 도시의 외부 공간과 똑같이 표현되었는데 이것은 이 공간들이 인테리어이지만 대중들이 이용하는 공적 공간으로 인식되었음을 보여 준다.

근대 이후 부르주아의 사적 영역이 발전하면서 주거에서도 인테리어가 중요해졌다. 부르주아들은 주택의 인테리어를 자신만의 세계와 기억의 공간으로 꾸미고자 했다. 베냐민은 19세기 부르주아 주택의 인테리어를 개인의 흔적을 남기는 것이라고 정의했는데[54] 근대적 인테리어 개념은 여기서 시작되었다. 아돌프 로스는 근대 도시에서 창을 통해 주택 내부에서 외부를 바라보는 안과 밖, 사적 영역과 공적 영역의 전통적 관계를 거부한 최초의 건축가였다. 르코르뷔지에는 〈내 친구(로스)는 언젠가 나에게 말했다. 교양 있는 사람은 창밖을 보지 않는다. 창은 젖빛 유리이다. 유리가 있는 것은 빛을 들여보내기 위한 것이지 시선을 통하기 위함이 아니다〉[55]라고 썼다. 로스는 사적 영역과 공적 영역을 시선으로 연결하는 창의 전통 역할을 거부함으로써 근대 도시에서 안과 밖, 내부와 외부의 단절을 선언했다. 대신 로스가 설계한 주택의 인테리어에는 복잡한 바닥의 변화와 의도적으로 동선과 시선을 유도하는 프레임이 있다. 로스는 이러한 주택의 내부 공간을 라움플랜으로 이름 붙였다. 이것은 주택 내부에서 거주자의 움직임에 따라, 보고 보이는 동시성, 시각의 상호 교환. 안과 밖의 교류를 위한 적극적 장치이다. 말하자면 로스 주택의 인테리어는 생활을 위한 프레임이자 가족을 위한 무대 장치였다. 그래서 로스의 주택에서 창을 등지고 앉게 되는 거주자는 집의 내부, 즉 인테리어에서

---

54   Walter Benjamin, "Paris, Capital of the Nineteenth Century", *Reflections: Essays, Aphorisms, Autobiographical Writings*, trans. by Edmund Jephcott(new York: Schocken Books, 1978), pp. 155~156.

55   Le Corbusier, *The City of Tomorrow and Its Planning*(Cambridge: The MIT press, 1986), pp. 185~186.

안과 밖을 동시에 바라볼 수 있다. 건축 비평가 콜로미나Beatriz Colomina는 다음과 같이 설명한다. 〈로스 주택의 거주자들은 가족 무대의 배우임과 동시에 관객으로 자신들의 공간에 얽혀 있지만 동시에 분리되어 있다. 안과 밖, 사적 영역과 공적 영역, 주체와 객체 사이의 고전적 구분은 서로 뒤얽혀 있다.〉[56] 로스의 주택은 집 내부에 안과 밖이 중첩되어 있다는 점에서 한국 건축과 유사하다. 하지만 그것이 도시 외부 공간으로부터 완전히 단절된 인테리어라는 점에서 한국 건축과 다르다.

내외부 공간이 관통하며 안과 밖의 구분이 모호하고 연속적 통합이 이루어지는 한국 건축에는 엄밀히 말해서 자기 완결적 세계로서 인테리어는 없다. 실제로 한국 건축에서 구획된 공간은 안과 밖이 연결되고 통합되면 더 큰 전체의 일부가 될 뿐이어서 인테리어는 큰 의미가 없다. 한국 건축의 방은 자기 완결적 의미를 갖는 내부 공간, 즉 인테리어가 아니라 더 큰 전체 속에서 최소한의 공간일 뿐이다. 내부와 외부의 구분이 모호한 한국 전통 건축이 잊히고 내외부가 단절된 서구 건축이 들어오면서 한국 현대 건축은 인테리어가 발전했다. 인테리어에서 자신만의 세계를 마음대로 표현할 수 있게 되면서 건물의 외관이나 구조와는 무관한 내부 공간을 만들게 되었는데, 그 순환 주기는 화장술처럼 빠르다. 그러나 문제는 안과 밖, 내부 공간과 외부 공간, 공적 영역과 사적 영역의 관계이다.

서양 건축은 내부와 외부가 명확히 분리되지만 내외부의 디자인은 긴밀한 연관성을 갖는다. 18세기 프랑스 왕립 건축

---

56   Beatriz Colomina, *Privacy and Publicity*(Cambridge: The MIT press, 1994), p. 244.

아카데미의 교수 브롱델J. F. Blondel에 따르면 건축은 내부와 외부를 디자인을 통해 적절히 연결시킴으로써 성격을 표현한다. 즉 건축이 기능과 목적에 적합한 성격을 획득하려면 내부 공간의 특징이 외부로 적절히 표현되는 것이 중요한데, 건축가의 탁월성은 디자인을 통해 안과 밖의 통일을 이루는 데 있다. 서양 건축에는 구조와 표피가 분리된 근대 이후에도 이러한 전통이 살아 있다. 모더니즘 건축의 인테리어는 그래서 백색의 순수 표면과 기능적 디자인의 가구를 선호했다. 그러나 한국 현대 건축의 인테리어는 안과 밖 사이의 어떤 관계도 없는 단절된 세계를 만드는 데 탐닉한다.

한국 전통 주택인 충효당의 내부.
한국 건축에는 엄밀히 말해서 자기
완결적 세계로서 인테리어는 없다.

놀리 지도에서의 판테온 주변.
판테온과 교회들의 인테리어는
도시의 외부 공간과 똑같이
표현되었는데 대중들이
이용하는 공적 공간으로
인식되었음을 보여 준다.

그라나다의 알람브라 궁정에
자리한 아라야네스 중정.
내부의 화려한 패턴 장식을
볼 수 있다.

추사 고택. 한국 건축의
밖-안-밖의 중첩을 볼 수 있다.

프라하에 있는 아돌프 로스의 뮐러 주택. 내부에서 형성된 안과 밖의 관계를 알 수 있다.

19세기 부르주아 인테리어. 주택의 인테리어를 자신만의 세계와 기억의 공간으로 꾸미고자 했다.

스위스 건축가 하네스 마이어Hannes
Meyer가 1925년에 발표한 코옵
비트린Co-op Vitrine은 최소한의 가구만
둔 모더니즘 인테리어를 보여 준다.

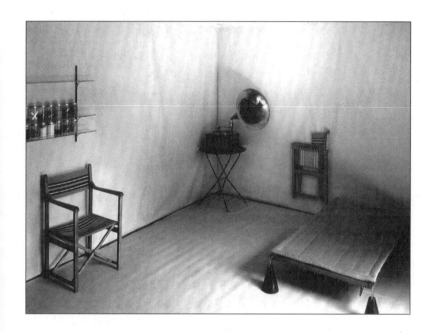

마당과 중정의 차이

안과 밖이 중첩되는 한국의 마당은 서양 건축의 중정과 그 기원뿐
아니라 성격도 다르다. 중정의 기원은 원시 주거인 움집에서
연기를 빼내기 위해 만든 구멍, 혹은 빛을 들이기 위해 뚫은
구멍이 커진 것이라고 한다. 즉, 중정은 집이 커지면서 필요한
빛과 통풍을 위해 만든 공간으로, 조망을 위한 기능이 나중에
부가되었다. 그래서 중정은 집 내부에 있는 빈 방과 같으며
내밀하고 폐쇄적이다. 서양 건축에서는 이러한 중정이 발전했다.
반면, 한국 건축의 마당은 채광과 통풍을 위한 공간일 뿐 아니라
통로이자 생활 공간이며 기능도 복합적이다. 마당에서는 실로
다양한 행위가 일어난다. 작업 공간이거나 평상을 놓고 밥을 먹는
식당이 되기도 하고 관혼상제가 이루어지는 잔치 마당으로도
쓰인다. 관아 건물은 행사가 있을 때 건물 내부와 기단, 마당이
연장되어 하나의 장소로 활용된다. 큰 연회는 거의 마당으로
연장되는 것이 보통이다. 이렇게 안과 밖이 서로 연장되어 다양한
행위가 일어나는 장소가 마당이다. 한옥의 가장 큰 특징은 마당이
만들어 내는 창의적 공간의 생성이다.[57]

중국의 전통 가옥인 사합원四合院은 외부 공간이 있지만
폐쇄적이어서 중정에 가깝고 한국에서처럼 다목적 생활

---

57 이상현, 『인문학 한옥에 살다』, 102면.

공간으로 활용되지도 않는다. 일본 마치야町屋의 중정은 생활 공간이라기보다는 빛을 들이고 조망을 위한 관상용 공간(정원)이다. 이처럼 한국 건축의 마당은 중국이나 일본과 다른 특성을 갖는다. 한국 건축의 마당은 주변과 단절되기보다는 개방되어 있으며 주변으로 확장한다. 마당이 비어 있는 이유는 빛과 통풍뿐 아니라 생활과 작업을 위한 것이고, 외부의 경관을 끌어 들이기 위함이다. 중정이 건물 안에 자리한 빈터라면 마당은 건물 밖에 있는 터이다. 전자는 규정된 공간이고 후자는 규정되지 않은 공간이다. 들뢰즈Gilles Deleuze의 개념을 빌리면, 중정은 홈 패인 공간이고 마당은 매끈한 공간이다. 전자는 규정적이고 후자는 무수한 변화를 만들어 낸다. 중정은 수직의 벽으로 둘러싸인 공간이지만 마당은 수평의 땅과 하늘이 만나는 곳이다. 마당은 땅의 공간이지만 실상은 하늘의 기운을 담는 곳이기도 하다. 그래서 전통적으로 마당은 양기를 충분히 받을 수 있도록 남향으로 배치했다.

중정이 집의 팽창에서 비롯된 것이라면 마당은 집의 집합과 함께 발생한 것이라고 할 수 있다. 역사적으로 보면 한옥의 마당은 이 두 과정이 혼합되면서 발전한 것으로 보인다. 조선 초기만 해도 살림집은 하나의 채 안에서 공간이 분화되면서 중정과 같은 폐쇄적인 마당을 가졌다. 조선 후기로 갈수록 사랑채, 안채, 행랑채와 같은 채의 분화가 이루어지며 다양한 마당을 형성하게 되었다.[58] 양동 마을 향단은 이언적이 동생을 위해 지은 집으로 안마당이 특이하게 주인과 하인의 마당, 이렇게 둘로 나누어 일자형 평면을 이루며 가운데 안채가 들어 있는 형태이다.

---

58   한국 건축에서 사랑채의 완전한 분화는 19세기에 일어났다.

마당의 분화 과정에서 나타난 새로운 형태라고 추론해 볼 수
있다. 흥미로운 점은 집의 팽창과 집합, 이 두 가지 분화 과정이
결과적으로 한국 건축의 마당이라는 독특한 성격의 풍부한
외부 공간을 만들었다는 사실이다.[59] 그 결과 한국의 살림집에는
안마당, 사랑 마당, 뒷마당, 행랑 마당 등 다양하게 기능이
구분된 마당이 있게 되었다. 한국 건축은 마당과 건물이 짝을
이루어 만드는 일련의 영역들로 형성된다. 이것이 마당과 중정의
차이이다. 중정은 자신이 중심이 되는 하나의 영역을 형성하지
않는다. 그러나 마당은 건물과 함께 영역을 형성한다. 한국 건축의
중심은 마당이지만 서양 건축의 중정은 중심이 아니다.

---

59   이상현, 위의 책, 142면.

고려 말의 주택인 아산의 맹 씨 행단.
아직 마당이 형성되지 않았다.

중국의 사합원. 폐쇄적
마당을 갖는다.

양동 마을 서백당의 안마당은
조선 초기 주택의 안마당이다.

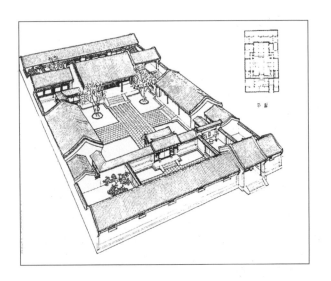

네덜란드 마스트리흐트에 자리한
성聖 세르바티우스 바실리카,
수도원의 중정(클로이스터)과
서원의 마당을 비교해 보면 분명한
차이를 알 수 있다.

마당과 마루

한옥에서 마당은 하늘에 열린 외부 공간이면서 내부 공간의
성격을 갖는다. 마당에 있는 한국 건축의 입면은 건물의
외관이면서 동시에 마당의 배경이 된다. 즉, 건물 입면이 건물의
밖인 동시에 마당 안이 되는 안과 밖의 미묘한 통합이 마당에서
이루어진다. 방에 불을 켜면 창호지를 통해 여과된 빛이 마당을
비춘다. 그 빛을 통해 마당은 안의 연장이 되고 안과 밖은
교차된다. 마당은 그야말로 비워 있되 빈 공간이 아니다. 한국
건축에서 마당은 이렇게 안과 밖이 중첩되는 모호한 공간인
것이다. 한국 건축에서 마당의 전통은 매우 뿌리 깊어서 아파트
생활을 하는 지금도 그 흔적이 현관, 발코니, 다용도실, 거실로
분산된 채 남아 있다. 신발을 신는 현관이나 발코니, 다용도실은
마당이 현대화된 잔해들이다.

　　마루도 안과 밖의 구분이 모호하다. 대청마루는 외부 마당과
접하면서 내부 공간의 활동을 할 수 있는 안과 밖이 중첩되는
공간이다. 간혹 방에서 마루로 난 문과 창을 한옥에서 볼 수
있는데 이것은 마루의 모호한 성격을 잘 보여 준다. 한국의 현대
주거에서 거실은 전통 한옥의 마루가 재再공식화된 결과이다.
한국의 주택에서 거실은 다용도로 사용되는데, 손님을 치를
때는 상을 피고 밥을 먹는 공간으로서 한옥의 마루나 마당과
같은 역할을 한다. 즉, 거실은 전통 한옥의 마루와 마당이

혼합된 성격의 공간이라고 할 수 있다. 최근 현대 건축(또는 현대 한옥)에서는 마당에 목재 데크를 많이 설치하는 것을 볼 수 있다. 이렇게 되면 마당은 외부 공간이지만 마루의 연장이 된다. 현대 주택에서 안마당이 진화한 것으로 볼 수 있다. 마당이 더 이상 노동 공간이나 통로와 같은 다목적 생활 공간 기능을 하지 않게 되면서 마루의 연장이 되는 것은 어떻게 보면 당연하다.

조선의 개항 이후 서양 건축의 영향으로 한국 건축에 나타난 가장 두드러진 변화는 현관의 등장이다. 이것은 한국 건축에서 안과 밖의 전통적 관계가 해체되는 것을 의미한다. 근대 한옥은 툇마루와 대청에 창문을 달아 마루를 내부 공간화하고 복도로 방을 연결했다. 이러한 내외부의 단절은 한국의 주택 근대화 과정에서 나타난 특징이었다. 그 결과 한국 건축의 고유한 특징인 안과 밖의 연결과 순환은 약화되었다. 서구적 근대화의 과정을 거치면서 점점 더 실내 공간 위주로 생활하게 되었고 더 이상 마당에서 다양한 행위가 일어나지도 않는다. 하지만 근대적 생활 양식의 변화를 수용하면서 한국 건축의 고유한 전통을 유지하는 것이 한국 현대 건축이 해결해야 할 숙제가 아닐까?

경주 최 씨 주택의 대청. 마루로
난 창과 문은 안과 밖이 중첩되는
마루의 모호한 성격을 보여 준다.

서울 인사동의 민병옥 가옥은
근대 한옥의 현관과 마루의
창을 갖고 있다.

문살과 창호지

마당을 중심으로 안과 밖이 중첩되는 현상은 서양 건축과
구별되는 동아시아 건축의 특징이라고 할 수 있다. 그러나
동아시아 건축도 세밀히 관찰하면 서로 다른 점이 있다. 그중
하나가 창호(문과 창)에 종이를 붙이는 방식이다. 한국 건축은
문 안쪽에 종이를 붙여 문살이 밖에서 보이게 한다. 이것은 중국
건축도 마찬가지다. 일본 건축은 반대로 종이를 문살의 밖에
붙인다. 그래서 방 안에서 보면 나무 문살이 보인다. 왜 그럴까?
문살이 드러나는 면은 공적 생활의 중심을 어디로 보는가에 따라
결정되는 것으로 보인다. 조금이라도 더 공적 생활이 일어나는
쪽으로 창살이 노출되는 것이다. 이것은 서양 도시에서 공적
공간인 광장이나 거리에 면한 건물의 파사드가 상징적 입면이
되는 것과 마찬가지다. 한국과 중국의 건축은 공적 생활의
중심이 마당이다. 그래서 마당에서 볼 때 문살이 건물의 입면으로
드러난다. 한국 건축의 마루도 공적 공간의 성격을 지니므로 방의
문살이 마루를 향해 노출된다. 마루 공간은 대들보와 서까래도
그대로 노출시킨다. 한국 건축은 이런 방식으로 사적 공간과 공적
공간의 상대적 위계를 구분한다.

한편, 방에서는 창호지를 안쪽으로 붙여서 문살이 보이지
않는다. 방의 천장에도 반자를 하고 종이를 발라서 방문을 닫으면
완전한 안이 된다. 종이로 사면을 바른 온돌방은 입체감이나

모서리의 질감을 느끼지 않을 정도로 평면적이어서 문을 닫으면
태내 공간과 같은 궁극적 안이 된다. 건축가 김수근은 이러한
한국 건축의 방을 사색의 공간이자 궁극의 공간이라고 했다. 반면,
일본의 방은 문을 닫으면 창살이 내부로 노출된다. 일본 건축의
문살이 안에 있는 이유는 두 가지로 추론해 볼 수 있다. 우선
일본은 신가베真壁라는 벽 구조의 특성상 목조 프레임의 패턴이
내부에 드러나게 되므로 문살이 안에서 보이는 것이 내부 공간의
분위기상 일관성이 있다. 또 다른 이유로, 일본은 공적 활동이 주로
건물 내부에서 일어나기 때문이다. 즉, 마당이 아니라 방이 공적
생활의 안으로 간주된다. 실제로 일본의 주택 내부 공간은 한국에
비해 훨씬 크고 개방적이다. 모든 문을 열어젖히면 안팎 없이
하나가 되고, 문을 닫아도 한국의 방처럼 〈궁극적 안〉이라고 할
만한 공간이 없다. 방 안에서 문살이 보이고 밖에서 종이가 보이는
것은 궁극적 안과 밖의 구분을 하지 않는 일본 건축의 특성이다.
반면에 한국 건축은 안과 밖의 구분이 모호하고 중첩되지만
궁극적 공간으로서의 안이 존재한다. 공간의 위계라는 관점에서
한국 건축과 일본 건축의 미묘한 차이를 보여 주는 점인데, 안과
밖에 대한 양국의 문화적 기호 차이에서 온 것임이 분명하다.

창덕궁의 모습.

교토 니조조. 일본 건축의
문살과 창호지의 방향은
한국과 반대이다.

연경당의 방. 종이로 도배한
한옥의 내부이다.

교토의 대표적인
정원인 슈가쿠인 리큐.
궁극적 〈안〉이 없다,

정자와 셸터

꿈의 공간에는 안과 밖의 구분이 없다. 좀 더 정확히 말하면
꿈속에서는 밖이 없고 안만 있다. 내가 꿈 밖에 있을 때 꿈속의
공간은 이미 존재하지 않는다. 반대로 현실 세계는 안과 밖의
구분이 명확하고 인식 주체인 나는 항상 대상의 밖에 있다.
말하자면 꿈은 안의 세계이고 현실은 밖의 세계이다. 물론 이것은
주체와 대상 사이에 지각 거리를 두는 서양의 인식론에 근거한
생각이다. 〈내가 나비의 꿈을 꾸는 것인지 나비가 나의 꿈을 꾸는
것인지 모른다〉는 장자의 유명한 호접몽胡蝶夢은 밖의 현실과
안의 꿈을 넘나드는 도교의 인식 세계를 보여 준다. 한국에는
호접몽의 비유처럼 안과 밖이 교류하는 건축물이 많은데, 정자는
이러한 건축의 대표적 예이다. 정자는 그 자체가 밖에서 보이는
대상이자 밖을 보는 장소이며 안과 밖이 역전될 수 있는 공간이다.
정자는 내가 안에서 밖의 자연을 바라보기 위한 것이지만 동시에
저편에서 나를 바라보아도 아름다워야 한다. 그래서 절경 속에
자리 잡고 자연의 일부가 되며 자연과 인간이 일체가 되는 장소를
정자라고 한다. 이처럼 안과 밖의 넘나듦은 서양의 인식론적
틀에서는 가능하지 않다.

셸터는 외부로부터 자신을 보호하기 위한 곳이다. 바슐라르는
『공간의 시학』에서 집은 은폐되고 폐쇄된 은신처이며 외부와
단절될수록 아늑한 공간이라고 말한다. 그래서 그는 창을 벽에

뚫린 상처라고 했다. 고통스럽지만 내부에서 외부를 보기 위해 필요하다는 뜻이다. 19세기 초 프랑스의 신고전주의 건축가 르두Claude-Nicolas Ledoux는 비저너리visionary 드로잉으로 유명한데 그가 그린 「가난한 자를 위한 집L'Abri du Pauvre」은 셸터의 기본 요건인 벽을 완전히 제거해 버렸다. 나무 밑에서 비와 직사광선을 겨우 피할 수 있을 뿐이다. 르두의 「가난한 자를 위한 집」은 서양의 건축 개념이 셸터에 따른 공간 점유와 그 형태적 표현에 기반을 두고 있음을 보여 준다. 가난한 자의 벽 없는 집은 셸터의 상실을 의미한다.

한국의 정자는 벽이 없는 건축이지만 벽의 부재로 인한 공간의 상실이 아니라 공간의 자유로운 확장을 통해 주변과 일체를 이룬다. 정자는 안과 밖을 구분하는 셸터가 아니라 안과 밖을 연결하는 장치이다. 전남 담양에 면앙정이라는 정자가 있다. 조선 시대 학자인 송순이 쓴 가사 「면앙정가俛仰亭歌」는 한국의 정자가 안과 밖을 어떻게 연결하는지 잘 묘사한다. 〈십 년을 경영하여 초당 세간을 지으니 한 칸에는 청풍을 한 칸에는 명월을 담고 강산을 들일 데가 없으니 둘러 두고 보리라.〉 그의 시조는 건축물 대신 청풍과 명월, 그리고 강산을 노래하여 현판으로 걸어 두고 있다. 기대승은 면앙정을 삼간사허三間四虛로 설명했다. 좌우 세간의 정자 한가운데 있는 방과 자연이 사방으로 교감하는 것을 의미한다. 여기서 안의 방과 밖의 자연에 대한 구별은 사라지고 안과 밖이 절묘하게 순환한다.

회재 이언적이 지은 독락당에는 계정이라는 정자가 계곡에 면한 관어대라는 바위에 걸터앉아 있다. 김인철은 여기서 안과 밖의 순환을 다음과 같이 설명한다. 〈계정이 관어대의 확장이라면, 건너편 바위인 영귀대는 계정의 확장이고, 영귀대에 있으면 계정은

영귀대의 확장이 된다. 자연과 건축의 절묘한 상징적 순환을
보여 준다.〉[60] 여기서는 나의 고정된 위치나 안과 밖의 구분 없이
공간 확장과 순환이 이루어진다. 한국의 정자나 한옥의 대청에
앉아 있으면서 주변을 감상하면 나도 모르게 주변 자연으로 빨려
들어가는 경험을 쉽게 할 수 있다. 이것이 한국 건축에서 느낄 수
있는 안과 밖의 현상적 공존이 아니면 무엇이겠는가.

　　현대 건축에서 유행하는 개념 중에 폴리folly가 있다. 18세기
서양 정원에서 사용된 여러 형태의 파빌리온에 기원을 둔 것인데,
가짜 로마식 템플, 중국식 정자, 터키식 텐트처럼 순수하게 장식
목적으로 지어진 건물을 말한다. 추미가 파리의 라빌레트 공원
설계의 개념으로 사용하면서 유행하기 시작해서 공공 공간을
설계할 때마다 단골 메뉴처럼 등장한다. 폴리는 반反기능적
건물로 예기치 못한 놀라움의 장소place of wonder를 의미한다.
그것은 목적을 암시하지만 비현실적이고 시각적 즐거움을 주며
관찰자를 유혹하는 위장술이다. 반기능적이고 개방된 건축으로서
폴리는 정자와 유사한 측면이 있다. 하지만 한국의 정자는
시각적 오브제인 폴리와 달리 자연 속에서 안과 밖이 교류하는
한국 건축의 고유한 정신세계를 담고 있다. 그런데 우리는 지금
공공 공간을 설계할 때마다 폴리를 만든다고 난리를 떤다. 깊이
생각이나 해보고 하는 일인지 의문이다.

60　김인철, 『공간 열기』, 119면.

르두, 「가난한 자의 집」(1804).
셸터의 요건인 벽이 상실되었다.

면앙정 모습. 벽의 부재는
공간의 상실이 아니라
공간의 자유로운 확장을
통한 주변과 일체를
이룬다.

독락당의 계정은 계곡 넘어
영귀대까지 확장된다.

프랑스 파리 라빌레트 공원에 있는 폴리.

차경과 픽처 프레임

동양 건축에는 차경이라는 기법이 있다. 자연 경관을 끌어
들인다는 말이다. 차경에는 여러 가지가 있다. 멀리서 보는 자연은
원경遠景이라고 하고 여러 경관을 한 곳에 모으는 것을 취경聚景,
자연 경관을 누정 속으로 끌어 들이는 것을 읍경挹景이라고
한다.[61] 언제부터 한국 건축에 차경의 개념이 있었는지는 명확하지
않다. 다만 중국에서 들어와 한국 풍토에서 변화된 한국적 개념이
되었을 것으로 짐작된다. 루樓는 대표적 한국의 취경 건축물로
자연 경관을 누정 속으로 끌어 들인다. 성종 때 정승 손순효는
〈루가 비어 있으면 능히 만 가지 경관을 끌어 들일 것이요, 마음이
비어 있으면 능히 원함을 많이 담을 것〉이라고 했다. 또 서거정은
명원루에 대해 〈루에서 보이는 원경은 단순히 원경을 보는 데
그치지 않는다. 루에 오른 사람들은 원경을 봄으로써 맑고
시원함을 느끼게 되어 평소 갖고 있던 답답함과 막힌 뜻을 통하게
되고 장래의 원대한 계획을 세울 수 있다〉라고 했다.[62] 이러한
차경의 기법은 한국 건축의 핵심 원리이다.

서양 건축에는 원래 밖의 자연 경관을 내부로 끌어 들인다는
개념이 없었다. 야생의 자연은 혼돈과 무질서의 상태를 의미했고,

---

61   권영걸, 『한중일의 공간 조영』, 169면.

62   권영걸, 위의 책, 170면.

르네상스나 바로크 정원에서 보듯이 조경은 길들여지지 않은 원시 자연에 우주의 원리인 기하학적 질서를 부여하였다. 이러한 이분법적 사고를 바탕으로 안과 밖, 도시와 자연, 인공과 야생의 구분을 뚜렷이 했다. 서양에서는 바로크 이후 근대적 주체와 경험주의가 등장하면서 자연을 감상하는 프레임된 장면을 만들기 시작했다. 18세기 영국의 픽처레스크 정원은 관찰자의 시점에서 자연을 풍경화와 같은 장면으로 경험하도록 연출했는데, 중국 정원의 영향을 받은 것으로 알려져 있다. 픽처레스크 원리는 내부 공간에서의 통일된 장면을 창조한 바로크 건축의 안과 밖을 뒤집은 것이라고 할 수 있다. 19세기 이후 움직이는 감상자가 경험하는 프레임된 건축의 장면을 만드는 것은 서양 건축의 중요한 원리로 발전하게 된다. 예를 들면 에콜 데 보자르의 마르셰 개념은 건축의 중심축을 따라 움직이는 공간적 장면의 변화를 말한다. 르코르뷔지에의 건축적 산책로 개념도 픽처레스크 원리를 움직임에 따른 건축 장면의 구성에 도입한 것이다. 모더니즘 건축은 자연 경관을 내부로 끌어 들이기 위한 장치로 픽처 윈도우picture window를 사용했다. 픽처 윈도우는 인공적 프레임을 통해 외부 경관을 마치 그림처럼 감상하도록 하는데, 르코르뷔지에와 미스 반데어로에 같은 근대 건축가들이 자주 사용했고 현대 건축에서도 널리 사용된다.

중국 원림에는 자연을 인공적 틀에 넣어 감상하는 도화창圖畵窓이라는 인위적 프레임이 사용되었다. 다양한 패턴을 갖는 창을 통해서 인공적 자연을 마치 그림처럼 감상하도록 하는 것이다. 서양 모더니즘 건축의 픽처 윈도우(또는 픽처 프레임)는 중국의 도화창처럼 인공 프레임을 통해 외부 경관을 내부로 끌어 들이는 차경을 위한 장치이다. 그러나 한국 건축의 차경을 픽처 프레임의 개념으로 설명하기는 어렵다. 픽처 프레임은 감상 주체가 외부의 자연을 그림 틀 속에 가두어 내부화하는 것이다. 이러한 틀 지우기는 자연을 원래의 맥락으로부터 분리한다. 서양 건축의 픽처 프레임은 밖의 경치를 내부로 끌어 들이는 틀이고 그 틀에 들어오는 이미지는 맥락에서 이탈되어 내부에서 감상되는 그림과 같다. 한국 건축에는 이런 개념의 픽처 프레임은 없다. 한국 건축에서 차경을 통해 끌어 들이는 경관은 맥락에서 분리된 이미지가 아니라 원래의 자리에 그대로 있으면서 건물 내부로 들어온다. 안과 밖은 서로 연결되고 순환하며, 여기에는 주체와 대상 사이의 거리가 존재하지 않는다. 나와 풍경의 지각 거리가 소멸되는 것이다. 예를 들어 병산 서원의 입교당에서 보면 만대루의 지붕 위로 강 건너 있는 병산이 성큼 다가온다. 만대루에 올라 병산을 보아도 마찬가지다. 한국 건축의 차경은 이처럼 프레임으로 내부화된 자연이 아니라, 안과 밖의 공간적 경계를 넘어 자연을 끌어 들인다. 차경을 통해 자연이 들어오기도 하지만 내가 자연 속에 있기도 하다. 내가 풍경 안에 있으므로 안팎의 주변 경관이 모두 들어오고, 자연히 청각, 후각, 미각, 촉각 등 모든 감각이 활용된다.

　　철학자 하이데거는 원래적 의미의 기술techné은 사물(자연)을 있는 그대로 드러나게 하는 것인데 근대 사회에서 기술이 도구적으로 변화되었음을 비판했다. 근대 기술은 사물(자연)을 잠재 에너지를 저장하는 능력에 따라 배타적으로 조직한다. 그는 이러한 근대 기술에 의한 자연의 틀 지우기를 수력 댐에 비유했다. 수력 댐은 자연 속에서 기능하는 풍차나 물레방아와 달리 자연

에너지를 강제적으로 저장하여 이용한다.[63] 여기서 자연 에너지를
경관으로 바꾸고 서양의 픽처 프레임을 수력 댐에 비유한다면
한국 건축의 차경은 풍차와 같다. 한국 건축의 차경은 자연 경치를
프레임에 가두어 건물 안으로 끌어 들인다기보다는 프레임을
가진 건물이 풍차처럼 자연 속에 있는 것이다. 물론 여기서 자연
또한 건축을 통해 조절되니 자연은 있는 그대로의 자연이 아니라
관계 속에 존재하는 자연이다. 즉 자연과 건축이 상호 작용하며
공존하는 셈이다.

　　한국 건축에서 차경은 이렇게 자연과 건축을 하나로 만든다.
이런 점에서 한국 건축의 차경은 인위적 자연을 만드는 중국
원림의 차경 기법과 다르다. 한국 정원에 있는 정자는 중국
원림처럼 인위적 경관의 조영을 통해 명확한 의도를 드러내지
않는다. 건물의 입지 자체가 경관을 자연스럽게 만들어 낸다.
이런 점에서 한국 건축에서 경관을 끌어 들이는 프레임의 성격에
주목할 필요가 있다. 병산 서원의 입교당 마루에 앉으면 만대루의
지붕과 입체적 구조는 경험 주체와 자연의 거리감을 없앤다.
이런 효과에는 한국 건축이 자연 재료를 사용해 입체적 틀을
구축한다는 점이 영향을 미친다. 자연 재료가 만드는 입체적 틀은
자연을 끌어 들이는 프레임이자 그 자체가 자연의 일부가 되고
자연에 속하게 된다. 자연이 건물 안으로 들어오고 건물이 자연의
일부가 되는 것이다. 프레임이 자연을 문맥에서 분리하여 지배하는
것이 아니라 풍차나 물레방아처럼 자연이 프레임을 지배한다.
한국 전통 건축의 틀로 형성된 프레임은 서양 건축처럼 그림의

63　　Martin Heidegger, *The Question Concerning Technology and Other
Essays*(New York: Harper & Row, 1977), pp. 14~16.

환상을 주는 벽에 뚫린 구멍과는 다르다.

　서양 건축의 픽처 프레임은 안과 밖의 단절을 전제로 한다. 여기서 경관은 회화적이며 그림면을 통한 소통은 시각적이다. 그러나 한국 건축의 차경을 만드는 프레임은 공간적이며 몸각이 참여한다. 건축가 스티븐 홀Steven Holl은 건축 공간을 구성하는 디테일의 물성이 분명해지면 촉지 영역이 발달한다고 한다. 만대루와 같은 한국 건축의 프레임은 바로 이러한 구축적 틀이다. 한국 건축의 차경을 위한 틀은 추상화된 프레임이 아니라 구조와 공간이 일체화된 입체적 프레임이다. 그러므로 경관은 그림면에 갇혀 있지 않고 고정된 위치의 시각 주체를 전제로 하지도 않는다. 오히려 경험 주체가 자연에 속한 것처럼 느낀다. 이것이 한국 전통 건축의 차경 효과가 몸으로 편하게 느껴지는 이유다.

르코르뷔지에가 지은 빌라
사보아의 옥상에서 보는
픽처 프레임.

중국 소주의 유원에서 볼 수 있는 도화창.
중국 원림의 픽처 프레임이다.

입교당에서 보는 병산 서원의
만대루와 병산. 만대루의
지붕 위로 강 건너 있는
병산이 성큼 다가온다.

창덕궁 후원의 전각에서
경험하는 프레임된 자연.

윈도우와 창문

창과 문은 안과 밖, 내부와 외부를 연결하고 관계를 맺는 장치이다. 서양에서는 창과 문이 엄격히 구별된다. 윈도우window의 어원이 바람wind과 눈eye을 뜻하는 데에서도 알 수 있듯이, 창은 안과 밖을 연결하는 눈의 역할을 하고 빛과 공기를 받아들이는 구멍이다. 문은 안과 밖을 연결하는 출입을 위한 장치다. 즉, 창은 시각적 소통을 위한 것이고 문은 몸의 출입을 위한 것이다. 특히 문은 사회적 신분과 문화적 코드를 문화화化하는 장치로, 장식과 함께 의장 요소로 표현된다. 서양 건축에서 창이 의미하는 안과 밖의 단절을 건축 비평가 콜로미나는 다음과 같이 썼다. 〈창을 통해 풍경을 바라보는 것은 분리를 의미한다. 창은 어떤 창이건 풍경 안에 존재함과 풍경을 바라봄의 연관성을 단절시킨다. 풍경은 순수하게 시각적인 것이 되고 그것을 우리가 만질 수 있는 경험으로 알기 위해서는 기억에 의존해야 한다.〉[64] 콜로미나는 창을 〈외부 세계의 지배를 위한 시선〉[65]이라고 정의하고 안과 밖을 시각적으로 연결하는 창의 전통적 역할을 비판했다.

한국도 고대 주거에서는 문과 창이 구별되었지만 조선 시대에 와서는 창과 문을 구별 없이 쓰는 경우가 많았다. 창과 문의

---

64   Beatriz Colomina, *Privacy and Publicity*, p. 133.

65   Beatriz Colomina, Jennifer Bloomer, *Sexuality and Space*(New York: Princeton Architectural Press, 1992), p. 73~128.

형식도 크게 다르지 않았다. 단지 머름의 높이에 의해 구별될
뿐이다. 창이 바닥까지 내려오면 문이 된다. 그래서 창문이라고
하는데 창문이라는 말은 서양엔 없는 단어이다. 맹 씨 행단의
경우, 대청 한 칸을 삼등분하여 문과 창을 머름으로 구분한다.
어느 것이 문이고 어느 것이 창인지 헷갈릴 정도이다. 무량수전
어칸의 창호는 모두 같은데 바닥 차이로 창과 문이 구별된다.
서양에서는 근대 건축 이후 벽이 구조 프레임으로부터 해방되면서
창과 문의 자유로운 표현이 가능해졌다. 한국 건축에서 문과 창이
같이 사용된 까닭은 앞에서 설명한 안과 밖의 관계 때문이다.
서양 건축에서 안과 밖의 경계는 최소한의 개구부로 뚫려야 한다.
그러나 한국 건축은 안팎의 구분이 명확하지 않아서 굳이 채광과
환기만을 위한 것(이를 봉창이라고 한다)이 아니라면 문과 창을
구별할 이유가 없다. 한국 건축에서 창문이 자유롭게 만들어질 수
있었던 것은 목가 구조를 사용한 데다 온돌과 좌식 생활의 영향도
컸다. 바닥 난방을 하는 한국 건축은 바닥이 따뜻하므로 개방된
벽에서도 추운 겨울을 견딜 수 있었다. 전통 한옥에서는 입식
생활을 하는 부엌에서만 창과 문을 구분했다.

한국 건축에도 단순이 조망을 위한 창이 설치되는 경우가
있다. 하지만 조망을 위한 창을 만드는 경우에도 안과 밖은
우리의 인식 속에서 연결되고 순환된다. 논산에 자리한 관촉사
미륵전에서는 불상을 모시지 않는다. 그 대신 뒷벽에 난 창으로
밖에 있는 은진미륵을 볼 수 있다. 18미터 높이의 미륵불을 불전
안에 모실 수 없기에 밖에 있는 미륵불을 안에서 창을 통해 볼 수
있게 한 것이다. 여기에는 서양 건축의 픽처 프레임으로 설명할
수 없는 공간 인식이 있다. 안과 밖의 분명한 경계에 대한 인식
없이 안에서 밖을 보고 바깥 공간은 안으로 흡수된다. 이것은

안과 밖의 구분이 명확한 서양 건축에서는 볼 수 없는 공간 의식이다. 법흥사의 적멸보궁에도 안에 불상이 없고 창만 있다. 그런데 여기서는 밖에 불상이 안 보인다. 대신 바깥의 야산이 보이는데 그곳에 석가의 진신사리가 있다고 믿기 때문이다. 법흥사 적멸보궁은 뒷산 어딘가에 사리가 봉안되었다고 전한다.[66]

현대 건축에서 친환경이 중요한 주제로 등장하면서 무조건 창의 면적을 줄여야 한다고 주장하는 사람들이 있다. 그러나 오직 단열을 위해서 창을 최소한으로 뚫는 것이 친환경 건축의 올바른 방향은 아니다. 이것은 한국 건축의 고유한 원리인 안과 밖의 소통을 고려하지 않은 단순한 기능적 해결책일 뿐이다. 하나의 기능이 아니라 여러 문제를 해결해야 하는 건축이 추구할 만한 답은 아니다.

---

66   김봉렬, 『가보고 싶은 곳 머물고 싶은 곳 2』, 159면.

아산 맹 씨 행단의
대청 문과 창. 머름의 높이에
의해 창과 문이 구별된다.

무량수전 어칸의 모습.

6

경계

경계의 모호성

경계는 건축에서 안과 밖을 구분하고 영역을 설정하는 선적
요소이다. 건축은 경계를 통해 공간과 영역을 구축하고 그 사이의
관계를 형성하기 때문에 경계를 다루는 일은 건축의 본질이라고
해도 과언이 아니다. 이 세상에 무한 공간을 갖는 건축은 없다.
고대 그리스의 철학자들은 우주 공간은 한정된 경계가 있다고
생각했다. 플라톤은 우주 만물은 각자 정해진 위치와 장소를 갖기
때문에 명확한 경계를 가져야 한다고 했다. 아리스토텔레스도
〈토포스〉를 정의할 때, 토포스는 그것을 둘러싼 움직이지 않는
경계가 있어서 공간과 장소를 형성하는 분명한 경계가 있다는
개념을 제시했다. 공간과 장소의 명확한 경계에 대한 생각은
서양 건축에 일관되게 반영되었다. 지금도 서양 건축을 보면
상대적으로 경계가 명확하게 둘러싸고 있음을 알 수 있다.
  서양 건축의 경계는 주로 벽으로 만들어진다. 벽은 공간을
둘러싸는 수직의 매스로 안과 밖 그리고 방과 방을 나누는
요소이다. 방과 방이 만나는 경계 형태, 다시 말하면 평면상에서
공간을 나누는 두꺼운 벽 패턴을 에콜 데 보자르에서는
〈포셰〉라고 정의했다. 보자르의 설계 이론에서는 구성이 좋으려면
포셰가 명확해야 하는데 포셰의 명확함이란 완벽한 경계와
모서리의 처리를 뜻하고 이는 곧 공간 구성의 명확함을 의미했다.
명확한 경계는 서양 도시에서도 쉽게 경험할 수 있다. 서양의

성곽 도시는 안과 밖의 경계가 확실하다. 성벽을 경계로 밖은 자연이고 안은 건물로 꽉 짜인 내적 질서를 갖는다. 도시 내부를 채우는 건축물도 경계가 명확해서 도시의 외부 공간은 확실한 형상을 갖는다. 서양의 역사 도시들이 지地/도道 관계로 표현될 때 외부 공간의 형태가 명확히 드러나는 것은 건축과 도시의 경계가 명확하기 때문이다. 오스트리아의 건축가 카밀로 지테는 이에 대한 연구를 통해 도시의 외부 공간은 연이은 건물로 둘러싸인 방과 같아야 한다고 하며, 19세기 말 건물과 무관하게 격자형 도로망으로 개발된 빈의 신시가지 링슈트라세Ringstraße를 비판했다. 1970년대 미국의 건축학자 콜린 로Colin Rowe는 지테의 연구를 게슈탈트(지각 심리) 이론과 결합시켜 도시 외부 공간을 지각 형태로 다룬 도시론으로 발전시켰다.[67]

한국 건축은 서양 건축과 달리 경계가 명확하지 않다. 문간, 마당, 처마, 방, 대청은 모두 모호한 경계를 갖는 공간이다. 또 한국 건축의 특징인 가변적 벽은 유동적인 경계를 만든다. 이러한 경계의 모호함은 공간의 중첩과 상호 관입으로 나타난다. 그래서 한국 건축은 안인 듯하면서 밖이 되고, 밖이면서도 안이 되는 공간이 많다. 안과 밖, 안과 안의 경계가 명확하지 않고 서로 관입되기 때문에 내외부 공간의 켜들이 중첩되면서 입체적 조망을 구성한다. 이것은 안과 밖의 명확한 경계를 갖는 서양 건축과는 다른 한국 건축만의 독특한 공간 경험이다. 한국 건축은 외부 공간도 경계가 명확히 정의되지 않는다. 서원, 사찰, 관아 건물 마당의 모서리는 대개 사방이 열려 있다. 주택의 마당도 항상 이웃 공간과 연결되는 틈이 있다. 한국 건축의 외부 공간에서

67   Colin Rowe, Fred Koetter, *Collage City*(Cambridge: The MIT Press, 1978).

완전하게 닫힌 경계를 찾아보기는 어렵다. 이것은 중국 건축과의 차이이기도 한데 중국 건축에서 중정은 모서리가 담으로 막혀 있어 경계가 명확하고 폐쇄적이다. 폐쇄적 중정은 지붕이 없어도 막힌 방과 같고, 이웃하는 공간과는 문을 통해 연결된다. 중국 건축의 특징인 마당의 연속된 조직(이를 원합식이라고 한다)은 이것을 기본으로 구성된다. 한국 건축의 마당도 담으로 둘러싸이지만 담은 폐쇄적 경계를 형성하지 않는다. 한국의 사찰이나 서원, 재사 등에서 마당의 경계에 걸쳐 있는 누마루는 영역을 나누거나 통합하면서 영역 간 중첩을 이루는 모호한 경계를 만드는 대표적인 건축물이다. 한국 건축에 나타나는 경계의 모호성은 경험 주체의 공간적 위상과도 밀접한 관계가 있다. 경험 주체가 대상과 거리를 두고 대상의 밖에 있을 때 경계는 명확해진다. 그러나 경험 주체가 대상의 안과 밖에 동시에 있을 때 경계 개념은 희박할 수밖에 없다.

서양 성곽 도시의 경계를 보여
주는 톨레도.

1860년 오스트리아 빈의
링슈트라세.

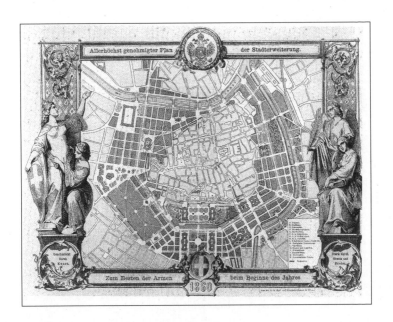

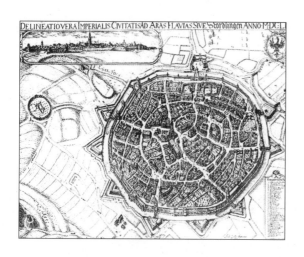

13세기 독일 뇌르트링겐
지역의 지도.

윤증 고택의 문간. 한옥
문간에서 보는 마당의 모호한
경계를 알 수 있다.

병산 서원 입교당과 동재
사이 마당의 틈.

중국 주장 지역의 주택 중정.
폐쇄적 중정은 문을 통해
연결된다.

안동 봉정사의 만세루와
화엄강당. 모서리가 열려 있다.

경계와 영역

한국 건축은 경계가 모호하지만 영역성은 분명하다. 영역은
마당을 중심으로 건물(채)들이 배치되는 한국 건축의 독특한
원리이며, 한국 건축은 마당 중심으로 영역이 구성된다. 마당의
경계가 모호하기 때문에 영역의 경계도 명확히 구획되지 않지만
각 영역의 성격은 분명하다. 양반 주택의 안마당은 사랑채
뒷면으로 막혀 있는 경우가 많지만 이곳은 명확히 안채의
영역이다. 생활에 익숙지 않은 사람들에게는 그 영역성이 잘
드러나지 않을 뿐이다. 영역의 경계가 모호하므로 영역 간 중첩이
일어나기도 한다. 담양 소쇄원은 김봉렬의 설명대로 건물들과
마당, 담으로 형성된 6개의 분명한 영역으로 나누어진다. 하지만
각 영역들은 단절된 것이 아니라 연속적이며 상호 투시적이다.[68]
그래서 어느 순간 영역 간 경계는 사라지고 전체가 통합된
하나로 경험된다. 따라서 한국 건축은 개별 건축물보다 영역을
잘 이해해야 한다. 전통 건축을 복원할 때도 영역에 대한 연구가
깊이 이루어져야 한다. 전통 건축을 개별 건물 위주로 생각하다
보면 영역에 대한 이해가 부족해서 본질을 놓치게 되는 경우가
발생한다. 1970년대 봉정사를 복원할 때 진여문과 앞 담장을
철거한 것은 영역에 대한 이해가 부족한 탓이었다. 도시도

---

68   김봉렬, 『한국 건축의 재발견 2: 앎과 삶의 공간』, 59면.

마찬가지다. 한국의 도시는 건물과 도시 외부 공간 사이에 명확한 경계가 없는 대신 마당, 건물, 담으로 형성되는 영역들이 길로 연결되어 있다. 그래서 한국 도시는 서양의 역사 도시처럼 길과 건물이 만나서 만드는 외부 공간의 명확한 질서가 보이지 않고 건물들이 여기저기 흩어져 있는 것처럼 보인다. 근대화 이전 한국의 도시 주택과 농촌 주택이 별로 구분되지 않는 것도 이 때문이다.

앞서 서양 건축은 벽의 건축이고 한국 건축은 바닥의 건축이라고 정의했다. 벽은 명확한 경계를 만들지만 바닥은 영역을 설정한다. 그래서 서양 도시에는 연속된 벽으로 길게 형성된 선적 가로가 발전했지만 바닥이 만드는 영역이 집합된 한국 도시는 선적 가로가 발전하지 않았다. 지금도 한국의 도시 가로에는 건축선이 맞지 않게 건물들이 조금씩 삐뚤게 서 있는 것을 볼 수 있다. 이것은 선적 가로가 아니라 영역 중심으로 구성된 한국 도시의 특성을 잘 보여 준다. 도시 가로에 면한 경계는 건물의 벽이 아니라 영역을 구획하는 담이었고, 담이 사라진 후 가로변에 건물을 지으면서도 영역 안에 건물을 짓던 문화적 관습이 그대로 남았다. 한국 건축의 벽이 가로에 면하게 된 것은 도시의 근대화가 진행되면서부터였다. 그러나 한국 건축에서는 벽 자체가 도시와의 경계를 형성하는 중요한 요소로 인식되지 않았기 때문에 길에 면한 벽에도 담의 흔적이 남아 있다. 선적 가로 중심의 도시는 시각적 경험이 지배 감각이 되지만 영역 중심의 도시는 시각적 질서를 중요하게 의식하지 않는다. 아시하라 요시노부가 『도시의 외부 공간』에서 지적한 대로, 동양의 도시에서 가로 경관에 대한 인식이 부족한 이유는 이러한 문화적 차이 때문이다.

소쇄원의 배치도.

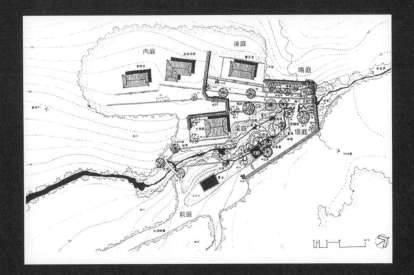

창덕궁 낙선재. 담의 요소가
벽에 남아 있다.

서울 광교의 풍경. 건물이
건축선에 맞지 않게 가로변에
삐뚤게 서 있는 경우가 많다.
이것은 길과 영역의 경계가
남긴 흔적이다.

경계의 성격: 음양 이론과 게슈탈트의 차이

근대 이후 서양 건축이 형태보다 공간에 주목하게 된 것은 잘 알려진 사실이다. 건축 이론가들은 이것을 게슈탈트 이론에 의존하여 설명해 왔다. 과거에는 건축이 솔리드한 매스와 벽에 집중했다면 근대 이후 건축은 매스와 벽이 둘러싸는 공간에 주목하게 되었다는 얘기이다. 솔리드와 보이드의 지/도 관계가 역전된 것이다. 이것을 동양의 음양 이론에 비유하여 설명하기도 한다. 진흙으로 그릇을 만들면 그 비어 있는 허공에서 유용성을 찾게 된다는 노자의 문장은 그 근거로 자주 인용된다.[69] 그러나 동양의 음양 이론과 서양의 게슈탈트에 따른 공간 지각은 그 성격이 다르다. 결정적 차이는 경계의 성격에 있다. 동양의 음양 이론은 솔리드/보이드처럼 양자 대립하는 것이 아니라 언제나 하나로 일치되는 데 본래의 뜻이 있다. 양은 음을 낳으며 음은 다시 양을 낳는다. 음양은 존재가 아니라 관계를 말한다. 그러므로 음과 양의 경계는 항상 유동적이다. 음양의 경계가 유동적이라는 것은 그것이 게슈탈트 이론에서처럼 바탕과 그림, 네거티브와 포지티브와 같은 지각 형태로 인식될 수 없음을 의미한다. 게슈탈트 심리학에서는 바탕과 형상의 경계가 고정되어 있지만 음양 이론에서 음양의 경계는 고정되어 있지 않고 불확정적이다.

---

69   반 드 벤, 『건축 공간론』, 16~18면.

음양 이론의 태극 도형은 이러한 유동 경계를 표현한 상징적 다이어그램이다. 따라서 게슈탈트에 근거한 서양의 공간 개념을 동양의 음양 이론으로 설명하는 것은 잘못이다.

덴마크의 행태주의 심리학자
에드가르 루빈Edgar Rubin이 고안한
술잔 그림.

음양오행 이론의 다이어그램.

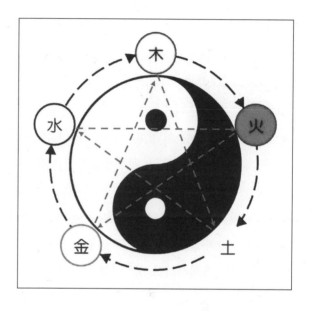

공간의 상호 관입과 투명성

경계의 모호성으로 인한 한국 건축의 특징을 투명성 개념으로 설명하기도 한다. 잘 알려진 대로 투명성transparency과 상호 관입interpenetration은 서양 근대 건축의 핵심적 공간 개념이다. 서양 근대 건축은 역사상 처음으로 유리 벽을 사용하면서 육중한 벽으로 막혀 있던 건축의 경계를 투명하게 만들었다. 벽이 투명해지면서 내외부 공간은 시각적으로 서로 관통하게 되었고, 투명성을 통해 다양한 내외부 공간이 시각적으로 중첩되면서 공간의 깊이를 인식할 수 있게 되었다.[70] 이러한 근대 건축의 투명성과 공간의 상호 관입은 한국 전통 건축에서 경험하는 공간 및 경계의 성격과 유사하다. 하지만 차이도 분명하다. 근대 건축의 투명성과 공간의 상호 관입은 유리 벽으로 경계의 투명성을 획득했지만 한국 건축에서 공간의 상호 관입과 중첩은 경계의 유동성으로 형성된다. 즉 서양 근대 건축의 투명성은 경계의 명확성은 유지되면서 경계의 성질이 투명하게 변한 것이고, 한국 건축은 경계의 모호성으로 인한 공간의 중첩으로 인식되는 투명성이다. 다시 말해서 서양 근대 건축에서 유리로 인한

---

70   이러한 근대 건축의 투명성 개념은 기디온과 모호이너지가 저서에서 처음 설명했다. Sigfried Giedion, *Bauen in Frankreich*(Berlin: Leipzig und Berlin, 1928). László Moholy-Nagy, *The New Vision, from Material to Architecture*, trans. by Daphne M. Hoffmann(Brewer: Warren & Putnam, 1929).

벽의 투명화는 시각적 투명성을 획득하지만 — 베냐민은 근대 주거에서 사용된 유리 벽은 시각을 관통하므로 엄밀한 의미에서 벽이 아니라고 했다 — 한국 건축의 특징인 모호한 성격의 경계를 형성하지는 않는다.

근대 건축의 투명성은 입체파 회화가 성취한 새로운 공간 의식의 관점에서 설명되기도 했다. 스위스의 건축사가 기디온Sigfried Giedion은 1911년 프랑스 화가 메챙제Jean Metzinger의 큐비즘 해석을 적용하여 입체파 화가는 대상의 주위를 돌아다니며 서로 다른 면을 보고 그것을 종합하여 대상을 재현한다고 보았다. 큐비즘 회화에서 경험하는 대상의 파편화와 중첩, 동시적 지각을 통한 사차원적 시공간성의 표현은 인식적 투명성을 반영한다. 기디온과 모호이너지László Moholy-Nagy는 입체파 회화에서 경험하는 이러한 인식적 투명성과 공간의 상호 관입, 동시성이 에펠탑과 같은 근대적 철 구조물에서 실현되었다고 보았다. 가는 철 부재들의 사이로 내외부 공간이 동시에 지각되며 상대적 공간들이 서로 중첩되고 관입되는 이 근대 구조물은 큐비즘처럼 인식상의 투명성을 갖는다는 것이다. 그리고 이것은 관찰자가 돌아다니면서 투명한 유리 벽을 통해 지각하는 중첩된 공간들을 종합하여 경험하게 되는 근대 건축의 투명성과 같은 것으로 보았다. 이러한 인식적 투명성은 한국 건축에서 경계의 모호함이 가져온 공간의 상호 관입 및 중첩과 통하는 측면이 있다. 하지만 기디온과 모호이너지가 설명한 근대 건축의 투명성은 근대적 시지각으로 무장한 시각 주체의 움직임을 바탕으로 한다는 점에서 한국 건축과 차이가 난다. 한국 건축의 투명성은 기디온이 설명한 중심적 주체의 동적 시각이 아니라 안과 밖, 이곳과 저곳에 동시에 있는 분산된 유동적 주체를 전제로 한다.

콜린 로와 로버트 슬루츠키Robert Slutzky는 기디온과 모호이너지가 애매하게 정의한 큐비즘의 인식적 투명성을 보다 구체적인 현상적 투명성 개념으로 발전시키면서 기디온이 해석한 근대 건축의 투명성을 비판했다. 그들은 큐비즘 회화의 투명성을 화면상에서 서로 중첩되는 형상들의 공간적 위치가 앞뒤로 움직이며 동시에 지각되는 지각적(현상적) 투명성으로 정의하고[71] 이를 유리의 물질적 투명성과 구분했다. 큐비즘과 근대 건축이 성취한 투명성은 유리처럼 직설적 투명성이 아니라 순수하게 우리의 지각 과정에 일어나는 현상적 투명성이라는 것이다.[72] 그러나 현상적 투명성 이론은 많은 비평가가 지적했듯이 건축의 경험을 건축 입면의 회화적 체험에 국한시켰다.[73] 물론 이것은 건축을 주체와의 거리를 유지하는 시각적 인식 대상으로 설명해 온 서양의 오랜 전통을 반영한다. 한국 건축의 투명성은 입면이 갖는 현상적 투명성이 아니라 유동적인 경계에 의해 공간의 켜들이 중첩되면서 지각되는, 그리고 주체의 움직임과 위상 변화를 통해 종합적으로 인식되고 경험되는 투명성이다. 이런 점에서 기디온과 모호이너지가 설명한 투명성이, 경계의 성격과 경험 주체의 위상만 제외한다면, 한국 건축에서 경험하는 본질에 더 가까워 보인다.

---

71   이러한 지각적(현상적) 투명성 개념은 Gyorgy Kepes의 『Language of Vision』(Chicago: Theobald, 1944)에서 인용한 것이다.

72   Colin Rowe, Robert Slutzky, "Transparency: Literal and Phenomenal", Perspecta, 8, 1962.

73   건축 이론가 머틴스는 큐비즘의 투명성을 상대적 개념으로 해석하여 건축에 적용함으로써 기디온의 투명성 개념을 옹호한다. Detlef Mertins, "Transparency: Autonomy and Relationality", AA files, 32, 1996.

바우하우스의 창시자인 발터
그로피우스Walter Gropius가 보여 준
유리의 투명성,

르코르뷔지에의 빌라
가르셰의 현상적 투명성과
그것을 도해한 그림.

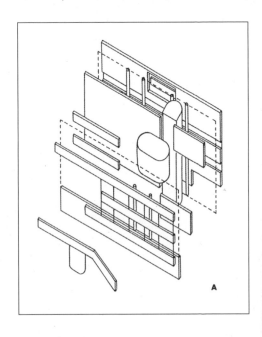

한국 건축의 공간 투명성과 상호
관입을 볼 수 있는 연경당.

문지방과 스레숄드

안과 밖, 내부와 외부의 경계를 정의하는 개념으로
스레숄드threshold가 있다. 스레숄드는 1950~1960년대 〈팀 X〉의
건축가들이 근대 기능주의를 비판하면서 주목받게 된 개념인데
비서구 사회의 전통 마을과 건축에서 흔히 발견되는 공간 요소나
장소라고 할 수 있다. 스레숄드는 이쪽에서 저쪽으로 넘어가는
통과 의례가 일어나는 준비의 장소로서 전이 공간이라고도
한다. 삶을 리추얼의 연속이라고 할 때 스레숄드는 리추얼을
가능케 하는 장소라고 할 수 있다. 흔히 경계는 공간과 공간을
구분하고, 스레숄드는 경계의 본질을 드러낸다고 한다. 어떤
건축이든 스레숄드가 존재한다. 그리스 신전 외부의 열 주랑도
스레숄드이다. 벽으로 둘러싸인 방inner chamber은 신의 공간이지만
그 바깥에 열 주랑을 만들고 인간 영역과 신의 영역 사이의 경계에
전이 공간으로서 스레숄드를 만들었다. 신전 전면의 포치porch도
스레숄드의 성격을 지닌다. 서양 건축에서 사용된 현관과 포치,
로지아loggia 등도 모두 스레숄드이자 내부와 외부의 전이 공간으로
기능한다. 근대 기능주의 건축은 벽이 얇아지면서 내부와 외부의
급격한 단절을 가져왔고 그 결과 스레숄드는 점점 사라졌다.
1960년대 팀 X의 건축가들이 스레숄드에 다시 주목한 것은 이
때문이다.

한국 건축에는 서양 건축의 현관이나 로비와 같은 전이 공간이

존재하지 않으며, 한 공간에서 다른 공간, 이쪽에서 저쪽으로
넘어가는 경계 요소로서의 스레숄드는 문간, 문지방, 기단, 툇마루
등이 있다. 한국 건축의 문지방은 공간적 전이뿐 아니라 통과를
위한 몸의 움직임을 요구하는 점에서 서양 건축의 스레숄드와
다르다. 예를 들어 마당에서 툇마루에 올라 집 안으로 들어가기
위해서는 신발을 벗어야 한다. 또 문간과 문에는 항상 아래에
턱이 있다. 문지방은 구조적 이유 때문에 만들어진 것만은 아니다.
한국 건축의 문지방은 그 경계를 넘어올 때 조심스럽게 다리를
들거나 혹은 머리를 숙여 들어올 것을 요구한다. 양반 주택의
문간에 있는 판벽도 시야를 살짝 차단함으로서 몸의 어떤 감각과
행동을 요구한다. 이것은 문간에서 일어나는 일상의 리추얼이다.
툇마루와 기단도 마찬가지다. 이처럼 한국 건축의 문지방은
몸각을 요구하는 점에서 서양 건축의 스레숄드와 다르다. 서양
건축에는 스레숄드는 있어도 문지방은 없다고 할 수 있다. 그만큼
한국 건축에서 문지방의 의미는 크다.

아미앵 성당의 포털.
스레숄드로서의 문 현관.

창덕궁 후원의 툇마루와 섬돌.
한국 건축의 스레숄드로서 문간,
문지방, 기단, 툇마루는 몸의
움직임을 요구한다.

경계 요소와 경계 공간

한 공간에서 다른 공간으로, 또는 한 영역에서 다른 영역으로
넘어가는 문이나 문지방, 스레숄드를 경계 요소라고 한다.
서양 건축은 경계가 명확하므로 경계 요소도 명확하다. 밖에서
현관문을 열고 안으로 들어서면 내부 공간이 된다. 중세 도시의
성문을 통과하면 도시 안으로 들어가고, 성당 입구에서 손을
씻는 행위는 속의 세계에서 성의 영역으로 들어가기 위한 성화
행위로 그 과정이 단순하고 명확하다. 그러나 한국 건축은 경계가
모호하므로 경계 요소도 명확하지 않다. 동네 어귀는 마을의
영역을 구분하는 경계 요소임이 분명한데 그 경계는 담으로
구획되거나 문을 통해 들어가는 것이 아니라 상징적으로만
존재한다. 또한 한국 건축은 안과 밖의 경계가 명확하지 않아서
모호한 성격의 경계 요소도 많다. 문간, 기단, 처마, 툇마루와
같은 요소들은 모두 모호한 성격의 경계를 형성한다. 이러한 한국
건축의 경계 요소는 자체가 하나의 공간이면서 동시에 가변성을
지닌다. 이러한 경계 요소는 경계 공간이라고 정의할 수 있다.
마당을 둘러싸는 기단은 안과 밖, 외부와 내부의 경계 영역이므로
마당에 속할 수도 있고 마루에 속할 수도 있다. 실제로 생활
공간이 확장되면서 그 용도가 결정된다. 기단은 걸터앉아 밥을
먹거나 작업 공간으로 쓰일 수도 있는데, 전자의 경우에는 마루의
연장이 되고 후자의 경우는 마당의 연장이 된다. 즉 한국 건축에서

경계의 모호성은 단순히 물리적 경계의 모호성을 말하는 것이
아니라, 생활 공간으로서 가변성을 의미하기도 한다. 이러한 경계
공간의 변화는 물론 마당, 또는 마루 공간 자체의 질적 변화도
수반한다. 관아 건물에서 마루 아래에 있는 처마 밑 기단은
아전들이 서는 공간으로 안과 밖의 경계 공간이다. 그것을 경계로
관리는 마루에 앉고 민초는 마당에 선다. 안과 밖, 내부와 외부는
이렇게 연결된다. 서양 건축에서 이러한 장면은 대개 실내 공간인
인테리어에서 일어나지만 한국 건축은 내외부 공간의 경계를
넘어서 일어난다. 한국 건축의 마당은 외부 공간이지만 그곳에서
일어나는 행위로 보면 내부 공간과 마찬가지다.

앞서 한국 건축을 바닥의 건축이라고 정의했다. 기능에
따라 바닥이 마루, 온돌, 땅바닥으로 구성되고 레벨의 변화도
많은데, 이것은 한국 건축에서 경계 공간이 발전된 것과 관련이
있어 보인다. 기단, 퇴, 마루와 같은 경계 공간은 모두 바닥의
변화로 발생한다. 여수의 진남관은 마루 전면에 약 10센티미터의
단 차가 있는 툇마루를 설치하여 마당과 대청 사이에는 기단과
툇마루라는 두 켜의 경계 공간이 존재한다. 한국 건축에는
이러한 경계 공간이 발전했다. 의식과 제례에서 다른 공간이나
영역으로의 전이가 발생하는 경계 공간을 리미널 스페이스liminal
space라고 한다. 이쪽도 아니고 저쪽도 아니라는 뜻이다. 물론
이쪽에도 속할 수 있고 저쪽에도 속할 수 있는데, 이런 점에서
한국 건축의 경계 공간은 리미널 스페이스라고 할 수 있다. 리미널
스페이스는 사이 공간In-between space과는 다르다. 사이 공간은
단순히 이쪽과 저쪽 사이에 있는 공간을 말하는데, 이쪽 또는
저쪽으로 중첩되면서 주변을 끌어 들여 그 자체뿐 아니라 주변의
질을 변화시키는 가변성은 없다.

톨레도 성문. 명확한 경계
요소로서의 스레숄드이다.

아산 외암 마을의 동네 어귀에
자리한 느티나무.

제천 청풍면 민속 마을에 있는
관아. 경계 공간으로서의 기단,
마루 등을 볼 수 있다.

루이 14세 시절, 국가 재산으로
성을 건축한 혐의로 재판에
회부된 니콜라 푸케Nicolas Fouquet의
유죄 판결 장면. 서양의 실내
장면은 한국 마당에서 일어나는
행위와 비교된다.

처마 대 이브

한국 건축의 깊은 처마는 여러 가지 기능을 담당한다. 비를 막는 것 뿐 아니라 빛을 차단하는 역할을 한다. 처마 밑에 호롱불을 걸기도 하고 음식을 말리기도 한다. 이와 같이 한국 건축의 처마는 공간도 형성한다. 처마는 외부 공간을 내부화하거나 외부 공간을 내부 공간과 연결하는 전이 공간으로, 모호한 성격의 경계 공간이라고 할 수 있다. 서양 건축에는 이런 처마가 없다. 서양 건축의 이브eave는 단순히 비를 막는 것 외에는 다른 기능이 없고 벽과 지붕이 만나는 부분의 마감 디테일로서 상징적 의미가 크다. 서양 건축에서 빛의 조절은 처마가 아니라 벽과 창을 통해서 했다. 여기서부터 로지아와 덧창, 기둥과 아치, 트레이서리tracery와 같은 벽의 요소들이 발전되었다. 근대 건축에서 장식이 제거되고 벽이 평활면이 되면서 이러한 전통 요소들이 사라지고 빛을 조절하기 위해 벽에 수평 또는 수직 루버louver를 설치했다.

처마는 동양 건축의 고유한 기술이다. 서양에서 처마의 개념을 처음 선보인 건축가는 미국의 프랭크 로이드 라이트로 그가 일본 건축의 영향을 받은 것은 잘 알려진 사실이다. 유럽에서 최초로 동양식 처마를 사용한 건축물은 미스 반데어로에의 바르셀로나 파빌리온이다. 동양 건축의 영향을 받은 것으로 짐작되는 이 건축은 캔틸레버cantilever로 뻗어 나온 긴 처마가 깊은 사이 공간을 창조하고, 내외부의 경계를 모호하게 만든다. 그러나 바르셀로나 파빌리온의 처마가 만드는 공간은 조각처럼 감상을 위한 것이다. 이런 점에서 바르셀로나 파빌리온의 처마는 일본적이다. 다니자키 준이치로가 『음예 공간 예찬』에서 찬양했듯이 일본 건축은 깊은 처마를 갖지만[74] 마당과 면하는 경계 공간을 형성하지는 않는다. 하지만 한국 건축의 처마는 마당과 면하는 경계 공간을 형성하며 많은 기능을 담당한다.

---

74   다니자키 준이치로, 『음예 공간 예찬』, 57~61면.

한국 건축의 처마 밑 공간.
처마는 깊고 여러 가지
기능을 담당한다.

피엔차의 피콜로미니 팔라초.
르네상스의 팔라초 이브는
벽과 지붕이 만나는 부분의
마감 디테일로서 의미가
크다.

바르셀로나 파빌리온의
처마와 조각.

프랭크 로이드 라이트가
설계한 일리노이주의
로비 하우스.

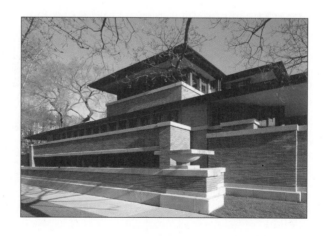

툇마루와 복도의 차이

건축에는 방과 방을 연결하는 복도corridor라는 요소가 있다. 대개
방과 방 사이, 또는 방의 한쪽 면에 배치되는 선형의 공간이다.
서양 건축에서 복도가 등장한 것은 17세기 이후였다. 근대
이전에는 주로 방에서 방으로 동선이 직접 연결되었다. 방의
구성이 복잡해지고 사적 공간에 대한 보호가 중요해지면서 방과
방을 연결하는 기능적 통로가 건축을 구성하는 요소로 새롭게
등장한 것이다. 한국 전통 건축에는 원래 복도와 같은 공간이
없다. 한옥에는 각각의 방을 연결하는 동선 체계가 따로 존재하지
않고 마당이 방으로 들어가는 통로 역할을 했다. 한국 건축의 방은
마당을 둘러싸고 방은 마당으로 연결된다. 방이 연이어 있어서
서로 연결할 필요가 있을 때는 툇마루를 사용했다. 방과 마당
사이에 존재하는 툇마루는 서양 건축에는 없는 한옥의 독특한
요소로 방과 방을 연결하는 복도이자 마당과 방을 연결하는
전이 공간의 역할을 했다. 툇마루는 단순한 통로가 아니라, 현관,
응접실 등의 기능을 하는 다목적 공간이기도 하다. 걸터앉아
쉬거나 담소를 나누거나 밥을 먹는 행위가 가능한 곳이다.
보따리장수가 마당에 들어와 문전 박대를 당하지 않고 툇마루에
걸터앉아 물건을 펼치기도 했다. 이것은 툇마루가 내부도
아니고 외부도 아닌 내외부의 전이 공간 성격을 갖기 때문에
가능한 일이다. 내외부 공간이 명확히 분리되는 현대 주택에서는

불가능하다. 툇마루는 안과 밖, 사적 공간과 공적 공간의 사이에 명확한 경계를 설정하는 서양 건축과는 다른 한국 건축의 모호한 경계 공간이다.

개항 이후 한옥에는 서양 건축의 영향으로 실내에 긴 복도를 설치하여 안방과 대청마루, 건넌방을 연결하는 변화가 일어났다. 아산에 있는 윤보선 생가의 툇마루도 유리문을 달아 복도처럼 사용했다. 이렇게 함으로써 복도 바깥으로 외풍을 막았고, 대청은 실내 공간으로서 독립성이 높아졌다. 생활 방식에도 변화가 생겨 실내에 의자와 가구를 들여놓기 시작했다.[75] 20세기 들어 서양과 일본의 영향을 받으면서 속복도 주택이 등장했고 집중화된 주택 평면이 발전했다. 서구적 근대화는 한국 건축의 전반적 실내 공간화를 진행시켰고 내부 공간의 독립성을 증대시켰다. 복도가 생기면서 통로는 기능 공간이 되었고 툇마루와 같은 다목적 성격의 공간은 사라졌다. 또 방과 방의 소통과 접촉도 어려워졌다.

루이스 칸이 이미 복도를 〈갤러리〉로 정의한 바 있지만, 현대 건축에서는 최근 기능 공간으로서의 복도에 대한 비판과 함께 복도를 공공 공간화하려는 경향이 나타나고 있다. 그 예로 프랭크 게리가 설계한 MIT의 스타타 센터Stata Center의 복도는 단순한 통로가 아니라 다양한 행위가 일어나는 다목적 공공 공간이다. 서구적 근대화 과정에서 잃어버린 한국 건축의 고유한 특성을 현대 건축이 다시 회복하려고 하는 것이다.

---

75   신영훈, 이상해, 김도경, 『우리 건축 100년』(서울: 현암사, 2005), 204면.

한국 건축의 툇마루를
볼 수 있는 추사 고택.

MIT 스타타 센터, 공공
공간으로서의 복도.

마루와 거실의 차이

마루는 한국 건축에만 있는 독특한 공간이다. 중국 건축은 마당과
당堂으로만 구성되어 안과 밖이 서로 대면하는 조직의 단위로
구성되지만, 한국 건축은 마당과 방 사이에 중간 성격의 마루가
존재한다. 마루는 마당과의 관계가 중요한데 마당에서 마루에
오르기 위해서는 신발을 벗고 무릎 높이만큼 올라와야 한다.
마루는 이처럼 몸의 움직임을 통해 내외부 공간이 연결되는 독특한
전이 공간이다. 한국 전통 주택의 마루는 현대 주택에서 〈거실〉로
번역되었다. 서양 건축의 거실living room은 19세기 가족의 등장과
함께 새로 만들어진 방으로 이전의 응접실과는 다른 〈가족을
위한 실〉이다. 즉, 서양 주택의 거실은 마루와 같은 모호한 성격의
공간이 아니라 여러 방 가운데 공적 기능을 갖는 하나의 방이다.
서양 주택에서 거실과 방 사이에는 어떠한 중간 성격의 경계 공간이
없다. 이런 점에서 한국 건축의 마루는 서양 건축의 거실과는 성격이
다르다. 한국의 현대식 아파트에 있는 거실은 서양 주택의 거실과는
다른, 한옥의 마루와 같은 성격을 갖고 있다.[76] 한국 아파트의
거실은 방들 가운데 배치되어서 개방적이며 각 방을 연결하는 동선
기능을 하고 다목적으로 쓰인다. 한국의 아파트 거실은 서양 거실에
전통 한옥의 마당과 마루가 혼합된 성격을 갖는다.

76   박인석, 『아파트 한국 사회』(서울: 현암사, 2013), 199면.

낙선재 연경당. 마당과 방
사이에 마루가 있다.

벽과 담의 차이

서양 건축은 벽을 만드는 데서 출발한다. 벽은 내부를 외부로부터 보호하기 위해 둘러싸인 공간을 만든다. 서양에서 〈거주한다〉는 말은 벽으로 둘러싸인 공간 안에 산다는 의미이다. 벽을 기준으로 안과 밖, 이쪽과 저쪽의 위계도 생긴다. 그래서 벽은 벗어나야 할 장벽이기도 했다. 한국 건축은 벽을 만드는 데서 시작되지 않는다. 〈칸〉이라는 개방된 공간의 구조(골격)를 먼저 만들고 나서 필요한 부분을 막으면서 집이 지어진다. 막는 방법도 다양하고 개방형 문을 설치하여 막히거나 열리는 공간의 변화도 많다. 서양 건축에서는 벽을 허물면 집이 무너진다. 하지만 한국 건축에서 벽은 단지 기둥과 기둥 사이를 채운 것일 뿐이다. 한국 건축에는 벽 대신 담이라는 요소가 있다. 담은 경계를 나누고 영역을 설정하는 수직의 요소이다. 양반 주택에서 안마당과 사랑 마당, 행랑 마당은 대개 담으로 막혀 있다. 그러나 담은 서양 건축의 벽과 같이 안과 밖, 성과 속을 분리하기보다는 관계를 맺는 역할을 한다. 즉, 담은 관계를 만드는 장치이지 분리하는 장치가 아니다. 그래서 담은 높지 않고 항상 문으로 연결된다. 담장은 있으되 그 너머로 안에서 밖을 볼 수 있고 밖에서도 안을 들여다 볼 수 있다. 궁궐처럼 특별한 경우를 제외하고 한국 건축의 담은 사람 키보다 그다지 높지 않다. 또 문이 담보다 높은 경우가 대부분이다. 문보다 담이 높거나 방어적 성격의 벽이 강조되는 서양 건축과는 반대다. 한국 건축의 담은 내부를 보호하기 위한 벽이 아니라 영역을 표시하고 관계를 설정하는 장치이다. 대개 양반 주택의 사랑채에 있는 누마루에서 보면 담을 넘어 밖의 경관을 내다볼 수 있게 되어 있다. 양동에 있는 관가정觀稼亭의 담도 낮아서 당호대로 밖의 농사짓는 경관을 다 볼 수 있다. 한국 건축에는 집 안의 누마루가 담장보다 높거나 담장을 넘어 밖으로 나가는 경우도 있다. 윤증 고택의 사랑채는 아예 담 밖에 나와 있다.

한국 건축의 담이 낮고 경계가 모호한 것은 한국 사회가 그만큼 안정된 사회였다는 증거이기도 하다. 불안정한 사회에서는 방어 문제로 담이 높을 수밖에 없다. 실제로 중국이나 일본의 담은 방어 목적에서 높게 만들었다. 한국 건축의 담도 원래는 방어를 위한 것이었지만 조선 시대 주택에서는 남녀의 영역을 구분하는 〈예〉의 수단으로 발전되었다. 낮은 담은 비록 노동을 감시하는 목적이 있었더라도, 한국 건축이 갖고 있는 경계의 성격을 잘 보여 준다. 한국 건축의 담은 영역을 나누지만 완전히 분리하지는 않는다. 담으로 표시되는 경계가 있지만 담이 끊기거나 열려서 서로 소통한다. 도산 서당엔 대청 마당, 대문 마당, 대문 밖의 세 영역이 있는데 모두 연못을 중심으로 하여 연결된다. 도산 서당의 담은 이렇게 연못으로 끊어져 있어 주위와 연결된다. 담의 경계 기능은 없거나 아주 약하다. 건축가 함성호의 관찰에 의하면 도산 서당의 담은 정원의 나무를 심듯이 심은 것이지 경계를 형성하려고 쌓은 것이 아니다. 구획을 하지만 여기저기 비워져 있어 틈 사이로 풍경을 끌어 들이는 역할을 한다.[77] 소쇄원 담은 개울을 만나 뛰어넘기도 한다. 왕세자의 독서실이었던 창덕궁 후원의 기호헌

---

77   함성호, 『철학으로 읽는 옛집』(파주: 열림원, 2011), 124면.

담도 마찬가지였다. 중국이나 일본 건축에서 이렇게 끊기고
열린 담을 찾아보기는 어렵다. 한국 건축의 담은 이처럼 영역을
정의하면서 동시에 영역 간 소통이 일어나는 장치이다. 선암사
일주문에는 양쪽에 짧은 날개 담이 붙어 있다. 이 담은 지극히
상징적으로 존재한다. 물리적으로 영역의 안과 밖을 나누기보다는
상징적 경계로서의 의미가 크다. 한옥의 툇마루에 붙여진 조그만
내외벽(담)은 실제로 시아버지와 며느리, 부인과 남편의 공간을
나누지는 못하지만 심리적으로는 충분히 경계의 역할을 한다.
이러한 담은 공간을 물리적으로 한정하기보다는 심리적 경계를
표현한다.

　　서양 건축에서는 벽이 곧 담이다. 벽은 안과 밖의 경계가
분명하다. 미국의 건축가 헤이덕John Hejduk의 월 하우스Wall House는
선이라는 요소가 만드는 벽의 본원적 의미를 탐구한 실험적
프로젝트였다. 월 하우스는 안과 밖을 나누며 수직으로 서 있는
벽 경계를 뚫고 나오는 순간의 존재론적 감각을 표현하고자
한다. 이것은 서양 건축에서 벽에 대한 인식이 한국 건축의 담과
다르다는 점을 잘 보여 준다.

윤증 고택의 사랑채는 담을
넘어 있다.

양동 마을의 관가정. 마루에서
담을 넘어 보이는 경관.

창덕궁 기호헌의 담과 문.
연못에서 담장이 끊겨 있다.

양동 마을 심수정의 담.
누마루에서 담장 너머를 볼 수 있다.

소쇄원의 개울을 건너는 담.

양동 마을 서백당의 날개 담.
사랑채와 안채의 상징적
경계로서의 담이다.

헤이덕이 1973년에 설계한 월
하우스. 나중에 네덜란드의
호로닝언에 지어졌다.

사찰의 산문

종교 건축은 종교적 열망과 이상을 표현하는 상징 공간으로
세속 사회와 구분되는 성聖의 영역이다. 성당은 천상의 세계를,
사찰은 불국토를 상징한다. 세속 사회에서 종교적 공간으로
진입하려면 경계를 넘어야 한다. 그런데 그 진입 과정을
보면 한국 건축은 서양 건축과 다르다. 로마 시대 바실리카
성당은 포르티코portico에서 아트리움atrium이라고 불리는 중정,
나르텍스narthex라는 회랑을 지나 성당 내부로 들어가는데 이것은
속俗에서 성聖으로 진입하는 과정이다. 중세 성당은 진입 과정이
더 순간적이다. 육중한 벽에 새겨진 고딕 포탈의 조각상을 통과해
성당 문을 열고 들어가면 바로 하느님의 나라였다. 그 대비는
극적이고 경계는 뚜렷하다.

　반면에 한국의 사찰은 세속 사회에서 불국토로의 진입
과정이 점진적이고 과정적이다. 통상 사찰의 진입 과정은 성과
속의 경계가 시작되는 일주문, 수문장 역할을 하는 천왕문,
그리고 불이문(해탈문)으로 구성된 사찰의 산문을 거쳐 현세에서
불국토에 이르게 되는데, 사찰의 산문山門은 성과 속의 경계를
상징한다. 즉, 일주문에서 불이문까지는 사바세계에서 불국토에
이르는 과정이다. 그러나 서양의 종교 건축처럼 단절적이거나
점증적이고 드라마틱한 진입 과정은 아니다. 현세와 불국토의
영역은 단절되지 않고 각 단계마다 공간은 새어 나가 상호

연결되고 확장된다. 그러다 어느새 불국토에 이르게 된다. 교리적으로 보면 천왕문은 아직 미망의 세계이고 해탈문부터가 깨달음의 세계이다. 그러나 천왕문부터 이미 가람伽藍은 시작된다. 이것은 사찰 안일 수도 있고 밖일 수도 있다. 해인사 국사단(토지 신을 모신 토착 신앙의 사당)을 이 사이의 경계 공간에 놓은 것은 이런 점에서 아주 자연스럽다. 성과 속이 중첩된 공간이기 때문이다. 사찰의 산문은 안과 밖의 구분이 명확치 않고 닫힌 듯 열려 있고 열린 듯 닫혀 있는 한국 건축의 경계를 잘 보여 준다. 서서히 진행되는 점진적 과정에서 어느 순간 불국토에 이르는 것이다. 이것은 직선상의 시간 축을 따라가는 단계적인 공간 경험으로는 설명할 수 없다. 사찰의 산문은 개선문이나 성당의 포털처럼 통과해야 할 기념비나 스레숄드가 아니라 시공간적 전이가 일어나는 모호한 경계이다.

선암사 일주문의 날개 담은
상징적 경계를 보여 준다.

7

개체와 집합

건축 공간의 분화

원시 주거는 아주 단순한 원룸이었다. 문명이 발전하면서 원룸은
점차 여러 개의 공간으로 분화된다. 한 지붕 밑에 많은 방이
생기기도 하고 여러 건물이 군집을 이루면서 공간이 확장되기도
했다. 그런데 공간이 분화되거나 집합되는 방식에서 동양과
서양의 건축은 서로 다른 방향으로 발전했다. 서양 건축이 한
지붕 아래에서 공간이 복잡하게 분화하면서 여러 개의 공간이
합체된 덩어리(매스)의 건축으로 발전했다면 동양 건축은 여러
개의 건물이 수평적으로 군집되는 방식이었다. 이것을 본채,
부속채와 같은 채의 분화라고 한다. 북경의 자금성과 파리
루브르궁의 전체 면적은 비슷하지만 전체가 이루는 질서는 완전히
다르다.[78] 루브르궁은 하나로 합체된 건물이지만, 자금성은 채의
분산과 군집으로 형성된 건축이다. 일찍이 고유섭 선생도 이것을
동서양 건축의 중요한 차이점으로 지적했다. 〈다수의 당우堂宇와
낭무廊廡가 운율적으로 반복하여 일군의 건축 대단大團을 이룸이
곧 중국 건축의 특징이요, 따라서 한국 건축의 특징인 것 같다.
서양 건축이 일개一個의 집성된 괴체傀體임에 대하여 이와 같이
해방적임에 그 특징이 있다.〉[79]

---

78 리원허, 『중국 고전 건축의 원리』, 164면.

79 고유섭, 『조선 건축 미술사 초고』(서울: 대원사, 1999), 15면.

동양 건축이 채가 분화하는 방식으로 공간 확장을 이룬 것은 주로 목 가구조를 사용했기 때문이다. 돌이나 벽돌을 사용하는 조적조에 비해 목 구조는 재료의 강도가 약하고 기둥과 보, 지붕이 프레임으로 엮여 있기 때문에 공간 구획에 제약이 많을 뿐 아니라 내부 공간을 확장하는 데도 불리하다. 목조가 화재에 약한 것도 공간이 하나의 덩어리로 분화하지 않은 이유였을 것이다. 그래서 다양한 활동을 담는 대규모의 시설은 단일 건물로 해결하지 못하고 여러 채로 나뉘게 된다. 동서양 건축의 공간이 확장되는 방식의 차이는 서양 건축에서 내부 공간이 발전하고 동양 건축에서 외부 공간이 발전하게 된 것에도 직접적인 영향을 미쳤다.

　　동아시아 건축도 각 나라마다 공간 분화의 양상을 조금씩 달리한다. 중국 건축은 고대부터 채의 분화가 활발히 이루어졌다. 건물의 기능에 따라 채가 분화되면서 마당을 중심으로 수평적으로 공간이 확장되었다. 한국과 일본은 고대 중국 건축의 영향을 받았지만 점차 독자적으로 발전했다. 일본 건축은 상대적으로 칸의 분화가 활발히 이루어지면서 하나의 채 안에 여러 실이 있는 집중형 건물을 발전시켰다. 그래서 궁궐, 사찰, 주택에 덩어리가 큰 목조 건물이 많다. 반면에 한국은 한 건물이 일정한 규모까지 분화된 후 더 이상 확장되지 않고 채의 분화가 이루어져 여러 개의 건물이 마당을 중심으로 군집되는 방식으로 발전했다. 한국 건축은 이처럼 채의 분화와 칸의 분화가 동시에 이루어지면서 다양한 외부 공간을 형성하게 되었다.

중국 반포의 유적에서 원시
주거의 원룸과 공간 분화를
볼 수 있다.

자금성과 경복궁을 비교할
수 있는 배치도.

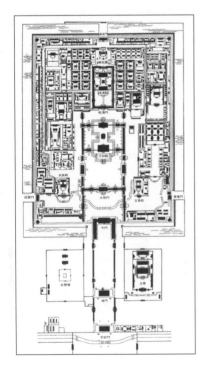

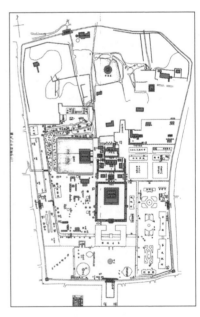

루브르궁의 배치도.

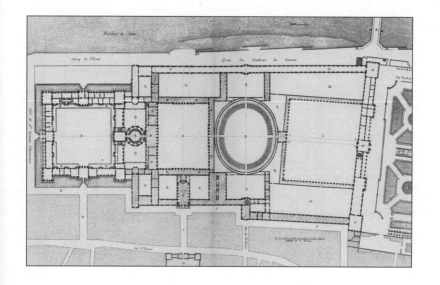

서백당의 배치도. 한옥의 채가
분화하여 형성된 다양한 외부
공간을 볼 수 있다.

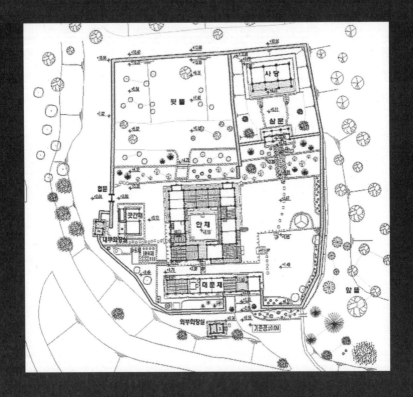

양동 마을의 충효당. 사랑채
마당에서 안마당으로 연결되는
중문이 있다.

부분과 전체

개별 공간이 합체되면서 덩어리가 확장되는 서양 건축은 자기
완결적인 오브제가 된다. 개체가 모여서 더 큰 개체가 되고 큰
개체 안에서 개별 공간은 독립성을 상실한다. 그래서 서양의
건축은 전체를 구성하는 덩어리가 중요하지 개체는 중요하지
않다. 개별 공간의 개체성은 전체 속에서 상실되고 전체의 일부가
된다. 르네상스 건축가 알베르티가 정의한 서양 건축의 미학은
부분과 전체의 조화와 통일성에 있다. 조금이라도 더하거나 빼면
전체의 완벽한 조화와 통일성이 깨지는 그러한 상태이다. 그는
자연의 원리가 그렇듯 부분과 전체는 상호 완벽한 조화의 상태에
있어야 한다고 믿었다.

칸의 분화와 채의 분화가 동시에 이루어지는 한국 건축에서
개체는 전체를 이루는 동시에 독립성을 유지한다. 한국 건축은 한
지붕 아래 공간이 분화(칸의 분화)되면서 하나의 채가 만들어지고,
여러 채(사랑채, 안채, 행랑채)가 군집되어 전체가 된다. 각각의
채는 독립적이면서 때때로 긴밀히 연결되기도 한다. 즉, 한국
건축은 개체의 집합으로 전체가 형성되지만 개체는 전체의
단순한 부속품이 아니라 각자 고유한 독립체로 존재한다. 한국
건축은 부분과 전체의 관계에서 이러한 특성을 갖는다. 앞서
설명했듯이 한국 건축은 마당을 중심으로 하는 영역의 조합으로
만들어지며 각 영역은 건물과 담, 회랑 등 부분들 간의 관계로

형성된다. 이것은 서양 건축에서 개체가 전체를 이루는 방식과는
명백히 대비된다. 개별 실(단위 공간)의 조합으로 전체가 구성되는
서양에는 이런 영역 개념이 없다. 이러한 공간 분화의 방식 차이는
부분과 전체, 개체와 집합, 개별성과 통일성에 관한 동서양의
고유한 사상과 문화가 영향을 미쳤다는 점도 무시할 수 없다.

알베르티가 설계한 산타
마리아 노벨라 성당은
르네상스 건축에서 부분과
전체의 통일성을 보여 준다.

독일의 미술사가 비트코버Rudolf
Wittkower가 도해학적으로
분석한 노벨라 성당의 입면.

루이스 칸이 설계한
방글라데시 다카의 국회
의사당. 방의 집합들이다.

독립된 채의 집합인 도산 서원.

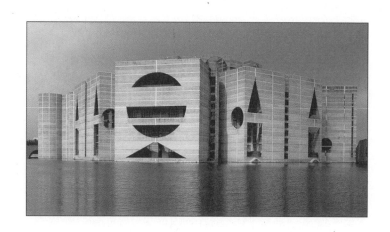

알파벳과 한자

서양의 알파벳과 한자는 개체의 자기 완결성과 집합에 관한
동서양 문화의 차이를 잘 보여 준다.[80] 서양의 알파벳은 단어의
기본이 되는 구성단위이다. 알파벳이 축을 따라 배열되는 순서에
따라 의미가 다른 단어들이 생성되는데 알파벳 자체로는 아무런
의미가 없다. 알파벳이 전체를 이루면서 비로소 단어의 의미가
생긴다. 문자는 기호일 뿐 하나하나의 개별 의미나 상징성은
없다. 반면 한자는 표의 문자로 개체가 독립적으로 의미를
갖는다. 수천 개의 이러한 기본 한자어가 상하좌우로 연결되면서
다양하게 조합되는 방식에 따라 서로 다른 의미를 갖는 단어를
만든다. 그래서 한자의 조합은 자유로운 성장 패턴을 갖는다.
한글은 한자와 알파벳의 중간적 성격이다. 단어를 만드는 하나의
음절은 추상적 알파벳으로 구성되지만 문자는 독립적이다.
한자처럼 개체가 자기 완결적이지는 않지만 배열은 한자와 같이
가로쓰기와 세로쓰기가 모두 가능하다. 이런 점에서 한글의
배열은 알파벳과 한자의 속성을 모두 지닌다. 부분과 전체의
관계에서 보이는 동서양 건축의 차이는 서양 알파벳과 한자가
구성되는 방식의 차이와 유사하다. 서양 건축은 알파벳처럼
하나의 덩어리를 이루면서 방들이 확장하지만 동양의 건축은

---

80   유현준, 『모더니즘: 동서양 문화의 하이브리드』, 36~40면 참조.

개체의 형태를 유지하면서 증식한다. 알파벳의 추상성과 한자의 구상성은 서양 건축과 동양 건축이 개별 공간을 조합하여 전체를 만드는 방식과 비슷하다.

　　서양에서 인쇄술의 발명이 갖는 의미는 이런 점에서 남다를 수밖에 없다. 서양의 중세 시대에는 성서에 근거해서 우주를 완벽히 조화로운 질서로 파악했고, 조화로운 전체로서의 이념을 믿었다. 여기서 개별자의 의미나 개체의 모습은 중요치 않았다. 그래서 중세에는 목판 한 장에 한 개의 오자라도 있으면 전체를 폐기시켰다고 한다. 서양에서 금속 인쇄술의 발전은 르네상스 이후 근대적 사고가 발전하면서 가능했다. 완벽하게 조화로운 유한한 세상, 개체가 전체 속에서만 파악되는 관계가 붕괴된 이후에 가능한 것이었다. 1440년경, 구텐베르크는 〈Moress〉에서 알파벳 순서를 바꾼 〈erros〉를 발견함으로써 26개의 알파벳을 임의적으로 구성하면 어마어마한 전체, 즉 새로운 세계가 구성되는 점을 발견했다. 전체의 조화 속에서만 이해되는 부분이, 중립적이고 무의미한 개별자로 변질됨으로써 활자에 의한 인쇄술이 발명된 것이다. 사회학자 마셜 매클루언Marshall McLuhan은 이를 미디어 사회로의 혁명적 변화를 알리는 〈구텐베르크 갤럭시〉라고 불렀다.[81]

81　Marshall McLuhan, *The Gutenberg Galaxy*(Toronto: University of Toronto Press, 1962).

룸과 방

서양 건축의 공간 단위인 룸room은 우리말로는 방으로 번역된다. 룸과 방은 모두 건축의 단위 공간을 말하지만 둘 사이에는 분명한 차이가 있다. 서양 건축의 룸은 앞에 다이닝dining, 리빙living, 베드bed, 스터디study와 같은 목적이 붙어서 식당, 거실, 침실, 서재 등 기능적 공간이 된다. 그러나 한옥은 기능에 따라 방을 구분하지 않는다. 한옥에는 안방, 건넌방, 사랑방처럼 방의 위치와 사용하는 사람에 따른 명칭이 있을 뿐이다. 한옥의 방은 용도가 정해져 있지 않다. 마루도 공간의 성격을 말하는 것이지 특정 목적을 위한 기능 공간이 아니다. 한옥의 방과 마루는 서양의 룸과 달리 다양한 행위가 일어나는 다목적 공간이다. 한옥에서 기능을 구분할 수 있는 것은 부엌과 창고뿐인데, 부엌도 취사와 난방, 목욕을 담당했다는 점에서 다목적 공간이다. 한옥의 방이 다목적 공간으로 활용되는 것은 좌식 생활과 관련이 깊다.

중국은 입식 생활이라서 방마다 특정 용도를 위한 가구를 들여야 하고 그에 따라 방의 용도가 결정된다. 중국 건축에서 방은 자는 곳을 뜻하는 와실臥室과 생활을 하는 거실(당)로 나뉘는데 와실에는 침상이, 거실居室에는 책상과 의자가 놓인다. 그러나 한국 건축은 안방에 밥상을 놓으면 식당이고 책상을 펴면 공부방이고 이불을 깔면 침실이 된다. 또 이불을 걷어 다락에 넣으면 거실이요, 손님을 맞을 때는 응접실 역할도 한다. 좌식 생활하는 한옥의 방은 가구로 방의 기능을 규정하지 않아서 다목적으로 사용할 수 있다. 접대. 식사, 취침, 오락 등의 다양한 행위가 일어나는 한옥의 방은 그야말로 불확정적 해프닝의 공간이다.

건축가 김수근은 한옥의 문방을 가장 한국적인 공간으로 규정했다. 문방은 옛 선비들이 글을 읽으며 대부분의 시간을 보내던 곳인데, 서양 주택의 서재와는 성격이 좀 다르다. 문방은 그 기능이 한정되지 않고 변하는 공간이다. 무의도적 공간이자 시간적 공간이며 공간적 시간이다. 또 사색과 창조를 위한 곳이다. 김수근은 이러한 문방을 서양의 거주 공간primary space이나 생산 공간secondary space과는 다른 제3의 공간(궁극 공간, 또는 여유 공간)으로 정의했다.[82] 그가 설계한 〈공간〉 사옥의 앞마당에서 우리는 문방과 같은 제3의 공간을 실현하려고 했던 의도를 읽을 수 있다. 한국 건축의 방(또는 마루)은 최소한의 공간 단위이지만 마당과 연결됨으로써 단순성을 극복하고 다양한 행위를 담게 된다. 즉, 마당 없이 방은 성립하지 않는다. 이러한 한국 건축의 공간 구성은 방에서 방으로 연결되는 서양 건축과 다르다. 한옥의 방은 최소한의 공간으로 많은 기능을 담을 수 있기 때문에 경제적이다. 〈기능적〉이 〈경제적〉인 것을 의미한다면 한옥의 방은 서양의 룸보다 훨씬 기능적 공간이라고 할 수 있으며 나아가 더 윤리적이라고 할 수도 있다.

방의 전통은 한국 현대 주거에도 남아 있다. 한국 현대 주택의 거실은 한옥의 마루와 비슷한 성격을 갖고 있어서 오락, 휴식, 취침, 식사, 공부 등 다양한 행위가 일어난다. 또 한국에서는

---

82   김수근, 『좋은 길은 좁을수록 좋고 나쁜 길은 넓을수록 좋다』, 256면, 292면.

관습적으로 안방에 침대와 책상을 같이 놓거나, 밥상을 들이는 경우도 있는데 이것도 방의 전통에서 온 것이라 할 수 있다.

중국 주택의 와실과 거실.

추사 고택의 문방. 문방은
기능이 한정되지 않는 무의도적
공간이자 사색과 창조를 위한
곳이다.

옛 공간 사옥의 마당.
현재는 아라리오 뮤지엄 인
스페이스이다.

룸과 칸의 유사성과 차이

서양 건축을 구성하는 공간 단위를 개념적으로 가장 잘 정의한
사람은 건축가 루이스 칸일 것이다. 그는 건축을 룸의 구성과
조합이라고 정의했다. 여기서 룸은 일반적 의미의 방이 아니라
건축을 구성하는 가장 원초적이고 자기 완결적인 기본 단위이다.
루이스 칸은 룸이 되기 위한 조건을 〈독립된 구조와 빛을
갖는 공간〉이라고 정의했다. 룸은 인간이 경험할 수 있는 가장
실존적이고 원초적 공간이다. 그래서 그는 〈룸은 건축의 시작이다.
그것은 마음의 장소이다〉라고 선언했다. 이러한 개념은 제2차
세계 대전 이후 이른바 유동적 공간flowing space을 추구했던 모더니즘
건축에 대한 대안으로서 큰 주목을 받았고 지금도 많은 건축가와
학생들의 건축적 사고에 바탕을 이룬다. 루이스 칸의 룸 개념은
용도와 무관한 공간 단위의 유형이라는 점에서, 또 구조와 공간의
통합체라는 점에서 한국 건축의 칸間과 비교해 볼 만하다. 서양
건축이 룸에서 시작한다면 한국 건축은 칸에서 시작한다. 한국
건축의 칸은 기둥과 보의 결합을 전제로 하는 〈삼차원의 복합
시스템과 연동되는 공간 구성의 핵심 단위〉[83]로서 공간적 요구와
구조적 한계를 모두 고려한 사방 네 기둥으로 둘러싸인 공간을

---

83   전봉희, 이강민, 『3칸×3칸: 한국 건축의 유형학적 접근』(서울: 서울대학교
출판부, 2006), 14면.

말한다. 칸은 구조의 단위이자 계획 단위인 공간 모듈이며 그 공간 단위에 용도가 들어가면 방, 청廳, 실室 등의 구체적 공간이 된다.[84] 하지만 룸과 칸의 차이에 주목할 필요가 있다. 룸은 공간적으로 자기 완결성을 갖지만 칸은 벽으로 구획되는 단위 공간이 아니라 그리드와 기둥으로 정의되는 공간의 틀이다. 칸으로 정의되는 공간의 프레임 안에서 방은 매우 다양하게 조합되어 만들어진다. 한국 건축은 한 칸이 좁으므로(한 칸은 보통 2.5미터 8자 크기), 넓은 공간을 필요로 할 때는 몇 개의 칸을 연결해서 사용한다. 한옥은 이처럼 칸으로 이루어진 공간 단위가 증식과 분화를 하면서 연결되고 확장된다. 이것은 방의 장소성과 건축 공간의 융통성을 훌륭하게 만족시키는 고도의 건축 수법이다. 그래서 칸은 룸과 달리 가변적이고 융통성 있는 공간 단위가 된다. 칸은 공간 단위의 틀은 유지하면서 개별 단위는 가변성을 갖지만, 룸은 궁극적 공간의 단위로 관계성보다는 개별성을 표상한다.

하나의 채 안에서 칸이 만드는 영역의 개별성과 융통성의 오묘한 공존을 양동 마을의 심수정에서 볼 수 있다. 심수정은 정면 일곱 칸의 기역 자 형태의 평면으로 대청 가운데는 심수정, 우측 온돌방에는 이양재, 대청 모서리에는 삼관헌, 누마루에는 함허루라는 현판이 각각 걸려 있다. 건축가 김개천이 서술하는 것처럼 〈심수정의 각 공간들은 어떤 특정한 영역의 지배나 구속을 받지 않으며 (……) 별개의 당호를 갖는 개별성으로 스스로 자신의 존재감을 배가시킨다. 이들을 결합시키는 것은 모두가 연결되고 열려 있는 구성 체계〉이다.[85]

---

84   전봉희, 이강민, 위의 책, 15~16면.

85   김개천, 『명묵의 건축: 한국 전통의 명건축 24선』, 251면.

루이스 칸의 룸 드로잉. 룸은
건축을 구성하는 가장 원초적이고
자기 완결적인 기본 단위이다.

양동 마을의 심수정. 세 개의 현판이
걸려 있어 칸이 만드는 공간의
변화를 볼 수 있다.

구성과 직조: 한국의 건축에는 구성이 없다

건축은 어떤 의도를 갖고 공간을 배열하고 조직하는 일이다.
그런데 동양 건축과 서양 건축은 그 원리와 방법이 다르다. 서양
건축에서 공간과 형태를 배열하는 방식을 구성composition이라고
한다. 근대 이전 건축의 기능이 그렇게 복잡하지 않고 규모가
크지 않았을 때 건축은 몇 개의 타입(양식적 전형)에 따라
설계되었다. 그런데 근대 이후 기존의 유형으로는 소화하기
어려운 새로운 기능의 복잡한 건물이 출현하고 건물 규모도
커지면서, 공간을 배열하는 구성 원리가 발전하게 된 것이다.
프랑스의 에콜 데 보자르에서는 이러한 구성 원리를 이론적으로
발전시켰다. 보자르의 구성 원리에서 가장 중요한 것은 중심
공간이다. 부수적 공간들은 이 중심 공간의 주위에 축을 따라
배치되어 전체의 통일성과 조화를 이루는데 이러한 구성의 원리가
외관상으로 잘 표현되어야 좋은 설계로 간주되었다. 루이스 칸이
정의한 건축의 단위인 룸도 이러한 구성의 단위이다. 그래서 칸은
〈건축은 디자인이 아니라 구성이다〉라고 공언했다.

한국 건축에는 구성의 개념이 없다. 한국의 건축은 네 개의
기둥이 이루는 한 칸에서 시작하여 두 칸, 세 칸으로 반복되며
확장되는데, 필요에 따라 그 형태가 기역, 니은, 디귿, 리을,
미음의 형태로 꺾인다. 한국 건축에서는 방과 방이 연결되는
데 어떤 조형적 의미나 미적 원리가 지배하지 않는다. 중심이나

축의 개념도 절대 규범으로 적용되지 않는다. 서양 건축의 구성이 절대 규칙에 따라 단위 공간들을 배열하는 것이라면 한국 건축은 방들의 상호 관계를 직조해 나간다. 외부에서 부여된 질서가 아니라 방과 방의 관계라는 부분적 질서의 연결로 전체를 만들어 나간다. 구성은 외적 형식이 부여되는 것이고 직조는 내부의 질적인 문제로서 삶의 패턴과 관련된다. 이러한 한국 건축의 전통은 현대 한국 아파트에서 단위 세대가 다양한 방식으로 조합되면서 독특한 형태의 유형들을 만들어 내는 방식과 유사하다. 반면, 서양의 아파트는 전체 덩어리의 형태적 질서 안에서 단위 세대들이 배치된다. 서양에도 보자르식 구성과는 반대로, 내부에서 밖으로 단위 공간들이 결합되면서 유기적 형태를 조직해 가는 버너큘러vernacular 스타일의 건축이 있다. 그러나 한국 건축은 상호 기능적 관계를 직조하면서도 전체적으로는 명확한 위계를 형성한다는 점에서 서양의 버너큘러 건축과 차이가 난다. 로마 시대 지어진 이탈리아 티볼리의 아드리아나 빌라는 고전 건축에서는 보기 드물게 오랜 세월에 걸쳐 하나씩 덧붙여지면서 완성된 건축이다. 그러나 서로 충돌하는 요소들이 콜라주처럼 덧붙여져 전체의 위계를 찾기는 어렵다. 반면 한국의 선교장은 오랜 세월에 걸쳐 점진적으로 완성된 건물이지만 전체적인 위계와 질서를 형성한다. 개체의 독립성이 보장되지만 전체로는 집합적 위계와 질서가 강조된다.

　　한국 건축 가운데서 위계에 따른 집합적 질서를 가장 잘 보여 주는 것은 아마도 유교 건축일 것이다. 유교는 사회 위계와 질서 그리고 그에 따른 행동 규범에 관한 학문으로, 유교적 가치의 본질은 위계에 있다고 할 수 있다. 따라서 집을 짓고 공간을 구축하는 데 이러한 원리가 반영되는 것은 당연하다.

특히 양반 주택과 궁궐, 서원, 향교는 유교 질서와 행동 규범이 강조된 건축이다. 그러나 한국 건축에 반영된 유교적 위계는 상호 관계에 따른 것이지 서양 건축의 구성처럼 일방향적이지 않다. 일례로 프랑스의 베르사유 궁전은 모든 것이 왕의 방을 초점으로 방사선처럼 모이도록 구성되었다.

한국 건축의 집합적 질서는 중국 건축과도 좀 다르다. 중국 건축은 고대부터 수천 년간 서양 건축처럼 집중과 합병의 방식으로 팽창하지 않고 마당을 중심으로 수평적으로 확장되었다. 그 집합의 질서는 중심 축선을 기준으로 삼았다.[86] 중국에서 건물을 배열하는 것을 포치布置, 포국布局이라고 한다. 중국 건축의 포치 원리를 간단히 요약하면 중축 대칭(중심축 상에 건물을 대칭으로 배열하는 것), 방정엄정적(네모반듯한 틀 안에 엄격하고 바른 모습), 군체 조합(여러 군체가 조합을 이루는 것)이라고 한다.[87] 주나라 때부터 이러한 개념이 싹텄다고 하는데 중국의 자금성이나 도시 계획에서도 잘 드러난다. 중국의 대표 주택 형식인 사합원도 이러한 원리가 적용되어 좌우 대칭의 기하학적 구조를 갖는다. 이런 점에서 중국의 사합원은 한국 건축과 같은 채의 분화를 이루지만 집합 방식은 서양 건축과 유사하다. 그래서 전체적으로는 꽉 짜인 하나의 매트(바닥판)와 같다.

한국의 고대 건축은 중국의 영향을 받았지만 고려 이후 9세기경부터 한국의 지형과 풍토에 순응하며 변형된다. 전통 건축학자 전봉희는 다음과 같이 설명한다. 〈한국 건축의 군집은

---

86   리원허, 『중국 고전 건축의 원리』, 178~182면.

87   김동욱, 『한국 건축 중국 건축 일본 건축』, 318면.

정형을 이루는 고대 건축의 단계를 벗어나면서 이미 배치로는
설명하기 어려워진다. 각각의 단위 건축물이 전체를 구성하는
부분으로 존재하는 배치 개념과 달리, 한국 건축에서의 단위
건축물은 각각이 주인이면서 동시에 각각이 상대를 개별적으로
의식하고 배려하는 관계를 보인다. 중국 남제 말엽의 화가 사혁의
화론육법에 나오는 경영위치經營位置는 부분이 전체와 갖는 한국
건축의 군집 개념을 잘 설명하고 있다.〉[88] 경영위치는 그림을 그릴
때 구도를 설계하는 것, 즉 회화에서 화면을 구성할 때 〈제재의
취함과 버림, 조직된 화면 구상과 배치〉를 말하는데 화면에 그리는
형상은 반드시 교묘한 재단을 거쳐야지 눈에 보이는 대로 다
그리면 안 된다는 것이다. 한국 건축의 배치가 눈에 보이는 꽉 짜인
전체의 구성이 아니라는 점에서 이 비유는 설득력이 있다.

---

88   전봉희, 이강민, 『3칸×3칸: 한국 건축의 유형학적 접근』, 214면.

뒤랑의 설계 방법론. 보자르 건축
구성 원리의 바탕이 되었다.

강릉의 선교장은 부분과 부분의
관계로 전체 질서를 만드는
직조된 건축이다.

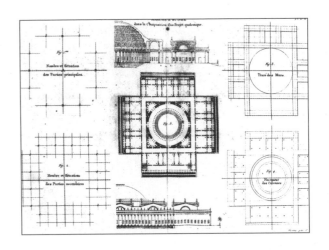

티볼리에 자리한 아드리아나
빌라의 모델.

바둑과 체스의 차이

동서양 건축에서 나타나는 공간의 점유 방식 차이는 바둑과
체스의 비교를 통해 잘 설명된다. 동양 건축은 바둑판의
그리드에 기둥을 놓으면서 유기적으로 성장하는 공간을 만드는
것과 같지만 서양 건축의 구성은 마치 체스처럼 자기 완결적
시스템을 갖는다.[89] 프랑스의 철학자 들뢰즈는 바둑과 체스에
나타난 공간 성격의 차이를 다음과 같이 기술한다. 〈바둑이
순수한 전략이라면 체스는 하나의 기호학이다. 결국 이들이
전제로 하는 공간은 동일하지 않다. 체스에서는 그 자체로
하나의 폐쇄된 공간을 정리하는 것이 문제이고 한 점에서 다른
점으로 이동하기, 최소의 수의 말로 최대의 수의 지역들을
정복하는 것이 문제이다. 바둑에서는 스스로를 개방된 공간에
배열하는데, 공간을 보존하며 어느 곳에서나 비약할 가능성을
보유하는 것이 문제이다. 여기서는 움직임이 점에서 점으로가
아니라 항구적이며 목적지나 방향도 없고 출발이나 도착도
없다. 바둑의 유연한 공간은 체스의 격자화된 공간에 대립된다.
바둑의 노모스nomos는 체스의 폴리스polis에 대립된다. (······)
그래서 후자가 공리적이라면 전자는 문제틀적problematic이다.
후자(체스)가 하나의 속에서 종으로 무수한 분화를 통해서

---

89   유현준, 『모더니즘: 동서양 문화의 하이브리드』, 40면.

진행하거나 역으로 안정된 본질에서 파생적인 속성으로
연역된다면, 전자는 하나의 문제에서 그것을 조건 짖고 해결하는
우발적 사건들로 이행한다.〉[90]

　　체스의 공간이 합리화된 대상으로서의 기하학적 공간이라면,
바둑의 공간은 라이프니츠의 접기를 통해 발생하는 공간이다.
이것은 우연적이고 안팎이 연결되며 우발적 사건의 가능성을
담는다. 한국 건축의 배치는 이러한 바둑이 생성하는 공간과
같다. 의도를 갖되 공리적이지 않고, 조합에 따른 변화 가능성을
가지며, 지형 변화에 대응하는 문제틀적 공간이다. 반면 서양
건축의 경우는 그 자체가 하나의 폐쇄된 공간이며, 구성과 배치의
원리는 공리적이고 추상 원리가 일관되게 적용되어 심지어는
자연까지도 변화시킨다. 서양 건축은 체스의 말처럼 자기 완결적
오브제이지만, 한국 건축은 바둑의 돌과 같이 관계와 집합으로
생성되는 공간이다. 서양 건축은 정해진 규칙과 질서에 따라
구성되고 한국 건축은 바둑판의 공간처럼 성장한다. 한국 건축의
기둥, 지붕, 담, 바닥 같은 요소들의 가치는 바둑판의 돌처럼
상대적 관계로 결정된다.

90　　Gilles Deleuze, Félix Guattari, "The Treatise on Nomadology", *A Thousand Plateau*(Minnesota: University of Minnesota Press, 1996), p. 353.

타입 대 프로세스: 타입의 역설

건축의 설계 방식은 크게 타입/유형type과 프로세스process로
구분될 수 있다. 근대 이전, 건축은 주로 타입을 기반으로 했다.
타입은 이미 주어진 형태이고 변화는 타입 안에서 일어난다.
반면, 근대 기능주의적 건축은 프로세스에 의존한다. 건축의
형태는 주어진 타입이 아니라 개별 공간들의 유기적 결합으로
만들어진다. 한국의 전통 건축은 이 두 가지 방식을 다 포함한다.
개별 건물, 즉 하나의 채는 타입 안에서 공간 분화가 이루어지지만,
채가 집합되는 방식은 유기적이다. 하나의 덩어리로 확장되는
서양 건축과 다르게, 한국 건축은 칸의 분화와 채의 분화가 동시에
이루어진다. 물론 채가 군집을 이루는 형식도 타입으로 유형화할
수 있지만 한국 건축은 그 형식이 느슨하고 변화가 많아 명확하게
정의하기가 쉽지 않다. 서양은 역사적으로 기능에 따른 여러 가지
건축 타입(유형)을 만들어 왔다. 신전과 교회로부터 근대에 등장한
기차의 역사와 백화점에 이르기까지 다양한 건축 유형이 있다.
이러한 건축 유형은 한번 만들어지면 오랫동안 지속된다. 시대가
바뀌고 기능이 변해도 원래 건축의 타입은 유지된다. 말하자면
서양 건축의 타입은 기능을 초월하는 형태적 지속성이 있다.
그래서 성이었던 건물이 수도원이 되고 나중에는 미술관, 학교
등으로 기능의 변환이 쉽게 이루어진다. 19세기 후반에 지어진
파리의 오르세 역사는 인상파 그림으로 유명한 오르세 미술관으로

바뀌었다. 서양 건축의 타입은 형태적 상징성이 강하고 공간 단위가 큰 반면 공간의 분화는 복잡하지 않기 때문에 이러한 변환이 가능하다.

동양 건축은 기능에 따른 건축의 타입이 있는 것이 아니라 모든 용도에 동일한 타입의 건물을 사용한다. 이것은 동양의 목조 건축이 제한된 구축적 틀을 가졌기 때문이다. 그러나 목 구조의 틀이 만드는 단위 공간인 칸은 융통성이 있어서 그 틀 안에서 용도와 필요에 따라 다양한 기능 공간을 조직할 수 있다. 또 건물이 군집되면서 형성하는 다양한 외부 공간으로 여러 가지 프로그램을 수용할 수 있다. 요약하면, 서양 건축은 형태적 타입이 다양하지만 공간의 분화는 섬세하지 않고, 동양 건축은 타입의 변화가 적고 형태적 상징성은 약하지만 내외부 공간의 조직은 복잡하고 섬세하다. 그래서 동양 건축은 한 건물이 최초의 용도와 다른 기능으로 변환되기가 어렵다.

한국 건축은 동아시아에서도 가장 유형의 변화가 적고 공간의 분화가 섬세한 경우에 해당한다. 일본 건축만 해도 신사와 사찰, 주거의 유형 구분이 비교적 명확하지만, 한국의 주택, 서원, 사찰, 관청 건물은 언뜻 보아서는 서로 잘 구별이 안 된다. 그러나 각 시설들은 공간의 조직이 매우 정교하기 때문에 다른 용도로 변환하기가 쉽지 않다. 재사齋舍를 주택이나 사찰로 바꾸기도 쉽지 않다. 그만큼 공간 조직과 기능 사이의 긴밀한 관계가 짜여 있다. 기존 건물을 다른 용도로 바꾸려면 결국 뼈대만 남게 되고, 해체할 수밖에 없게 된다. 한국 건축의 유형은 서양 건축의 타입처럼 기능, 형태, 성격이 일치된 개별성이 아니라 다양한 공간의 섬세한 조합이 가능한 구축의 틀이다. 그래서 한옥은 융통성과 적응력이 강한 건축의 전형이다. 하지만 한번 지어진 건물은 복잡하고 긴밀하게 조직되어 다른 용도로 변환이 쉽지 않다. 이것이 한옥이 가진 타입의 역설이다. 여기서 왜 한국의 전통 건축은 근대성을 수용하지 못했는지 해답을 찾을 수 있지 않을까?

오르세 미술관의 외부와
내부. 원래와 다른 기능으로
변환된 서양 건축 유형의
사례를 보여 준다.

도산 서당에 자리한 부엌
칸의 사이 벽과 책장. 공간
직조의 섬세함이 있다.

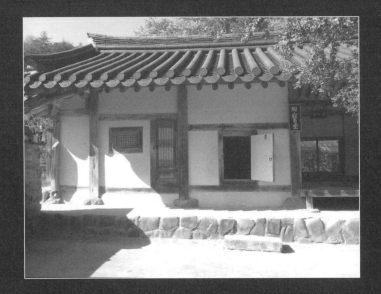

대칭과 비대칭

오래전부터 대칭은 자연에 부여된 완벽하고 이상적인 질서로
생각되었다. 동서양을 막론하고 건축은 이러한 자연 법칙을
따랐다. 엄격한 대칭을 바탕으로 한 정형적 질서를 최고의
가치로 추구했고 이것은 혼돈에서 질서, 야만으로부터 문명을
표상하는 것이었다. 특히 서양에서는 대칭을 자연과 우주의 절대
원리로 보았고 건축에도 절대 법칙으로 적용해 왔다. 중국도
고대 건축 제도부터 좌우균제를 원칙으로 삼고 엄격한 대칭을
이루었다. 20세기 초 일본인 최초로 서양의 건축을 공부한 이토
주타伊東忠太는 중국 건축에 대해 〈엄정한 좌우 대칭을 준수하기
위해 불필요한 건물이 부가되는 경향이 있다〉[91] 라고 기술한 바
있다. 한국 건축도 상징성을 갖는 전각은 좌우 대칭과 중심성의
원리를 따른다.[92] 사당도 세 칸을 기본으로 했다. 정면 세 칸의
건축이 갖는 상징성은 고대로부터 좌우 대칭, 동과 서, 그리고 예와
관계된다.[93] 그러나 건물의 집합에서 엄격한 대칭을 따르는 경우는
거의 없다.

　　한국 건축은 자연 지형에 맞추어, 혹은 기능적 필요에 따라

91 　전봉희, 이강민, 『3칸×3칸: 한국 건축의 유형학적 접근』, 27면에서 재인용.

92 　전봉희, 이강민, 위의 책, 30면.

93 　전봉희, 이강민, 위의 책, 7면.

비대칭적으로 구성된다. 예를 들어 병산 서원은 유교 건축임에도 불구하고 동재가 사당 쪽으로 약간 틀어져 있어 대칭의 원리가 유연하게 적용된 것을 알 수 있다. 좌우 균형을 갖되 조건에 따라 적응하는 비대칭적 대칭이라고 할 수 있다. 한국 건축에서 이러한 예는 무수히 많다. 옥산 서원, 도동 서원, 도산 서원의 집합 배치를 보면 중심 영역은 좌우 대칭으로 강한 기하학적 질서를 확보하면서 주변 영역은 비대칭적이고 유기적 배치로 자유분방하게 배치한 방식들이 눈에 뜨인다.[94] 그래서 고유섭 선생은 좌우 대칭은 원래 우리 선조들의 선천적인 심성에 있는 것이 아니라고 주장한다.[95]

한국의 살림집에는 대칭이 거의 없다. 그 이유는 무엇보다 구들 때문인데, 방 옆에 난방을 위한 부엌이 붙으면 대칭이 되기 어렵다. 전체적인 배치도 비대칭이다. 그러나 전체적 비대칭에도 불구하고 중심과 위계가 존재한다. 이 점에서 한옥은 유기적 구성을 하면서 전체가 비대칭적 형태를 갖는 서양의 버너큘러 건축과 차이가 난다. 보통, 규모가 큰 종갓집을 지을 때는 안채부터 배치를 시작하고 안채 마당이 집의 중심이 된다. 한옥은 대칭을 따르지 않는 유기적 조합으로 전체의 군집을 이루지만 그 안에 마당이라는 빈 중심이 있는 것이다. 이것이 서양의 주택이나 일본, 중국 주택과 다른 한옥의 특성이다.

94   김경수, 『건축 미학 산책』, 171면.

95   고유섭, 『조선 건축 미술사 초고』, 16면.

건축의 정면성: 장변 대 단변

원룸, 혹은 한 칸이었던 집이 공간적으로 확장되어 장변과 단변을 갖게 되면 집의 정면을 결정해야 한다. 정면은 집을 배치하고, 집에 접근하는 방향을 결정하고, 집과 주변과의 관계를 설정하며, 공간의 깊이를 형성하는 방법을 조건 짓는다. 동양 건축과 서양 건축은 이 점에서 아주 다르게 발전했다. 서양의 기념비적 건축은 단변이 정면이 되어 종 방향으로 배치된다. 고대 신전이나 중세의 고딕 성당은 모두 단변이 정면이다. 특히 서양의 고전 건축에서 단변의 지붕을 나타내는 삼각형 박공 면은 건축의 정면성을 상징하는 요소로 간주되어, 거기에 특별한 의미를 부여해 왔다. 그리스 신전에서 비롯된 이 상징적 정면은 나중에 횡 방향으로 길게 확장된 주거나 공공 건축의 입구에도 덧붙여졌다.

한국 건축은 권위적 건축과 민가, 종교 건축을 가릴 것 없이 모두 건물의 장변이 정면이 되고 장변을 향해 접근한다. 불교 사찰은 처음 정방형에서 출발했지만 점차 칸이 늘어나면서 횡 방향으로 확장되었다. 이러한 동양 건축의 정면성은 동양을 처음 방문한 서양인들에게 매우 어색하게 느껴졌다. 18세기 중국에서 아시아 기독교의 포교 책임자로 활동하던 포르투갈 선교사 발리니아노는 횡장형의 건물은 악마의 형식이라고 공표하고 모든 교회는 종 방향이어야 한다고 주장하기도 했다. 우리나라에서 최초로 건축 미학을 논한 고유섭 역시 『조선 건축

미술사 초고』에서 정면성을 한국 건축과 서양 건축의 중요한
차이로 들었다. 〈서양 건축은 맞배가 건축의 정면이 되며 따라서
모든 장식을 여기에 치중하거니와 조선 건축은 맞배 쪽이 면적이
좁은 관계와 지붕이 규정하는 미적 관계와를 조화하기 위하여
평입법平入法을 취하니 이는 크게는 궁전사사宮殿寺社로부터 작게는
초토의 민가에 이르기까지 엄수되어 있는 무언의 규약이다.〉[96]
간혹 관아 건물이나 사찰 가운데는 기능상의 이유나 주변 여건
때문에 건물 측면에 출입구를 내어 종 방향으로 접근하는 경우도
있다. 삼척 죽서루, 부석사 무량수전, 공주 마곡사 대웅보전이
그런 경우인데, 건물 자체는 장변을 정면으로 배치하고 출입이
이루어지는 측면은 팔작지붕으로 처리했다. 이와 같이 한국
건축에서는 단변에 정면성을 표현하려고 할 때 박공 면에 처마를
달아 팔작지붕으로 만들었다. 정자와 같이 방향성이 없이 사방이
열린 건축은 거의 팔작지붕이나 합각지붕이다. 횡장형의 건물
정면에 정면성의 상징인 삼각형 박공지붕을 붙이는 서양 건축과는
정반대이다.

　왜 서양 건축은 단변이 정면인데 한국 건축은 장변이 정면이
되었을까? 이러한 차이가 의미하는 바는 무엇일까? 전봉희는
동양의 목조 건축이 횡 방향으로 확장된 이유를 구조적 효율성의
관점에서 설명한다. 전각의 규모가 확대될 때 동아시아 목조
건축 구법은 경사지붕의 구조를 담당하는 종 방향으로 확장되면
구조의 제약이 많고 지붕이 너무 높아지기 때문에 횡 방향으로 칸
수가 증가하였고 자연스럽게 장변이 기념성을 표현하는 정면이

96　고유섭, 『조선 건축 미술사 초고』, 20면.

된다는 것이다.[97] 그러나 이것은 한국 건축에서 왜 장변이 정면이 되고 단변이 측면으로 배치되는지를 설명하지는 않는다. 정면성은 구조 문제가 아니라 문화적 기호이자 상징의 문제이다. 한국 건축에서도 종 방향의 정면성이 상징 기호로 중요했다면 지붕의 높이가 문제되지는 않았을 것이다. 건물을 돌려 앉히면 되고, 건물 폭이나 지붕의 높이가 서양 건축 못지않은 목조 건축도 있기 때문이다. 아마도 이 차이는 동서양 뿌리 문화의 차이, 즉, 서양 건축의 원형은 유목에 바탕을 두고 동양 건축의 원형은 농경을 근거로 한 차이에서 왔을 가능성이 높다. 유목은 늘 이동하기 때문에 방향성이 중요하고 땅보다는 하늘을 숭배한다. 그래서 사막에서는 종 방향이 중심이 될 수밖에 없다. 르코르뷔지에가 그린 고대 신전의 그림을 보면 텐트 신전이 종 방향으로 놓인 것을 볼 수 있다. 방어도 중요했을 것이다. 이것이 서양 건축이 종 방향의 깊이와 방향성을 갖게 된 뿌리가 되었을 것으로 추측해 볼 수 있다. 반면 농경 사회에서는 땅을 숭배한다. 땅에 정착하고 경작을 하려면 땅을 마주 보는 집의 배치와 방향이 중요하다. 장 방향으로 건물을 앉히는 데는 조망과 채광, 앞마당에 대한 고려가 있었을 터이다. 동양에서 건물의 장변이 정면을 형성하게 된 것은 확실히 땅과의 관계가 반영된 것으로 생각된다.

서양의 건축은 신전과 권력자의 무덤과 같은 기념비적 건축으로 출발했고, 동아시아의 건축은 살림집에서 출발한 것도 동서양 건축의 정면성이 왜 달라졌는지 이해하는 데 도움이 된다. 종교 건축은 공간의 깊이를 창조하는 게 중요하다. 따라서 신전과 교회는 종 방향으로 길게 배치되었다. 폰 마이스는 고딕

---

97   전봉희, 이강민, 『3칸×3칸: 한국 건축의 유형학적 접근』, 38면, 51면.

성당의 종 방향 축이 형성하는 깊이감은 신의 세계로의 진입을 의미한다고 설명한다.[98] 한국에는 엄밀히 말해 신전과 같은 종교 건축이 존재하지 않았다. 따라서 내부 공간의 깊이가 요구되지 않았다고 볼 수 있다. 물론 석굴암이나 무령왕릉과 같은 고대의 기념비적 건물을 보면 깊이 방향의 공간이 있다. 그런데 적어도 조선 시대 이후에는 이러한 깊이 방향의 공간이 잘 보이지 않는다. 종 방향으로 공간의 깊이를 형성하려는 의도가 있었다면 구조의 불리함에도 불구하고 단변이 정면이 되었을 것이다. 한국 건축에서도 예외적으로 단변이 정면으로 건물이 서 있는 경우가 있다. 한국 건축에서 이렇게 종 방향으로 앉혀진 건물은 특별한 성격의 유교적 제례 건축에서 나타난다. 전주의 이성계 사당, 사찰의 원통전과 같은 왕실 원당 건축의 경우 입구에 종 방향의 지붕이 정ㅜ자형으로 부가되는 것을 볼 수 있다. 이것은 특별한 종교적 제례 의식과 관련이 있을 것으로 추론된다.[99] 불교 사찰의 종루도 이렇게 종 방향으로 박공이 정면으로 선 경우가 있는데, 이 또한 유교의 제례가 혼합된 원찰에서 나타난다. 부석사 범종루가 대표적인데 정면 세 칸 측면 네 칸의 건물로 그 뒤에 정문과 회랑이 있었을 것으로 추측된다. 그러나 종 방향 배치로 박공 면이 정면이 되는 경우에도 항상 합각 벽 밑에 수평의 지붕을 달았다.

정면성의 문제를 대지의 형상과 연관 지어 볼 수도 있다. 유럽의 도시 건축은 도로변의 좁고 깊은 대지에 지어지는 반면 한국 건축은 전면이 넓은 마당에 접한다. 경사 지붕의 좁은 면은 박공 면으로 마감되기 때문에 좁고 깊은 도시 필지의 형상이 서양

98   피에르 폰 마이스의 『형태로부터 장소로』, 66면.

99   홍병화, 김성우, 「조선 시대 사찰에서 종루 배치 계획에서 의미의 변화」, 『한국 건축 역사 학회』, 2008, 125~138면.

건축의 정면성에 영향을 미쳤다고 생각할 수 있다. 그러나 일본의 근세 도시 주택 마치야도 좁고 깊은 대지에 면하는데 박공 면이 정면이 아닌 것을 보면, 역시 근본적 상징 기호의 차이가 있음을 알 수 있다.

한국 건축에서 삼각형 박공 모양의 지붕이 정면에 설치되기 시작한 것은 개항 이후 서양 건축의 영향을 받으면서부터이다. 양식화된 한옥이나 절충식 한옥을 보면 이런 예를 많이 볼 수 있다. 1908년 일본이 창경궁 내에 지은 이왕가 박물관은 정면에 박공 형태의 지붕을 붙였다. 박공의 정면성은 당시 서구화와 근대화의 상징 기호였음이 확실하다. 지금은 사라졌지만 1970~1980년대 많이 지어진 집장사 집에서 정면을 박공 모양으로 처리한 소위 프랑스 스타일의 주택이 유행한 적이 있었다. 일제 때 유행했던 방갈로 주택과 문화 주택의 연장이다. 하지만 그때도 박공 밑 지붕의 슬래브가 튀어나와 정면을 형성했다. 이것은 전통 건축의 박공 면에 합각을 만드는 것과 비슷하다. 문화적 전통은 이렇게 끈질기게 유지되는 특징이 있다. 지금도 삼각형 박공 면을 정면으로 하는 주택이 많이 지어진다. 하지만 한국의 문화적 전통에서 보면 이것은 뿌리가 없는 경우이다. 지금이 옛날 같은 농경 사회도 아니고 지붕의 상징성이 작동하는 시대도 아니지만 건축의 정면성에 대한 문화적 전통은 알고서 해야 하는 신중함이 필요하다.

미국 국회 의사당.

공주의 마곡사 대웅보전.

르코르뷔지에가 그린 고대 신전.

부석사의 범종루, 단변을
정면으로 놓았다.

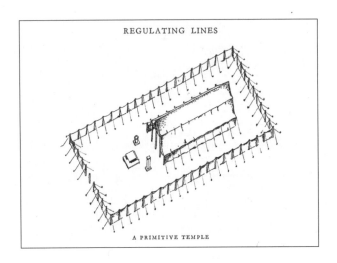

김홍도의 「낙산사도
洛山寺圖」는 1778년
정조의 명으로 금강산과
관동팔경 지역을 여행하면서
그린 작품이다.

창경궁의 이왕가 박물관.
삼각형 박공 면을 정면에
두었다.

켜 대 깊이

건축의 정면성이 다른 것처럼 공간의 깊이를 형성하는 방식도
동양 건축과 서양 건축은 다르다. 서양의 기념비적 건축은
종 방향으로 길게 배치되므로 자연스럽게 종 방향을 따라
깊이감을 형성하게 된다. 그리스 신전은 종 방향으로 공간의
깊이를 갖는다. 그리스 신전의 기원은 메가론megaron의 장군
집으로 여기서 축은 건물 입구에 기둥을 받쳐 만든 현관
지붕인 포르티코portico에서 방을 향해 깊이 방향으로 형성된다.
고딕 성당도 깊이 방향의 축을 갖기 때문에 그에 따른 공간의
방향성과 깊이감이 생긴다. 고딕 성당에서 공간의 깊이는
지상에서 천상으로 이끌어 가는 과정으로 해석된다. 한국 건축은
장 방향으로 배치되기 때문에 서양 건축과 같은 내부 공간의
깊이감이 존재하지 않는다. 그러면 한국 건축에서는 공간의
깊이감을 어떻게 창조할까? 한국 건축에서 공간의 깊이감은
하나의 건축물이 아니라 건물과 외부 공간이 이루는 공간의 켜로
만들어진다. 말하자면, 서양 건축은 일 방향으로 공간의 깊이감을
형성하지만 한국 건축은 안과 밖을 이루는 공간의 켜들이
중첩되면서 공간의 깊이감을 만든다.

한국 건축에서는 건물과 마당과의 관계가 중요했다. 한국
건축이 횡 장면을 정면으로 배치하는 것은 마당의 행위와 관련이
있다. 마당에서 일어나는 의례나 공연은 마당을 중심으로 하는

공간의 커가 동심원적으로 확장되어 간다. 한국 건축이 창조하는 공간의 깊이감은 그래서 일방향적이라기보다는 순환적이다. 한국 건축에서 공간의 커들은 이렇게 깊이를 보완한다. 건축가 김인철은 한국 건축의 이러한 특성에 대해 다음과 같이 설명한다. 〈우리 건축을 이루는 요소는 한 커이므로 건축 자체의 공간감은 약하지만, 커와 사이의 중첩으로 두께와 깊이를 조성해 더 큰 공간감을 형성한다.〉[100] 일본 건축도 공간의 커로 깊이감을 형성하는 것은 같지만 건물 내부에서 공간의 커가 만들어지는 점이 한국 건축과 다르다. 일본 사찰의 주 불전 내부에는 외진과 내진의 두 커가 존재한다. 처음에는 마당을 사이에 두고 두 채의 건물로 배치되었다가 점차 하나의 건물 안으로 통합되었다.

---

100   김인철, 『공간 열기』, 240면.

프랑스 노옹 성당에서 경험하는
공간의 깊이감.

선교장에서 보이는 공간의
켜에 의한 깊이감.

김홍도의 「부벽루연회도
浮碧樓宴會圖」(1745). 마당에서
일어나는 의례나 공연은 공간의
켜가 동심원적으로 확장되어
간다.

시각의 축과 마음의 축

서양 건축에서 축axis은 공간의 방향성과 깊이감을 형성하는
중요한 요소로, 로마 시대의 포럼forum부터 바로크 시대의 건축과
도시, 보자르의 구성 원리에 이르기까지 공간을 구성하는
으뜸 원리이다. 건축의 경험 방식이 그 건축물을 지은 사람의
머릿속에서 일어나는 과정과 유사하다고 가정하면 서양 건축의
구성에 적용된 축은 감상자의 시각적 경험과 일치한다. 로마
포럼은 축의 정점에 신전이 배치되어 그 시선 축을 따른 공간적
장면, 즉 비스타를 형성한다. 또 고딕 성당의 내부에서 중심축을
따른 시선과 내부에서 일어나는 종교적 행렬의 방향은 일치한다.
그러므로 서양 건축의 축은 시각적 방향성을 갖고, 경험 주체는
축을 따라 움직인다. 배치를 위한 구성 축은 대개 시각적 축과
일치한다.[101] 축을 이용한 대칭 구성은 인간의 본능적 질서감으로
한국 건축에도 적용되었다. 그러나 한국 건축에서는 시각적
축이 지배적인 구성 원리로 발전되거나 배치의 중심 원리가 된
적이 없다. 공간의 켜로 깊이를 만들다 보니 공간의 방향성과
깊이감을 주기 위한 시각의 축이 필요하지 않았을 것이다. 궁궐,
서원, 사찰의 경우에 배치를 위한 축이 사용되지만 서양 건축처럼

---

101   물론 서양 건축에서 중심의 시각 축이 이동 통로로 사용되지 않는 경우도
있다.

하나의 중심축이 있는 것이 아니라 축이 여러 개이거나 틀어져 있는 경우가 많다. 전통 건축학자들은 한국 건축에서 축의 변화, 혹은 여러 개의 축을 중축, 병렬축, 교축敎軸 혹은 곡선축, 직선축 등으로 정의해 왔다.[102] 그러나 이러한 분류는 축의 형식에만 초점을 맞춘 것으로 한국 건축의 실제 구성 원리와는 그다지 관련이 없어 보인다.

한국 건축은 전체 배치에서 일정한 방향의 축이 있어도 강력한 시각 축을 형성하지는 않는다. 배치에서 축이 강조된 경우에도 축의 선상에 건물이 있어 뒷 건물로 진입하려면 앞 건물의 밑을 통과하거나 옆으로 돌아가야 한다. 보통 진입 계단은 방향성과 축을 형성하는 장치로 많이 활용되는데 한국 건축의 진입 계단은 서로 조금씩 엇갈려 있는 경우가 많아서 강력한 시각적 방향성을 형성하지 않는다. 한국 건축의 축은 시각적 축이라기보다는 마음속에서 인식되는 축이라고 할 수 있다. 불교 사찰에서 일주문, 천왕문, 해탈문을 연결하는 진입 축은 방향성을 갖지만 시각적 축이 아니라 심리적으로 축을 형성할 뿐이다. 한국 건축이 일정한 방향성을 가지면서도 축의 변화가 많은 이유는 시각적 축보다는 마음의 축이 작용하기 때문이다. 서양 건축의 축이 시각적이라면 동양 건축의 축은 관념적이라고 할 수 있다. 동양에서는 축이라는 용어가 지축地軸처럼 보이지 않는 상상의 축을 설명하는 데 많이 쓰인다. 몽골인의 텐트 중앙에는 말뚝이 있는데 이것을 세계의 축이라고 부른다. 하늘을 지탱하는 기둥, 대지와 하늘을 연결하면서 생명과 지식을 드러내는 나무와 같은 것이 원초적

---

102   안영배, 『한국 건축의 외부 공간』(파주: 보진재, 1978).

415

축의 상징이다.[103] 시각적 축은 수평 방향이지만 이런 축은 수직 방향이다. 따라서 한국 건축을 시각의 축을 통해 설명하는 것은 한국 건축의 본질과는 무관해 보인다.

한국 전통 건축의 유형을 분류하기 위해 진입 축과 구성 축을 나누기도 한다. 한국 사찰의 배치를 구성상으로 중축형, 교축형, 병렬축형 등으로 분류하고 이러한 구성 축의 유형은 각각 고유한 사상을 반영한다고 주장하기도 한다.[104] 한국 건축을 이렇게 유형화하는 것은 한국 건축에서 축의 역할을 과도하게 강조하는 것이다. 사실 축은 한국 건축에서 그렇게 중요한 개념이 아니다. 이는 한국 건축의 실제 설계 원리가 아니라 현대적 해석일 가능성이 높다.

103   티에리 파코, 『지붕: 우주의 문턱』, 53면.

104   김봉렬, 「조선 시대 사찰 건축의 전각 구성과 배치 형식 연구」, 서울대학교 박사 학위 논문, 1989.

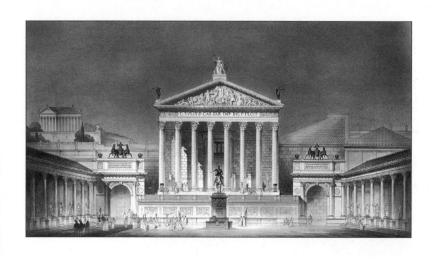

로마 포럼의 비스타vista.   양평 용문사의 엇갈린 계단.

병산 서원의 진입 축. 누마루 밑을
통과해야 한다.

경주의 향교. 대성전과 명륜당을
잇는 축은 있으나 막혀 있고
진입을 위해서는 돌아가야 하는
구조이다.

건축과 도시의 관계

개체와 집합의 관계는 동서양 도시의 차이를 이해하는 데에도
중요한 단서를 제공한다. 서양 건축은 자기 완결적 구성을 갖는
매스(덩어리)이고 도시는 이러한 건물들의 집합으로 구성되기
때문에 건축과 도시의 관계는 상호 규정적이 된다. 즉, 건축 밖은
도시 공간이 되고 도시 공간을 만드는 것은 연속된 건축물이다.
한국 도시와 건축은 이러한 관계가 성립하지 않는다. 한국 건축은
그 자체가 건물과 마당의 복합체이므로 건축과 도시의 관계가
상호 규정적이지 않다. 건축이 도시와 대응하는 개체라기보다는
건축 자체가 도시적이라고 할 수 있다. 따라서 한국 도시에는
건축물의 집합으로 정의되는 도시 형태urban form라는 게 없다.
그래서 서양 도시를 분석하는 데 쓰이는 솔리드/보이드 개념은
한국 도시를 이해하는 이론으로는 적합하지 않다.

　　서양 도시가 건축물의 집합으로 구성된다면 한국 도시는 길과
영역(혹은 마을)의 느슨한 조직으로 이루어져 있다. 하나의 영역은
여러 건물과 마당의 복합체로 구성된다. 개별 건물은 도시 외부
공간에 직접 대응한다기보다는 영역 안에 있는 점적인 요소로
인식된다. 그래서 가로를 기준으로 집을 찾는 선적인 지리 개념에
익숙한 외국인에게 한국 도시의 점적인 지리 체계는 한국 생활에서
겪는 가장 큰 어려움 중의 하나라고 한다. 한국은 도시 근대화
과정도 길과 영역을 만드는 방식으로 이루어졌다. 현대의 한국

도시는 대개 간선 도로와 그것이 둘러싼 큰 도시 블록super block으로 구성되는데 도시 블록 내부는 스케일과 패턴이 전혀 다른 좁은 도로망으로 짜인 하나의 영역(마을)과 같다. 서양 도시가 균질한 패턴의 도로 체계와 가로변 건물이 둘러싸서 만드는 도시 블록이 반복되는 조직이라면, 한국 도시는 도시 블록을 둘러싸는 간선 도로의 체계와 도시 블록 내부의 유기적 도로망이 공존하는 이중 구조를 형성한다.

서양에서 발전된 어버니즘urbanism이 이러한 한국 도시의 공간적 질서를 읽어 내기는 어려워 보인다. 한국의 도시를 이해하는 데는 솔리드/보이드 개념보다는 선과 영역의 개념이 더 적합해 보인다. 영국이 유럽의 근대 건축을 수용하면서 전통적인 픽처레스크의 원리를 적용한 타운스케이프 개념을 고안한 것처럼, 우리도 한국의 도시 전통을 반영하는 고유한 도시 이론을 만들어야 한다.

조선 말기의 문신 한필교가 당시
옛 건축물과 위치를 그림으로 남긴
『숙천제아도宿踐諸衙圖』의 호조戶曹 부분.
호조는 지금의 기획재정부 청사에 해당하는
곳이다. 건물과 마당의 복합체인 한국
건축은 그 자체가 도시적이라고 할 수 있다.

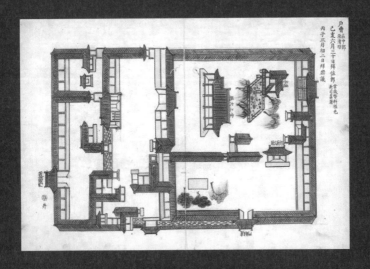

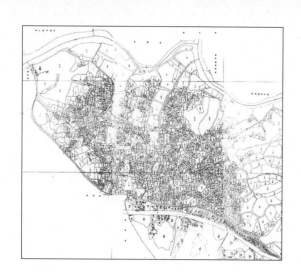

근대화 이전의 왕십리. 도시는
길과 영역으로 구성된다.

근대화 이후의 왕십리.
이중적 가로 패턴을 보인다.

8

건축과 자연

자연 개념의 차이

집을 짓는 일은 근원적으로 자연과의 싸움이자 대항이라는
성격을 띤다. 집은 중력과 바람, 눈, 비와 같은 거칠고 변화무쌍한
자연의 힘을 견디고 인간을 보호해야 했다. 자연의 위협으로부터
자신을 보호하기 위해 인간이 집을 짓는 일은 동서양이 다르지
않지만 자연에 대한 생각의 차이는 동서양 건축을 아주 다른
방향으로 이끌어 갔다. 자연계nature라는 생각을 처음으로
발전시킨 사람은 그리스인들이다. 그들은 자연계를 인간과
인간의 문화를 제외한 우주의 나머지 부분, 즉 〈인간계와 독립적인
실체〉로 정의하였다. 지금은 너무나 당연해 보이지만 놀랍게도
자연계와 인간계를 이렇듯 뚜렷하게 구분한 것은 오직 그리스
문화뿐이었다.[105] 그러나 그리스인들이 자연을 인간과 대립적
관계에 놓았던 것은 아니다. 고대 그리스인들은 모든 땅에는
고유한 정령(혼)이 있다고 믿었다. 그래서 신전을 지을 때 땅을
선택하는 일은 집을 짓는 기술 못지않게 중요했다. 건축은 그 땅의
고유한 정령을 드러내는 것이었다. 이러한 자연관은 헬레니즘
시대를 거치면서 바뀌었다. 그리스인들은 점차 자연을 신비스러운
대상이 아닌 이성적 질서로 변화시켰다. 자연의 드러나지 않은
질서를 찾아 그 이상적 모습을 수학이나 기하학과 같은 관념적

---

105   리처드 니스벳, 『생각의 지도』, 45면.

질서로 표현했다. 하지만 그들에게 자연은 여전히 선(善)이 지배하는 자애로운 어머니와 같은 것이었고 인간과 적대적 관계에 있지 않았다.

유럽의 중세 시대에는 성서에 근거해 우주를 조화로운 질서와 위계를 갖는 전체로 파악했고 자연을 인간이 지배할 수 있는 대상으로 인식했다. 15세기 르네상스가 시작된 후 서양인들은 자연에 다시 고전에 의거한 이성적 질서를 부여하고 그것을 신이 부여한 질서로 이해했다. 하지만 한편으로는 이러한 자연의 질서가 언젠가 무너져 버릴지도 모른다는 두려움이 잠복해 있었다. 그리고 16~17세기에 이르면 자연은 무법칙과 혼돈이 지배하는 영역으로 인식된다. 있는 그대로의 자연은 이제 길들여지지 않은 야생의 장소로서 인간에게 통제되고 지배되어야 할 대상이 되었다. 이어서 등장한 서양의 이성주의는 자연을 기계와 같이 작동되는 대상으로 간주했다. 이렇게 자연을 인간과 대립적 관계에 놓고 객체화하는 서양의 근대적 자연관은 근원적으로 서양의 이원론적 사고에 뿌리를 둔다. 자연의 본질을 이데아로 설명한 플라톤 이후 자연을 대상화하는 사유는 점점 구체화된다. 이데아로 표상되었던 자연이 중세에는 신의 창조물로, 근대 이후는 기계적 자연으로 객체화되었고, 그로부터 인간과 자연의 관계는 도구적 관계로 변화했다. 인간이 자연과 분리되고 자연을 지배하면서 자연과 인간의 유기적 관계는 상실되고 인간이 자연의 일부라는 사실은 점점 간과된 것이다.

동서양을 막론하고 인간은 원시 자연에서 두려움을 느끼고 소외를 경험한다. 그런데 소외를 극복하는 방식은 동서양이 달랐다. 서양은 자연을 대상화하고 지배하려 했지만 동양은 자연의 흐름에 순응하며 공존하고자 했다. 서양은 자연에

대응하여 적극적 행위를 통해 행복을 추구했고 동양은 자연과의
수동적 공존을 통한 만족을 추구했다. 동양의 성리학에서 자연은
하나의 생명체와 같은 거대한 순환 체계로 이해된다. 이 순환과
왕복의 과정에는 영원히 존재하는 것도 사라지는 것도 없고
끝없는 변화가 있을 뿐이다. 여기에는 어떤 외형적이거나 시각적
질서가 있는 게 아니라 내재적이고 비가시적인, 그러나 깨달을
수 있는 어떤 질서가 있다. 그래서 동양에서는 수학과 기하학에
바탕을 둔 형상이나 법칙보다 내적 생명에 감응함으로써 자연을
이해했다. 이 점에서 동양의 자연自然은 서양의 네이처nature와
다르다.[106] 자연은 어떤 물리적 장소나 실체가 아니라 상태로
이해되며 인간도 그 일부가 된다.

　　동양의 노장 사상에서 최고의 선은 자연과의 합일이다.
자연과 인간은 유기적으로 상호 얽힌 생명체이기 때문이다.
인간이 자연의 이치와 하나 되어 자연의 흐름에 순응하는 경지에
도달하는 것은 동양 사상의 바탕에 있는 유불도儒佛道의 공통된
궁극의 목적이라고 할 수 있다. 공자는 〈천지 만물과 같이
어우러져 인문 세계를 창조하는 것이 미완성의 천지를 완성〉
시키는 길이라고 했다.

106　　김용옥은 서양의 네이처는 동양의 자연보다 천지天地에 가깝다고 주장한다.
김용옥, 『동양학 어떻게 할 것인가』, 202면.

독일의 화가 카스파어 다비트
프리드리히Caspar David Friedrich의
「안개 바다 위의 방랑자Der
Wanderer über dem Nebelmeer」(1818).
자연을 정복하려는 인간의
의지가 느껴진다.

정선의 「만폭동도萬瀑洞圖」
(18세기 중반). 인간은 자연
속에 있는 상태로 표현된다.

한국 건축과 자연의 관계

인간은 자연에서 집을 짓고 자연과 의미 있는 관계를
구축함으로써 세계 내에서 불안과 소외를 극복해 왔다. 그런데
동서양의 자연 개념에 관한 차이는 건축과 자연의 관계를
설정하는 태도와 방식에서 한국 건축과 서양 건축의 근본적
차이를 잘 보여 준다. 서양에서 건축은 자연과 구분되는 인공
세계이다. 그러나 한국 건축은 자연과의 분리를 추구하지 않는다.
한국의 전통 건축은 자연과 분리된 인공 세계를 구축하기 보다는
건물과 자연이 하나 되고자 한다. 한국 건축이 추구하는 자연과의
합일은 건축이 자연의 흐름, 그 생명의 순환 체계에 들어가 자연의
일부로 귀속됨을 의미한다. 자연을 점령하고 지배하는 것이
아니라 건축이 자연의 일부가 된다. 따라서 한국에서 건축은
건축물에 국한되는 것이 아니라 자연을 포함한 개념이라고 할
수 있다. 그래서 한국의 전통 건축을 보면 어디까지가 건축이고
어디부터가 자연인지 경계가 불분명하다. 한국의 옛 그림을
보면 대부분 집이 자연 속에 묻혀 있는 하나의 요소로 표현된다.
최순우 선생은 이러한 한국 건축의 아름다움을 〈점지의 묘〉라고
설명했다. 자연 풍광 속에 집이 멋지게 들어앉고 강산 풍광에
화룡점정의 효과를 거둘 수 있도록 한다는 얘기이다. 〈한국
사람들은 자연 풍광 속에 집 한 채 멋지게 들여 세우는 천분을
지녔다. (……) 따라서 한국의 건축은 먼 곳에서 바라볼 때 한창

눈맛이 나는 특징을 지녔다.〉[107]

　일찍이 조선 건축의 매력에 빠졌던 야나기 무네요시는 한국 건축과 자연의 조화를 이렇게 설명했다. 〈자연과의 배치를 깊이 고려하여 계획된 그 건축에는 이중의 아름다움이 있다. 자연은 건축을 지키고 건축은 자연을 꾸미고 있지 않는가. 사람은 함부로 그 속에 있는 유기적 관계를 깨뜨려서는 안 된다. 그런데 이것이 어찌된 일인가, 바야흐로 천연과 인공의 훌륭한 조화가 몰이해한 자들 때문에 파괴되려 하고 있다.〉[108] 당시 일제에 의해 파괴되어 가는 경복궁을 안타까워하며 쓴 글이다. 과거 우리 선조들은 자연의 빼어난 경치를 선발하여 팔경이라 하고 이를 그림으로 그리고 감상하고 노래했다. 송도 팔경, 단양 팔경과 같은 경승지는 사람의 마음을 맑게 하고 문학적 감성을 자극하여 정신을 승화시키는 곳이다. 그런대 유명한 팔경은 대부분 건축물이다. 관동 팔경은 고성의 청간정淸澗亭, 강릉의 경포대鏡浦臺, 고성의 삼일포三日浦, 삼척의 죽서루竹西樓, 양양의 낙산사洛山寺, 울진의 망양정望洋亭, 통천의 총석정叢石亭, 평해平海의 월송정越松亭인데 여덟 곳 중 건물이 없는 곳은 삼일포 한 곳밖에 없다. 이것은 건축을 자연 속에 놓인 자연의 일부로 생각한다는 사실을 잘 보여 준다. 이렇게 한국의 건축은 풍경 속의 한 요소로 존재한다. 가장 아름다운 조망, 가장 아름다운 자연과 인간이 일체된 장소를 정자라고 한다. 그래서 정자는 건물이라기보다는 주변 환경을 포함하는 터이다.

　이렇게 보면 한국 건축의 목적은 자연과의 조화가 아니라

107　최순우, 『무량수전 배흘림기둥에 기대서서』, 21면.

108　야나기 무네요시, 「사라지려 하는 한 조선 건축을 위하여」(1922), 『조선을 생각한다』.

자연의 완성에 있다고 할 수 있다. 건축이 자연 속에 놓임으로써
변화를 만들고 새로운 요소들을 생성한다. 자연의 변화는
무한하고 건축은 그 일부가 된다. 무한한 자연의 변화 속에서
건축은 인간이 다룰 수 있는 매우 제한적 도구일 뿐이다. 이런
점에서 한국 건축은 자연과 반응하는 장치라고 할 수 있다.

예천 초간정은 점지의 묘를 보여 준다.

베르사유궁과 창덕궁

서양에서는 17세기 후반부터 건축과 자연의 관계를 가까이
하려는 노력이 나타난다. 17세기 말 도시를 벗어나 전원에 지어진
샤토château라고 불리는 프랑스의 대저택과 궁궐은 자연과 직접
접촉함으로써 건축과 자연의 관계를 밀접히 하려는 것이었다.
프랑스의 베르사유궁은 이러한 대표적인 전원 궁궐로, 복잡한
도시에 있는 왕궁을 자연 속으로 이전하여 자연과 가까이 두려
했던 샤토의 개념으로 지어졌다. 베르사유궁 뒤에는 거대한
숲과 정원이 있는데 왕은 이곳으로 사냥을 다녔다. 그러나
베르사유궁에서 보는 건축과 자연의 관계는 한국의 궁궐과 비교해
보면 분명한 차이가 있다. 베르사유궁은 자연을 곁에 두지만 그
자연은 인간에게 정복된다. 건축과 자연이 가까이 있지만, 자연에
인위적 질서를 부여하여 통제하고 관리한다. 베르사유궁 정원의
엄격한 중심과 기하학적 질서는 자연을 넘어서는 인간의 지성과
능력을 과시하는 것으로 이렇게 정복된 자연은 왕이 지배하고
바라보고 즐기는 대상이다. 반면, 창덕궁의 후원은 자연을
통제하지 않고 뒷산의 자연 지형을 있는 그대로 이용하여 조성했다.
창덕궁 후원에 있는 많은 건물도 모두 마치 자연 속에 흡수된
모습이다. 창덕궁 자체도 지형의 흐름을 살려 지어서 전체적으로
자연의 일부이자 자연과 인공이 혼합된 모습으로 존재한다.
창덕궁은 건축이 자연과 공존하는 한국 건축의 정수를 보여 준다.

베르사유궁과 정원.

베르사유궁에서 본 정원.
자연은 인간에 의해 통제된다.

자연 속에 흡수된 창덕궁 후원의 모습.

한국의 전통 산사

동아시아 국가들의 자연 개념은 유사하지만 건축과 자연과의
관계를 설정하는 방식은 한국, 중국, 일본 사이에 명백한 차이가
있다. 동아시아에는 산속에 자리 잡은 산지 사찰이 많은데
한국의 산사는 중국이나 일본의 산사와 산세를 이용하는 방법이
매우 다르다. 한국의 산사는 산에 둘러싸여 있는 반면, 중국과
일본의 산사는 대부분 산 능선에 자리한다. 산의 깊은 곳에 자리
잡으면서 산으로 둘러싸인 한국 산사는 세계적으로 보아도
그 경관이 매우 특이하다. 풍수지리를 이용한 주변 자연과의
관계 설정도 다르다. 한국의 산사는 주변 자연과 유기적 관계를
맺으면서 건축이 자연의 순환 과정에 들어가고자 한다. 반면
중국과 일본의 산사는 산을 관념적, 추상적으로 이해한다. 중국
불교의 성지로 불리는 오대산의 오대五臺는 다섯 개의 산 정상을
말하는데 그 자체가 우주를 상징한다. 하지만 한국의 산사에서
보이는 건축과 자연과의 유기적 관계 설정은 없다.

조선 시대 사찰의 배치 형식을 흔히 사동중정(마당)형이라고
한다. 불전, 승방, 누각과 같은 네 개의 건물이 느슨하게 가운데
마당을 둘러싸는 형태를 말한다. 조선 시대 이전 한국의 고대
사찰은 중국의 영향을 받아 회랑으로 둘러싸인 기하학 형태의
닫힌 구조였는데 시간이 지나면서 이렇게 변한 것이다. 중국
사찰의 배치는 아직도 기하학적이고 마당이 담과 회랑으로

둘러싸여 있는 경우가 대부분이지만, 한국의 사찰은 엄격한 기하학이 적용되지 않고 모서리가 터져 마당이 이웃 공간에 열려 있다. 산사 마당의 전면에는 대개 특별한 용도가 정해져 있지 않은 누각이 있는데, 누각은 마당 앞을 닫으면서 여는 대표적 건축물이다. 고대 사찰의 기하학적이고 폐쇄적인 형태가 해체되면서 이처럼 사방이 소통되는 열린 마당을 갖는 느슨한 형태로 변화한 것은 한국 산사의 고유한 특징이다.

왜 한국의 사찰은 이렇게 마당이 열린 사동중정형으로 변화했을까? 조선 시대 억불 정책으로 인한 경제적, 기능적 이유도 있었지만, 주변 자연과의 소통과 연결을 위한 것이었음은 확실하다. 국토의 70퍼센트가 노년기의 완만한 산지로 된 지형 때문에 산, 언덕, 계곡, 물과 같은 주변의 자연은 한국 건축에서 빼려야 뺄 수 없는 요소이다. 건축이 자연과 직접적으로 교류하고 소통하지 않을 수 없었던 것이다. 이런 점에서 한국 건축은 중국, 일본의 건축과 다르다.

선암사 대웅전 마당. 모서리가
열린 한국 사찰의 사동중정형
배치를 보여 준다.

중국 불교의 성지인 오대산 정상에
있는 등대의 모습.

조계산 선암사는 한국 산사의
풍수적 입지를 잘 보여 준다.

이상적 질서와 자연

한국 건축에도 이상적 질서를 표상하는 배치의 원리가 있다.
그러나 이상적 원리가 자연의 제약에 부딪쳤을 때 건축가는
자연을 복종시키느냐 자연에 순응하느냐 선택해야 한다. 관념적
질서가 강하면 땅의 조건이 안 맞아도 땅을 변형하는 것이
순리이다. 서양 건축은 대개 이렇게 관념적 원리가 관철된다. 중국
건축에서도 이러한 예를 쉽게 볼 수 있다. 그러나 한국 건축은
관념적이고 인위적 질서를 관철시키기보다는 주변 지형과 자연에
순응하고 땅의 질서와 타협했다. 자연을 건축에 맞추기보다
자연을 그대로 둔 채 건물을 자연에 맞추는 것이다. 종묘를 그린
「종묘도」를 보면 도면상으로는 기하학적 정남향 배치로 그려져
있지만 실제로는 현지 지형에 맞추기 위해 축이 틀어지고 향도
틀어져 있다. 창덕궁과 창경궁을 그린 「동궐도」 역시 투상도에
의한 기하학적 질서로 그려졌다. 그러나 궁의 실제 배치는 지형에
따라 틀어져 있다. 건축 그림과 실제 건축의 배치가 맞지 않는
것이다. 왜 그럴까? 우리 선조들은 관념적 질서를 적용하는 데
융통성이 있었다. 관념적 질서는 원리일 뿐이고 그것이 현실에
그대로 각인될 필요는 없다. 자연의 원리는 고정불변이 아니기
때문에 현실의 조건에 맞추어 변화될 수 있다. 자연의 원리에는
그런 여유가 있다.

    서원은 한국 건축에서도 가장 제도를 중시하는 예제 건축이다.

그런데 도산 서원은 정문에서 진도문으로 가는 진입 방향 축이 서원 공간의 중심축에서 왼쪽으로 약간 꺾여 있다. 안영배의 분석에 의하면, 퇴계 선생이 지은 도산 서당과 나중에 제자 조목이 지은 도산 서원은 축이 조금 틀어져 있는데, 그 이유는 도산 서원의 축을 모두 평행하게 배치하면 기존에 있는 도산 서당이 소외되었을 것이기 때문이다.[109] 관념적 질서를 관철하기보다는 기존 건물을 존중하고 주변 환경과 조망, 자연 지형을 살린 어번urban 디자인 개념이 적용되었다는 것이다.

아마도 산지가 많은 한국에서 자연을 정복하고 지배하는 것은 근원적으로 불가능한 일이었을 것이다. 그래서 성벽조차도 자연 지형을 이용해서 쌓은 산지성이 발전했다. 도시 계획도 마찬가지다. 유교적 원리에 따라 설계된 한양은 산과 물길이 형성하는 자연조건에서 최소한의 계획으로 자연에 순응하는 질서를 만들었다. 산에 둘러싸인 분지나 곡이 많은 한국의 지형 조건에서 건축은 자연의 제약을 존중하고 자연 속의 일부가 될 수밖에 없었다. 앞에서 설명한 대로 소쇄원의 계곡에 다양하게 조성된 레벨과 영역들은 자연을 정복하거나 극복해야 할 대상으로 보지 않고 자연과의 합일을 지향하는 한국 건축의 정수를 보여 준다. 현대의 도구적 자연관으로 무장한 우리에게는 결여된 감성적 틀이다. 한국 건축이 이렇게 자연을 존중하는 전통을 상실한 것은 서구적 근대화의 과정에서이다. 잃어버린 자연과의 관계를 어떻게 복원할 것인가? 한국 현대 건축이 풀어야 할 근본적 숙제이다.

---

109   안영배, 『흐름과 더함의 공간』, 290면.

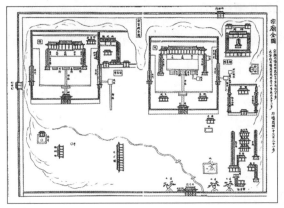

종묘도와 종묘의 배치도.

창경궁 배치도.

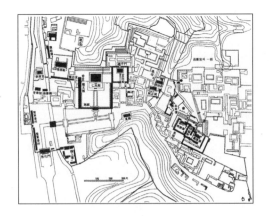

김정호의 제작으로 추정되는
서울 지도 「수선전도」.
한양은 산과 물길이 형성하는
자연조건에서 최소한의
계획으로 자연에 순응하는
질서를 만들었다.

도산 서원의 진입 축은 서원의
중심축에서 조금 틀어져 있다.

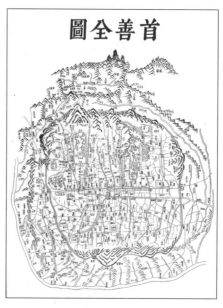

자연에 순응하는 자연미

한국의 전통 건축은 자연 재료를 최소한으로 가공하여 있는
그대로 사용하는 경우가 많다. 있는 그대로의 자연 상태에 순응할
줄 아는 우리 선조들의 미적 태도를 잘 보여 준다. 자연 재료의
제약을 기술을 사용하여 가공하고 변형함으로써 자신의 의도나
외적 질서를 관철시키기보다는 자연의 제약에 순응한 것이다.
그래서 자연 상태의 휘어진 기둥을 그대로 세우고 다듬어지지
않은 자연석으로 기초를 만들었다. 물론 조선 후기에는 곧은
목재를 구하기 어려웠고 시공의 용이함도 고려했겠지만,
여기에는 우리 선조들이 관념적이고 이상적인 질서를 표현하는
데 집착하지 않고 자연조건에 순응하는 정신을 가지고 있었던
이유도 크다. 성리학의 윤리는 사회적으로뿐 아니라 자연에
대해서도 윤리적이다.

　　자연을 모범으로 삼았던 노자의 철학은 다음과 같이 말한다.
〈크게 완성된 것은 마치 찌그러진 듯하며, 크게 곧은 것은 마치
굽은 듯이 보이며, 크게 정교한 것은 마치 서투른 듯이 보인다.
대성약결大成若缺, 대직약굴代直若屈, 대교약졸大巧若拙.〉[110] 자연의
모습이 이렇고 한국 전통 건축의 모습도 이렇다. 일찍이 조선미를
탐구한 고유섭부터 김원룡에 이르기까지 근대 초기의 학자들이

---

[110]　김봉렬, 『가보고 싶은 곳 머물고 싶은 곳 1』, 144면.

한국 건축과 예술에서 주목한 아름다움도 바로 이것이다. 이들이 고안한 〈무관심성〉과 〈무작위〉의 미학은 서양과는 달리 자신과 대상을 분리하지 않고 자연에 인위적 질서를 부여하지 않는 한국미의 특징을 설명하려는 것이었다.

자연석을 사용한 개심사의 주초.

한국 건축의 지붕 선

지붕의 완만한 곡선은 한국 전통 건축의 중요한 특징이다. 이 곡선은 어떻게 결정될까? 보통 목수가 지붕 선을 잡을 때는 마당에서 보아 건물이 주변 자연과 조화로운 관계를 갖도록 한다고 한다. 즉, 멀리 보이는 주변 산세와 여러 가지 지형 지물을 포함한 지세를 보고서 건물이 주위 자연의 흐름 속에 자리 잡도록 지붕 선을 결정했다. 이렇게 되면 마당과 지붕 선을 매개로 해서 건물이 주변 자연과 함께 들어오게 되는데 그 결과 자연과 건물이 하나의 흐름 속에 놓이게 된다. 한국 건축의 지붕 선을 잡는 일은 인공의 구조물인 건축물을 자연으로 돌리는 행위이다. 그래서 한국 건축의 특징인 지붕 선은 건물 자체의 미학적 요소라기보다는 건물과 자연이 관계를 맺는 요소라고 할 수 있다. 이렇게 보면 한국 건축의 지붕 형태가 한국의 산세를 닮았다고 하는 통설도 그다지 틀린 얘기는 아니다. 일찍이 야나기 무네요시는 한국 건축의 처마 곡선이 한국의 자연 산세에 영향을 받은 것임에 틀림없다고 했다. 즉, 자연환경과 어울리려는 미의식의 발현이라는 것이다.

김중업이 설계한 프랑스 대사관은 콘크리트로 한국적 미를 잘 구현한 한국 근대 건축의 대표작으로 꼽힌다. 이 건축물이 한국인의 마음을 감동시킨 것은 분명 지붕 선의 영향이 크다. 알려진 바대로 김중업이 이 건축물을 설계할 때 그린 개념

다이어그램이나 그림은 없다. 아마도 김중업은 전통 목수가 지붕 선을 잡고 배치하는 방식으로 프랑스 대사관을 설계하고 지었음에 틀림없다. 결과적으로 프랑스 대사관은 주변과 지형에 잘 어울리는 한국적 미를 구현한 것으로 칭송받았다. 한국 건축의 지붕 선에 대해 옛 방식을 답습한 것으로 비합리적이고 비효율적이라는 비판이 많다. 하지만 이것은 한국의 풍토와 정신 속에서 자란 고유한 미적 요소가 반영된 것으로 보아야 한다. 물론 지금 이것을 현대 건축의 규범으로 유지하거나 사용할 필요는 없다. 이미 사회 환경과 인식이 바뀌었기 때문이다. 그러나 한국 건축의 지붕을 단순히 비합리적이고 원시적인 기법으로 폄하할 이유는 없다.

경복궁 근정전. 한국 건축의 지붕
선과 산세는 닮아 있다.

경관과 풍경, 조경과 정원

있는 그대로의 자연이란 엄밀히 말하면 존재하지 않는다. 자연 경관은 인간이 문화 속에서 자연을 이해하고 확인하는 인식의 과정이자 결과이기 때문이다. 경관 개념은 자연이 스스로 드러난 것이 아니라 우리의 지각 방식과 의도가 개입되어 드러난 자연이다. 근대 서양에서 자연은 불완전한 두려움의 대상이었다. 르네상스 이후 이러한 자연에 대한 두려움을 친화력으로 바꾸고자 했고 르네상스 정원은 여기서 시작되었다. 조화와 질서에서 벗어난 〈있는 그대로의 자연〉에 인위적 질서를 부여해서 완벽하고 조화로운 이상적 자연을 창조한 것이다. 기하학적 패턴으로 디자인된 르네상스 정원은 자기 완결적이고 이상적 자연의 표상이다. 있는 그대로의 자연을 미적 대상으로 삼는 경관 의식은 바로크 시대 이후에 등장한 것으로 평가된다. 야생의 장소로서 두려움의 대상이었던 자연이 탐험되면서 새로운 경관 의식이 등장하였다. 이때부터 야생 상태의 자연은 두렵고 걱정스러운 장소에서 매혹적인 문명의 피난처이자 감상 대상으로 인식되기 시작했다. 픽처레스크 정원도 이때부터 만들어졌다.

이러한 서양의 근대적 경관 의식은 원시 자연을 도시와 대립 항으로 자각하면서부터 시작된다. 바로크 이후 자연의 찬미는 인공적 문명에 대한 저항과 도시성의 거부라는 의미를 갖는다. 대도시가 발전하면서 도시 안에 공원, 가로수, 산책로가 도입된 것도 이때부터였다. 18세기 말부터 만들어지기 시작한 도시 공원은 자연을 처음으로 도시에 끌어 들였다. 이렇게 서양 도시에 도입된 자연, 즉 조경은 객체화된 자연이다. 조경 또는 경관으로 번역되는 랜드스케이프의 어원은 한눈에 보이는 자연의 영역을 뜻하는데, 원래는 중세 영주의 지배 구역, 혹은 특정한 사람들의 거주 구역을 말했다. 경관으로서의 랜드스케이프 개념은 16~17세기 네덜란드 랜드스케이프 회화에서 나온 것으로 시각적 경관을 의미하며 인식 주체가 객체화된 자연을 바라보는 개념이다. 동양에서는 자연 경관을 풍경風景 또는 풍광風光이라고 한다. 풍경은 감각적으로 느낄 수 있지만 볼 수는 없는 바람의 경(빛에 따라 변화하는 사물의 아름다움), 또는 바람과 빛을 뜻한다. 서양의 경관 개념이 시각적이라면 동양의 풍경은 훨씬 가촉적이고 몸각적이라고 할 수 있다. 이것이 풍경과 랜드스케이프와의 차이이다.

한국의 자연 풍경을 설명하는 개념으로 경景과 곡曲이 있다. 관동 팔경八景이나 무이 구곡九曲에서와 같이 쓰이는 개념인데, 경은 연속적 맥락에서 보이는 아름다운 자연 현상이나 장소를 말하고 곡은 지세나 지형이 특이하고 아름다운 계곡이 굽이치는 곳을 말한다. 경과 곡은 인간이 더불어 생활하는 환경 속의 자연 현상으로 천지 간의 질서를 흐트러뜨리지 않고 자연과의 교감 속에서 자연의 정기를 인간의 마음속에 집약하려는 표현이다. 요컨대 풍경은 랜드스케이프와 달리, 단순히 시각적으로 감상하는 객체화된 자연이 아니다. 한국의 조경(정원)은 인위적 자연을 만드는 것이 아니라 자연의 부족한 부분을 메워 자연을 더욱 자연스럽게 한다. 그래서 자연과 조경이 명확히 분리되지 않는다. 창덕궁이나 경복궁의 후원은 최순우 선생의 표현대로 〈동산이 담을 넘어 들어와 후원이 되고 후원이 담을 넘어 번져 나가면 산이 되고 만다〉.[111] 퇴계 이황 선생이 지은 도산 서당은 세 칸의 작은 집인데, 앞에는 담으로 느슨하게 구획된 조그만 마당과 연못이 있다. 그러나 정원의 영역은 거기에 그치지 않고 주변의 자연으로 확장된다. 퇴계 선생이 「도산기陶山記」에서 언급한 대로 도산 서당의 정원은 곡구암에서 천연대, 천광 운영대에 이르기까지 주변의 자연이 모두 영역이다.[112] 양산보가 만든 별서 정원인 소쇄원은 계곡의 숲과 담장들이 서로 연결되며 끊어질 듯 이어져 있는데 여기서 건축물과 정원은 더 큰 자연의 일부로 존재한다.

창덕궁 후원에 있는 주합루는 경사지를 깎아 만든 석계로 유명하다. 이 석단은 자연 지형에 맞추어 높이나 길이 뿐 아니라 계단의 위치도 다르다. 여기서 석단은 자연과 건축을 연결하는 장치이다. 자연 경사를 이용한 티볼리의 르네상스 정원과 비교해 보자. 티볼리의 데스테 빌라에서 자연 경사는 급격한 옹벽으로 처리되었고 그것이 둘러싸는 완벽한 인공의 정원을 만들었다. 경사지를 활용한 이 유명한 데스테 정원은 자연과 분리된 인공의 세계이다. 하지만 창덕궁 후원에서 건축과 조경, 자연은 분리되지 않는다. 영국의 픽처레스크 정원은 주변 자연 풍경의 사유지 일부를 끌어 들임으로써 정원이 자연과의 경계를 넘어서 자연의 연장처럼 보이도록 했다. 사유지의 경계는 〈하하〉라는 도랑을 이용해 울타리 없이 표현함으로써 안에서 밖을 바라봤을 때 막힘이 없게 했다. 그러나 여기서 정원과 자연의 경계는 사라지는 것이 아니라 다만 시각적으로 감추어질 뿐이다. 김봉렬은

---

111   최순우, 『무량수전 배흘림기둥에 기대서서』, 94면.

112   김동욱, 『도산 서당: 선비들의 이상향을 짓다』(파주: 돌베개, 2012), 140~143면.

한국 건축의 정신을 〈자연의 문화화와 건축의 자연화〉라고 정의했다.[113] 이것은 서양과 다른 한국의 자연에 대한 문화적 태도를 잘 설명한다. 서양에서 자연과 문화, 자연과 인공이 명확히 구분된다면 한국에서는 자연과 문화, 자연과 건축 사이 경계가 흐리고 서로 중첩된다. 한국 건축의 특징인 자연과의 조화란 결국 자연과 건축의 경계의 흐림을 말한다.

서양에서 건축과 조경을 혼합한 랜드스케이프 아키텍처의 개념이 나온 것은 최근의 일이다. 랜드스케이프 아키텍처는 건축과 자연을 분리해 온 서양의 역사적, 문화적 배경에서 나온 개념이며 객체화된 자연과 경관 의식을 바탕으로 한다. 이러한 경관 의식에 대한 비판으로 오귀스탕 베르크는 탈脫경관미학을 주장했다. 탈경관미학은 진정으로 자연과의 관계를 회복하려면 자연과 문화의 경계를 없애고 자연을 미적 대상으로 보는 것을 넘어서 건축이 자연의 순환 과정에 들어가야 한다는 것이다. 한국 건축의 전통과 일맥상통하는 주장이다. 한국 건축은 원래부터 건축과 자연, 자연과 조경의 경계가 모호하기 때문에 랜드스케이프 아키텍처를 말할 이유가 없다. 그런데 지금 한국 건축은 서양의 랜드스케이프 아키텍처를 모방하기에 바쁘다.

---

113   김봉렬, 『한국 전통 건축의 재발견 3: 이 땅에 새겨진 정신』, 17면.

런던 벨포트 스퀘어. 도시 속에
도입된 자연이다.

정원과 자연이 어우러진
「소쇄원도」(1755). 자연과
인공이 중첩되어 있다.

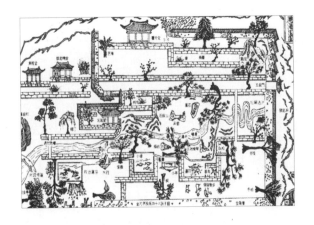

티볼리에 있는 데스테 정원.
경사지를 활용한 정원은 자연과
분리된 인공의 세계다.

창덕궁 주합루의 계단식
후원. 석단은 자연과 건축을
연결하는 장치다.

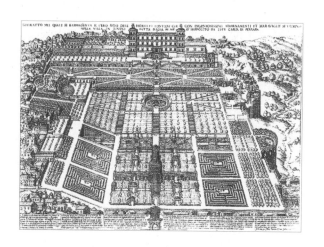

한중일 정원의 차이

동아시아의 한국, 중국, 일본은 유사한 자연 개념을 갖고 있지만
정원의 조성에 관한 한 분명한 차이를 보인다. 중국의 영향을
받은 고대 정원은 삼국이 유사하지만 이후 각 나라는 고유한
문화와 풍토를 반영하며 특색 있는 정원을 발전시켰다. 명나라
때 많이 조성된 중국의 원림은 인공적 자연이다. 자연처럼 보이기
위해 돌(태호석)을 이어 붙여 기암괴석처럼 만들었고, 자연의
축소판으로서 폐쇄적 경계를 가지며 자기 완결적 구성을 한다.
반면 한국의 정원은 자연의 일부로 자연 속에 존재하면서 자연을
활용한다. 자연의 구릉을 그대로 이용한 창덕궁 후원은 이러한
한국 정원을 대표한다(한국식 정원은 조선 시대에 발전하였다).

　　한국 정원과 중국 정원의 차이는 자연 경관과 지형의
차이에서 오는 듯하다. 중국은 끝없이 넓은 중원에 집을 짓다
보니 자연을 인위적으로 만들 수밖에 없지만 한국은 낮은
산지와 계곡이 지척에 있으니 자연을 활용하고 자연과의
관계를 중시할 수밖에 없다. 한국 정원과 일본 정원의 차이도
명확하다. 한국 정원은 자연 속으로 들어가지만 일본 정원은
자연을 끌어 들인다. 무로마치 시대에 발전된 일본의 대표적
정원 양식인 가레산스이枯山水 정원은 모래와 돌로 바다와 섬을
추상화하여 울타리로 둘러싸인 공간 안에 표현한다. 이것은
자연의 상징화이자 자연의 축도縮圖이다. 가레산스이 정원은

자연이 재해석되고 정화되고 추상화된 것으로, 말하자면 자연의 이상화된 상태이다. 자연을 축소하고 가공하여 모아 놓은 일본의 정원은 관상觀賞의 대상이지만, 한국의 정원은 자연을 있는 그대로 완상玩賞하고 자연 자체를 즐긴다. 그래서 일본 정원은 처음에는 좋지만 오래 보면 단순하고 질린다고 한다. 반면, 한국의 정원은 자연 자체이므로 항상 자연의 변화 속에 있다. 자연을 만들거나 모으는 것이 아닌 자연 자체를 즐기는 것이야말로 더 높은 수준의 심미성이 아닐까?

일찍이 고유섭은 이러한 한국 정원의 특징을 중국, 일본과 비교하여 다음과 같이 설명했다. 〈이제 중국 정원의 특색을 보건대 (……) 극단의 인공을 가하여 자연과 인공의 격렬한 대조를 초치招致하나니, 우리는 마치 음식 요리에서 보는 바와 같은 재료의 폭력적 처리를 느낄 수 있다. 이와 대조하여 일본의 정원을 보면 (……) 정원의 수목을 자라는 대로 두지 못하고 이발을 시키고 면도질을 시켜야만 한다. 산지를 평지로 만들려면 흙을 깎아 내린다. 이리하여 그들은 도코노마床の間에도 발지분산鉢池盆山을 들여놓는다. 이 중간에 있는 조선의 정원 예술은 어떠한가. (……) 그들은 중화인과 같이 자연을 요리하지 않는다. 일본인 모양으로 자연을 다듬지 않는다. 산이 높으면 높은 대로 골이 깊으면 깊은 대로, 연화를 심어 가可하면 연화를 심고 장죽丈竹을 기르기 가하면 장죽을 기르고, 넝쿨이 엉켰으면 엉킨 대로, 그 사이에 인공을 다한 소정小亭을 경영하여 들면 들고 나면 난다.〉[114]

---

114   고유섭, 『조선 건축 미술사 초고』, 157~158면.

중국 주장에 자리한 원림.
기암괴석처럼 만든 인공적
자연이다.

창덕궁 후원. 자연의 일부로
자연 속에 존재하면서 자연을
활용한다.

교토 료안지의 석정원. 모래와
돌로 바다와 섬을 추상화하여
울타리로 둘러싸인 공간 안에
이상화된 자연을 만들었다.

자연의 모방

자연은 고대 그리스 시대부터 아름다움의 원천으로 인식되었다.
물론 여기서 자연은 이상화된idealized 자연을 말한다. 그리스
철학자 플라톤은 자연의 본질을 수학과 기하학으로 설명하고
자연은 모든 아름다움의 근원이라고 했다. 고대 로마의 시인
키케로는 〈예술의 본성은 자연을 모방하는 능력〉이라고
했는데 여기서 예술은 회화와 같이 자연 형태를 이상적
모습으로 재현하거나 시와 같이 자연에 근거한 인간 감성을
모방하는 것으로 이해되었다. 건축은 본래 재현 예술이 아니기
때문에 자연을 모방하는 데 근본적인 한계가 있었다. 물론
비트루비우스는 『건축십서』에서 우주(자연)의 법칙과 건축의
법칙은 동일하다고 했지만 말이다. 르네상스 이후 건축이
시각 예술이자 과학(학문)의 영역에 진입하면서 서양 건축의
가장 중요한 이론적 주제는 바로 이 〈자연의 모방〉 문제를
해결하는 것이었다. 15세기에서 18세기에 이르는 동안 많은
건축 이론가들이 건축의 기원을 원시 자연primitive nature으로부터
설명하려고 했던 것도 이런 배경에서였다. 건축이 〈비례와
아름다움의 원천으로서 자연〉을 모방하는 것이라는 생각을
처음으로 확실히 이론화한 사람은 르네상스 시대의 건축가
알베르티이다. 알베르티에 의하면 자연의 모든 현상은 부분과
전체의 조화concinnitas라는 법칙을 준수한다. 부분과 전체의

조화는 변치 않는 자연의 절대적 법칙이고 아름다움의 원천이며, 정사각형과 원, 비례가 그 기본적 원리이다. 자연은 모든 예술의 모델이므로 건축도 이를 모방해야 한다. 이것이 건축의 목적이고 건축의 위엄과 매력, 그리고 권위의 근원이 된다.

그리스의 철학자 아리스토텔레스는 플라톤과 달리 예술을 본질적으로 자연과 다른 것으로 보았다. 그는 자연의 생산물은 불완전하고 예술은 자연이 끝내지 못한 것을 완성한다고 주장했다. 따라서 예술은 자연을 부분적으로만 모방한다. 자연과 예술을 구분 짓는 아리스토텔레스의 입장은 17세기 이후 유럽에 큰 영향을 미쳤다. 17세기에는 자연을 미완성의 것으로 파악했고 이것은 예술가의 천재성을 주장하는 기반이 되었다. 17세기 바로크의 거장 베르니니는 다음과 같이 말했다. 〈예술가는 늘 자연의 오류를 잘 파악해야 하고 그것을 수정하는 능력이 있어야 한다. 자연은 미의 근원이지만 예술은 자연을 넘어선다. (······) 자연은 모든 것이 완벽하길 원하지만 어떤 우연적 사건들이 방해하는 것이다.〉 또 영국의 건축가 윌리엄 체임버스William Chambers는 〈자연은 예술의 도움 없이 우리에게 즐거움을 주지 못한다〉라고 했다. 19세기 철학자 헤겔도 아리스토텔레스와 같이 자연을 극복한 인간의 예술을 자연미보다 높게 간주했다. 있는 그대로의 자연은 추醜의 대상이었다.

17세기 후반 프랑스의 건축 이론가인 페로는 자연이 모든 아름다움의 근원이라는 생각을 부정했다. 그는 건축의 아름다움은 자연의 모방에서 오는 것이 아니라 관습적인 것으로 보았다. 페로 이후 건축의 아름다움은 어떤 본질이 아니라 경험 주체가 마음속에서 구성하는 것이라는 커다란 인식의 변화를 가져왔다. 자연의 비례와 조화의 원리를 모방하는 것이 아름다움의 원천이

아니라 미적 감흥을 불러일으키는 상상력, 감각적 경험이 더
중요하게 생각되었다. 예술의 역할은 자연이 주는 이러한 감각적
경험을 불러일으키는 것이다. 여기서 자연은 외적 대상이나 현상이
아니라 인간 경험의 질을 포함한다. 동양 건축도 자연을 닮는 것을
궁극적 이상으로 삼았다. 그러나 동양의 자연 개념에는 고정된
절대적 아름다움이란 존재하지 않는다. 아름다움은 무엇과의 관계
속에서 아름다운 것이며, 대상은 변하고 형상은 시간이 지나면서
소멸한다. 서양 건축이 표상하는 자연은 고정불변의 원리이지만
한국 건축이 닮고자 하는 자연은 항상 변하고 고정되어 있지 않다.
그것은 늘 움직이며 불완전하고 , 형상화하기 어려운 일시적인
것이다. 따라서 자연을 이상화된 형태로 포착하고 표상하는 일은
불가능하다. 또 인간은 자연의 순환 체계의 일부이므로 인간이
자연을 대상화하여 모방하기는 어렵다. 그 대안은 자연에 속하는
것이다. 자연을 닮으려는 의지는 결국 자연과 하나 되는 것이다.
여기서 인간은 중심이 아니다. 인간과 자연은 구분되지 않는다.
주체와 객체도 없다. 나만이 아니라 모든 생명, 모든 존재가 주체일
수 있다.

　　18세기 낭만주의자 괴테는 동양 사상의 영향으로 자연을
유기적 전체의 개념으로 이해했다. 그리고 자연 연구를 통해
예술과 자연의 관계를 새롭게 정의했다. 괴테는 〈자연에 정지해
있는 것은 없다. 따라서 예술가도 같은 방식으로 작품이 예술가가
부여한 힘을 밖으로 표현하도록 해야 한다〉고 주장했다. 예를
들면 고딕 성당의 아름다움은 인간의 표현 본능이 자연스럽게
드러난 결과이다. 그는 이러한 예술을 제2의 자연으로 설명했다.
예술은 자연의 방법을 따라야 하고 그 힘에 의해 생명력을
부여받는다고 보았다. 19세기 영국의 고딕 부흥론자 러스킨도

이런 관점에서 건축을 제2의 자연으로 이해했다 자연은 신의 창조물이며 아름다움은 자연에 근거한다는 믿음을 바탕으로 그는 고딕 건축을 자연에서 자라난 양식, 즉 제2의 자연으로 보았다.[115]

건축을 제2의 자연으로 이해한 괴테나 러스킨의 자연주의는 앞에서 설명한 한국 건축의 자연주의와는 조금 다르다. 제2의 자연으로서 건축은 자연을 닮았지만 자연과 구분된다. 자연은 인간과 분리된 대상인데, 제2의 자연인 예술(건축)을 통해 미학적으로 소통함으로써 자연과 인간이 소외를 극복하는 것이다. 반면, 한국 건축의 자연주의는 인간이 자연의 일부라는 점에서 제2의 자연을 뜻하지 않는다. 서양은 객체화된 자연을 분석하여 그 원리를 모방하지만 한국은 자연의 순환 원리에 참여하고자 한다. 도교의 핵심 사상인 물아일체, 즉 자연과 인간이 하나 된다는 것은 인간이 자연스러움을 좇는 것이고 자연을 닮는 것이다. 자연을 닮는다는 것은 자연의 원리와 흐름에 순응하는 것이지 어떤 시각적 형식이나 원리를 모방하는 것이 아니다.

---

115   Adrian Forty, *Words and Buildings: A Vocabulary of Modern Architecture*(London: Thames & Hudson, 2012), 230~234면.

베르사유궁의 모델이 된
보르비콩트는 자연을 넘는
인간의 지성과 능력을
과시하는 것이었다.

러스킨이 그린
성 소뵈르Sauveur 성당. 고딕
건축은 제2의 자연으로
간주되었다.

18세기 중엽으로 추정하는 정선의
「인곡유거도仁谷幽居圖」. 한국 건축의
자연주의는 자연 순환에 참여하고자 한다.

형태 미학 대 생태 미학

서양의 자연 미학이 시각적 경관주의를 추구했다면 한국 건축의 자연 미학은 작동적이라고 할 수 있다. 즉, 자연을 아름다움의 모델로 대상화하는 것이 아니라 자연을 유기체로 보고 건축이 자연의 순환 과정과 흐름에 통합되는 것이다. 『동의보감東醫寶鑑』은 사람의 신체를 소우주로 보고 자연을 닮은 인간은 자연의 원리를 따라 살아야 한다고 한다. 눈에 보이는 형태보다 순환의 원리가 중요하다. 마찬가지로 한국 건축에 반영된 자연의 원리도 형태적이 아니라 작동적이라고 할 수 있다. 풍수지리는 이러한 대표적 예로 자연의 기운이 흘러서 사람에게 건강하게 전달되도록 하는 관점에서 접근한다. 건축물의 배치도 인간이 자연의 순환에 적절히 어울릴 수 있도록 자연의 원리를 따라 방향과 방위를 결정한다. 이것은 자연과 인간의 소외를 미학적으로 극복하는 형태 미학이 아니라 건축이 자연의 섭리를 활용하고 자연의 일부로서 기능하는 작동적 생태 미학을 뜻한다. 음향오행도 작동적 상징체계의 대표적 예이다. 건축에 반영된 음양오행의 상징체계는 오행의 기운에 의거하여 건축의 형태, 배치, 방위, 채색 및 도안을 결정하여 사용자가 이에 의지해 좋은 운명과 감응하려는 것이다.

한국 건축의 마당은 생태 미학을 반영하는 중요한 요소이다. 마당은 그냥 비어 있는 미학적 공간이 아니다. 마당의 바닥은 햇빛을 반사시켜 대청 깊숙이 은은한 빛을 전달하는 반사판 역할을 한다. 마당을 향해 길게 내민 처마는 일사량을 조절하고 나무 기둥을 보호하는 역할을 하며 마당의 빛을 실내로 전달하는 또 다른 반사판 기능을 한다. 장마철에 마당은 습기를 증발시켜 집을 건조하게 하고 한여름 달궈진 바닥은 뒷마당과의 온도 차로 공기의 흐름을 원활히 한다. 한옥 대청에 항상 바람이 이는 이유는 뒷면의 작은 창과 전면의 개방된 면, 그리고 마당의 온도로 상승 기류가 생기면서 공기의 흐름이 발생하기 때문이다. 대청에 앉아서 느끼는 안락함과 심미적 체험은 이러한 자연의 순환 원리로부터 오는 것이다. 생태 미학은 자연의 순환 속에서 빛, 바람, 물, 소리를 몸을 통해 통감각적으로 체험하는 미학이다.

아마도 한국 건축에서 생태 미학의 정수는 해인사의 장경판전에서 찾아볼 수 있을 것이다. 두 개의 판전과 그 사이에 형성된 길쭉한 마당은 오묘한 긴장감을 준다. 이 단순하고 극적인 아름다움과 감동은 어디서 오는 것일까. 이 건물과 마당의 복합체는 기능적 이유에서 만들어졌다. 경판전은 팔만대장경을 보관하는 창고로 통풍이 잘 되어야 하고 습기로부터 보호되어야 한다. 경판고 긴 마당은 계곡의 골짜기처럼 바람을 일으킨다. 판전에 뚫린 창의 형태는 이 바람과 빛을 받아들여 내부 공간을 최적의 상태로 만들기 위한 결과이다. 마당으로부터 들어와 경판 사이를 돌고 뒷면으로 빠져나가는 신선한 공기는 대장경 판이 습기에 부식되는 것을 막는다. 남쪽 면에 있는 창의 크기가 위는 작고 아래는 크게 뚫려서 큰 창을 통해 빛이 풍부하게 밑으로 들어오고 경판에는 반사되어 들어오는 빛만 비추어, 직사광선을 피하면서도 충분히 빛을 받아들이고 땅을 마르게 하는 동시에 온 습도를 조절하는 기능을 한다. 해인사 장경판전은 어떤 외적인 미학이나 상징을 도입한 결과가 아니다. 이것은 생태 미학의 전형이라 할 수 있다. 대전의 남간정사는 우암 송시열이 71세에 지은 정자인데 흐르는 물 위에 대청마루를 얹었다. 여름에는 계곡에서 내려오는 물의 소리와 찬기가 대청마루를 선선하게 해주었을 것이다. 일본 건축에 열광했던 미국의 건축가 프랭크 로이드 라이트가 설계한 낙수장 밑으로도 물이 흐른다. 그러나 낙수장Falling Water의 물은 단순히 시각적 경관을 위한 것이다. 남간정사는 단순한 경관 미학이 아니라 자연의 순환 체계와 반응하는 생태 미학이다. 라이트는 자연 속에, 자연의 일부처럼 집을 앉히는 것을 동양에서 배웠지만 한국 건축의 생태 미학을 알지 못했을 것이다.

　　최근 현대 건축은 환경 문제에 다시 주목하고 있다. 현대의 생태 건축 이론은 인간과 자연이 상호 영향을 받는 하나의 체계로 이해하고 생명의 순환 과정을 존중한다. 최근 생태 건축이 주목하는 자연 모방biomimicry은 기계적 장치 없이 자연의 원리를 이용하여 효과를 보는 대안적 기술이다. 물총새의 부리를 본 뜬 고속 열차, 거미줄을 본뜬 막 구조, 흰 개미집의 냉방 원리를 이용한 건축(믹 피어스Mick Pearce의 이스트게이트 센터The Eastgate Centre), 얼룩말의 줄무늬 원리를 이용한 집(안데르스 뉘키스트Anders Nyquist의 다이와 하우스Daiwa House)는 모두 자연의 작동적 원리를 건축이 응용한 현대 생태 건축의 사례들이다. 이러한 예들은 자연을 모델로 하여 자연의 원리를 건축에 적용한 경우다. 한국 전통 건축은 오래전부터 건축이 자연의 일부로서 자연의 순환 원리 속에서 작동하는 방식을 활용해 왔지만 근대화 과정에서 망각되었다. 한국 전통 건축의 생태 미학이 현대 건축에 어떻게 적용될 수 있을까? 한국 건축의 생태 미학이 다시 읽혀져야 하는 이유가 여기에 있다.

윤증 고택의 안마당.
마당은 생태 미학의 요소이다.

해인사 경판고, 마당과 판전의 창.

남간정사와 낙수장. 두 건물
모두 건물 밑으로 물이 흐르지만
근본적 차이가 있다.

헤테로토피아와 디스토피아

동서양을 막론하고 건축은 이상향을 담는다. 프랑스의 철학자
푸코Michel Foucault는 이상향이 현실과 충돌하여 나타난 것을
헤테로토피아Heterotopia로 정의했다. 그는 헤테로토피아를 이중적
공간, 즉, 현실 속에 있지만 현실과 분리된 이상향의 파편이라고
했다. 이러한 현실과 이상향의 분리는 서양 유토피아 사상의
전통에서 이해될 수 있다. 유토피아Utopia란 말 자체가 원래
존재하지 않는 땅이란 뜻이다. 그래서인지 유토피아 개념을
처음 고안한 토머스 모어의 책『유토피아』표지에는 유토피아가
바다로 둘러싸인 미지의 섬으로 그려져 있다. 동양에서는
이상향과 현실을 분리하지 않는 특성이 있다. 여기서도 역시
동양적 일원론이 적용되는 듯하다. 3세기경 진나라의 도연명이
『도화원기桃花源記』에서 언급한 무릉도원은 어느 어부가 물고기를
잡으러 강을 거슬러 올라가다 우연히 만난 마을이다. 도교나
유교의 이상향은 이처럼 현실의 공간에서 분리된 천상의 세계가
아니라 현실 세계(자연)와 묘하게 중첩되어 있다. 도교의 이상향인
무릉도원은 산 넘고 물을 지나가면 도달하는 곳이지만, 토머스
모어의 유토피아는 이 땅의 밖 어디인가 있을 상상의 섬이다.
　　한국의 전통 건축에는 헤테로토피아가 없다. 현실과
유토피아, 속과 성의 경계가 명확하게 구분되지 않고 중첩되어
있기 때문이다. 유교나 도교와 같은 동양 종교에는 인간의

문제를 주관하는 초월자로서의 하느님의 세계 즉, 하늘나라가 없기 때문에 자연의 산과 물 자체로 이상향을 구할 수밖에 없다. 한국에서 하늘나라는 곧 산이요 물이다. 조선의 학자들이 원림과 서당에서 추구한 무이 구곡은 현실 속에 자리한다. 현실과 유토피아 사이에 넘을 수 없는 경계가 있는 것이 아니라 유토피아와 현실의 경계는 중첩된다. 이상향 자체가 자연과의 공존이기 때문에 화려한 건축물이나 인위적 구조물을 만들 필요도 없었다. 그저 최소한의 디자인으로 아름다운 자연과 공존할 뿐이다. 한국의 선비들이 지어 경영한 별서 정원은 유교적 이상향인 구곡의 축소판이고 구곡을 현실 속 자연에서 경영한 것이다. 이언적이 지은 독락당은 사마광의 「독락원기獨樂園記」에서, 이황의 도산 서당은 주자가 무이 정사를 경영한 무이 구곡을 실현한 것이다. 조선 중기의 대표적 별서 정원인 소쇄원은 양산보가 벼슬에 뜻을 버리고 낙향하여 자연에 묻혀 살고자 지은 도가적 이상향이다. 하지만 소쇄원은 세상과 격리된 듯 중첩되어 있어 이름이 뜻하는 것처럼 맑은 눈으로 세상을 다시 보게 한다.

현대 한국 도시의 무미건조함은 이상향이 사라진 한국 현대 건축의 현 상황을 잘 보여 준다. 과거에 자연과 우주와의 합일을 추구하는 도구였던 건축이 현대 사회에서 경제적 기능주의의 도구로 변질된 것은 어찌 보면 당연하다. 근대화의 과정에서 전통 사회의 정신과 문화는 사라졌는데 건축의 도구적 역할은 그대로 유지되었기 때문이다. 건축에서 이상향이 사라진 결과는 뻔하다. 현실은 디스토피아가 되었다. 그에 대한 보상으로 현실로부터의 일탈과 도피를 위한 헤테로토피아로서의 놀이공원과 쇼핑센터, 아니면 과도한 장식적 건축과 인테리어가 발달하는 것은 당연해 보인다.

토마스 모어의 『유토피아』(1516).

안견이 비단에 그린

「몽유도원도夢遊桃源圖」(1447).

9

상징과 소통

모뉴먼트와 배경

건축은 인간이 건물에 상징과 의미를 부여하면서 시작된다.
상징과 표상은 건축의 출발점인 셈이다. 일찍이 비트루비우스는
건축의 기원을 불의 발견과 인간 회합으로 설명한 바 있다. 불이
개인과 공동체를 통합하는 중심을 제공하면서 다른 동물과 달리
직립 보행할 수 있는 인간이 자유로운 손을 사용해 집을 지을 수
있었고, 별들이 총총한 하늘을 응시하면서 건축을 통해 인간과
성스러운 하늘 사이의 다리를 놓기 시작했다는 것이다. 그러니까
건축은 개인과 공동체를 통합하는 중심과 초월적 질서에 대한
열망으로부터 시작되었다는 말이다.[116] 주지하듯이 서양에서
건축은 왕의 무덤이나 신전, 교회와 같이 인간과 절대자를
연결하는 상징적 모뉴먼트로부터 출발했다. 기념비적 건축은 변치
않는 질서와 영원성에 대한 열망을 표현한다. 기념비적 건축에
적용되었던 상징성이 일상적 건축물에까지 확대 적용되면서 서양
건축은 발전해 왔다. 서양에서 이런 전통이 깨진 것은 모더니즘
이후이다. 모더니즘 건축은 주거에서 시작된 형태 언어가
기념비적 건축과 공공 건축에 적용된 경우였다. 과거의 기념비적
건축이 표상하던 상징성이 근대 사회에서 의미를 상실하면서

---

116   이것은 철학자 해리스의 비트루비우스 독해에 의한다. Karsten Harries, *The Ethical Function of Architecture*(Cambridge: The MIT Press, 2000), pp. 137~141.

오스트리아의 건축가 아돌프 로스는 기능적 목적을 갖는 건축에서
상징을 제거해야 한다고 주장했다. 1910년 그가 설계한 스타이너
주택과 로스 하우스는 모든 장식을 제거한 백색 벽면으로 엄청난
스캔들을 불러일으켰다. 그에 의하면 근대 사회에서 상징성을
갖는 건축은 오직 모뉴먼트와 무덤뿐이다.

동양에서는 상징적 모뉴먼트를 만들기 위해 애쓰지 않았다.
동양의 전통 사상은 모든 것이 지나가고 사라진다고 생각했기
때문에 영원성을 상징하는 모뉴먼트를 건설하려는 열망이 강하지
않았다. 유교적 사고에서는 외형적 아름다움의 추구 자체를
비도덕적으로 보았고 건축물을 영원성을 상징하는 모뉴먼트로
간주하지도 않았다. 중국 명나라의 조경가인 계성은 그의 저서
『원야園冶』에서 중국인의 건축에 대한 태도를 이렇게 분석했다.
〈우리가 창조한 환경은 자신이 사용할 수 있는 기간에 부응하기만
하면 충분하다. 만일 우리가 후손을 위해 새로운 환경을 창조해
놓는다고 해도 그들은 우리가 만들어 놓은 것에 만족하지 않을
텐데 왜 힘들여 계획을 하려 하는가.〉[117] 중국 사람들은 목조 외에
돌과 벽돌을 사용한 조적식 구조도 사용했고 돌이 나무보다 더
오래가는 재료라는 점을 알고 있었지만 궁궐이나 천단天壇과 같은
기념비적 건축물에 나무를 썼다.

한국의 왕릉을 보면 건축의 기념성에 대한 한국인의 생각이
서양과 달랐다는 점을 잘 알 수 있다. 서양 권력자의 무덤은
피라미드나 신전, 또는 모슬렘에서 보듯이 거대한 형태의
모뉴먼트이다. 그러나 고대 신라나 백제, 가야의 왕릉은 아무런
장식이나 상징이 없는 평범한 구릉이었다. 외관은 주변의 산과

---

117   계성, 『원야』 제1권 제5절, 리윈허, 『중국 고전 건축의 원리』, 46면에서 재인용.

이어져 실제 산처럼 보인다. 고려나 조선의 왕릉도 마찬가지였다. 다만 봉분의 밑을 돌로 쌓아 보호하고(이를 호석이라고 한다), 비석을 세우고 석책을 둘러싸는 등 주변을 치장하는 방식이 조금 변했을 뿐이다. 죽음도 자연적 순환 과정의 일부로 보았음을 짐작할 수 있다. 피라미드나 모슬렘과 비교해 볼 때 한국 왕릉은 인간이 만든 또 하나의 자연이다. 한국은 무덤마저도 자연의 일부로 위장했다. 한국의 궁궐이나 종교 건축물은 상징적 모뉴먼트라기보다는 생활과 의례를 위한 배경이다. 생활과 의례는 건물 내부보다 마당에서 일어나는데 건물은 마당을 구성하는 배경의 성격을 갖는다. 그 예로 경복궁 근정전은 사신 접대나 문무백관의 조회와 같은 행사가 벌어지는 의례 공간인데 실제 행사가 이루어지는 곳은 건물이 아니라 그 앞의 마당이었다. 마당에는 관료들의 위치를 표시하는 품계석品階石이 있고 건물은 오히려 배경을 이룬다. 왕의 즉위식이나 세자 책봉 장면을 보아도 근정전 내부에 있는 사람은 왕과 몇 측근들뿐이고 세자와 다수의 문무백관들은 근정전 앞마당에 서 있다. 성당 안에서 이루어지는 유럽의 왕위 즉위식과 대비되는 장면이다. 한국에서 건축물에 부여된 상징성은 마당에서 벌어지는 이러한 기능을 보완하고 완성하는 배경 정도의 역할을 했을 뿐이다.

서양 건축은 상징성을 갖는 기념비에서 출발했지만, 동양에서는 궁궐이나 종교 건축도 살림집의 유형으로 지어졌다. 이것은 동양에서 〈기념비로서의 건축〉 개념이 발전하지 않은 것과 밀접한 관련이 있다. 물론 건물의 중요성과 위계에 따라 규모와 격식이 달랐지만 건축물 자체가 상징적 오브제로 간주되지는 않았다. 조선 후기 서울을 방문한 외국인들의 서울에 대한 인상은 한결같이 서울에는 이렇다 할 건축이 없다는 것이다.

궁궐과 교회와 같은 기념비적 건축에 익숙한 서양인들이 그렇게 생각하는 것도 당연하다. 한국 건축은 서양의 기념비적 건축과는 다른 종류의 건축이기 때문이다. 그렇다면 한국 건축에는 정말 상징성이 없는 것일까? 그렇지 않다. 앞에서 언급한 대로 인간이 집을 지으면서 공동체적, 그리고 우주적 질서를 부여하는 것은 어느 문화권에서나 마찬가지다. 그 방식이 다를 뿐이다.

이런 점에서 서양의 기념비적 건축과 비교할 만한 것은 한국의 솟대이다. 솟대는 민속 신앙에서 새해의 풍년을 기원하며 세우거나 마을 입구에 마을 수호신의 상징으로 세운 나무 장대이며 삼한 시대의 소도(솟터)에서 유래한 것이라고 한다. 고대 한국에서는 솟대가 신전이나 성당과 같은 상징적 기념비 역할을 했다.[118] 솟대는 인간이 우주, 자연과 관계를 맺고 공동체를 결속하는 상징적 구조물이다. 그런데 솟대는 기념비적 건물이나 오브제가 아니라 신성한 장소(터)를 상징하는 나무에 불과하다. 그리스의 아크로폴리스Acropolis도 우리말로는 솟터를 의미하는데 그리스에서는 그곳에 상징적 건축물을 지음으로써 지속성과 영원성을 추구했지만 한국에서는 우연적, 일시적으로 생성되는 장소(터) 자체에 기념성을 부여했다. 건물은 그 장소에 속한, 또는 장소를 구성하는 장식이고 배경일 뿐이다. 이것이 한국 건축과 서양 건축이 추구하는 기념성의 차이이다.

제2차 세계 대전 이후 근대 건축이 기념성monumentality의 결여로 비판받으면서 새로운 기념성과 소통성communicativeness이 서양 건축의 새로운 과제로 떠올랐다. 이것은 기념성에 바탕을 둔 서양

---

118   고대 한국의 솟터에 관한 해석은 김용옥이 쓴 『여자란 무엇인가』의 210~258면을 참조하라.

건축의 오랜 역사에서 보면 충분히 이해가 가는 일이다. 그런데
한국 건축의 경우는 어떤가? 장소의 기념성이 사라지고 모든
대지가 경제적 기능주의에 지배되는 현실 속에서 한국 건축의
기념성은 어떻게 회복될 수 있을까?

이집트 나일강 연안의 사카라에
자리한 조세르 왕의 무덤.

경주의 삼릉 왕릉은 인간이 만든 또
하나의 자연으로 보인다.

경복궁 근정전 마당에서
일어나는 행사. 건축은
기념비라기보다는 배경이 된다.

한국의 솟대. 건축이 아니라
장소에 기념성을 부여한다.

약한 건축과 기념비

최근 서양에서는 상징적 모뉴먼트에서 시작된 〈강한 건축〉에
대한 비판이 많이 제기된다. 이탈리아의 철학자 잔니 바티모Gianni
Vattimo는 『모더니티의 종말The End of Modernity』에서 〈근대는 중심을
상실한 니힐리즘의 시대〉라고 규정하고 약한 존재론weak
ontology을 주장했다. 그는 가다머의 견해를 따라 건축을 중심적
기념비가 아니라 장식적이고 주변적인 배경을 제공하는 것으로
이해하고[119] 니힐리즘의 시대에 약한 사유, 약한 존재의 모델로서
제시한다. 니힐리즘 시대에 건축은 〈모든 여타 예술과 관련해서
그것들을 위해 장소를 만들어 주고 (……) 일종의 토대 기능을
할당받는다. 시적으로 거주하는 것은 공간을 만들어 주는
것이며, 진실로 존재하는 것은 주변과 대립되는 중심이 아니고
(……) 존재는 도리어 눈에 띄지 않는 변두리 배경 사건에서
일어나기 때문이다〉.[120] 바티모가 주장하는 약한 존재로서의
건축은 스스로 견디기 위해서 만들어지는 것이 아니라 하나의
기억으로만 존재한다. 그 자체가 기념비가 아니라 경험의 배경을

119   Neil Leach, "Hans-Georg Gadamer's The ontological Foundation of the
Occasional and the Decorative", *Rethinking Architecture: A Reader in Cultural
Theory*(London: Routledge, 1997), pp. 133~135.

120   Gianni Vattimo, "Ornament/Monument", *The End of Modernity*(Baltimore:
The Johns Hopkins University Press, 1991), pp. 81~82. 이종건, 『문제들: 이종건
건축 비평집』, 164면에서 재인용.

형성할 뿐이다.[121] 스페인의 건축학자 솔라모랄레스Ignasi de Solà-Morales Rubió는 바티모의 약한 존재론을 현대 문화와 건축(예술)이 직면한 미학적 상황으로 이해한다. 현대와 같은 니힐리즘의 시대에 건축은 중심(상징)을 상실했기 때문에 아무런 근거 없이, 허공 위에 집을 지을 수밖에 없다.[122] 이러한 상황에서 그는, 미적 경험을 순간적 이벤트로 전환하는, 장식으로서 기능하는 약한 건축을 제안한다. 약한 건축이 갖는 기념성은 자신을 강요하지 않고 중심적이지 않으며, 마치 종소리가 멈춘 후 남아 있는 진동의 여운처럼 회상을 불러오는 하나의 흔적과 같다.[123] 이들이 말하는 약한 존재의 건축, 배경으로서의 기념비는 바로 한국 건축과 통하는 점이 많다.

121   Gianni Vatimo, 위의 책, 86면.

122   Ignasi de Solà-Morales Rubió, *Differences*(Cambridge: The MIT Press, 1996), pp. 57~59.

123   Ignasi de Solà-Morales Rubió, 위의 책, 70~71면.

영원성과 순환성

불안정한 현상의 세계에서 느끼는 불안과 두려움을 서양인들은 현실의 시간을 정지시키고 영원성을 추구함으로써 극복하려고 했다. 고대로부터 서양 건축이 추구해 온 기념비의 본질은 여기에 있다. 수학, 기하학과 같은 이상적이고 변치 않은 질서와 돌로 만든 기념비는 모두 시간의 공포를 벗어나 영원성을 지향한다. 반면 동양은 현상의 변화와 시간의 공포를 벗어나려 하지 않았다. 도교의 가르침에 따르면 시간 속에서 영원히 존재하는 것은 없다. 물질적으로 영원한 것도 완벽한 상태도 없다. 노자는 완벽한 것은 성장을 멈춘 것이고 바로 죽음을 의미한다고 했다. 자연은 항상 변화와 성장 속에 있다. 그래서 동양인은 자연의 변화와 시간에 순응하는 방식으로 상상의 질서를 구축했고, 그러한 변화 속에서 아름다움을 추구했다.

동양에서는 건축물도 이승에 있을 때 일시적으로 머무는 곳으로 생각했다. 그래서 언젠가는 자연으로 돌아갈, 비영구적이고 한시적인 건축에 더 가치를 두었다. 명대 조경가 계성은 『원야』에서 중국인의 건축에 대한 태도를 다음과 같이 썼다. 〈천 년을 지속하는 집을 지을 수는 있다. 그러나 백 년 후에 누가 살게 될지를 말할 수 있는 사람은 없다. 조화를 이룬 한정한 집에, 이를 감싸는 즐겁고 안락한 장소를 만들면 충분하다.〉[124] 심지어 방어 목적을 가진 도성의 건설도 완성될 날은 영원히 없으며, 언제나 신진대사의 과정에 있다고 했다.[125] 동양의 건축은 시간을 정지시키고 영원성을 추구하기보다는 자연에 놓인 시간의 변화와 자연 순환에 적응함으로써 자연의 영원성에 동참하고, 그 속에서 주변과의 관계와 시간적 상황에 따라 일시적으로 발생하는 장소의 기념성을 추구하였다. 일본의 신사는 두 개의 동일한 대지를 정해 놓고 한쪽에 건물을 짓고 다른 쪽은 비워 놓았다가 20년 주기로 철거하고 나머지 땅에 새로운 신사를 짓는 것으로 유명하다. 이것은 한 번 세워서 영원히 존재하기를 열망하는 서양의 기념비와는 다른 종류의 기념성이다.

   한국의 대표 기념비적 건축인 종묘는 한 번에 지어진 건물이 아니라 시간이 지나면서 조금씩 증축된 것이다. 처음 일곱 칸으로 시작해서 세 차례 증축을 통해 열아홉 칸이 되었다. 처음부터 완결된 구조로 계획된 것이 아니라 필요에 따라 성장하는 건축이다. 여기서는 과거와 현재, 영원이 유기적인 하나가 된다. 삶과 죽음은 분리되지 않고 죽은 자는 후손으로 인해 영속성을 갖는 실재가 된다. 종묘는 건축의 기념성에 대한 한국과 서양의 생각 차이를 잘 보여 준다. 장소와 시간성이야말로 종묘가 가진 상징성의 근원이다. 그래서 종묘는 흔히 말하듯 동양의 파르테논이 아니다. 한옥은 부서지거나 소멸된 건축물을 다시 지을 때 복원한다고 하지 않고 중건한다고 한다. 복원이란 변하지 않은 원형이 있음을 전제로 한다. 하지만 한국 건축에서는 영원히

---

124   계성, 『원야』 제1권 「흥조론」, 김동욱, 『한국 건축 중국 건축 일본 건축』, 30면에서 재인용.

125   리윈허, 『중국 고전 건축의 원리』, 46면에서 재인용.

변치 않는 원형은 존재하지 않으므로 원형과 같은 복원이란 있을
수 없다. 그래서 중건 또는 중수라고 한다. 한국 건축은 항상
자연으로 돌릴수 있고 없어지면 다시 지을 수도 있다.

　　흥미롭게도 일시성은 한국 현대 건축의 특징이기도 하다.
건물이 지어졌다 곧 사라지는 것은 한국 도시의 일상적 모습이다.
그런데 한국 현대 건축의 일시성은 현대 자본주의 체제에
사로잡혀 있다는 점이 특징이다. 자본과 상품의 끝없는 순환이
지배하는 현대 자본주의 사회는 끊임없이 새로운 것이 등장하고
사라지는 생산과 소비의 과정에 있다. 마르크스의 표현대로
현대 자본주의 사회에서 모든 단단한 것은 공기 중으로 녹아
사라진다. 한국 현대 건축이 이렇게 일시성에 지배되는 이유는
원래 한국 건축이 물질적 영원성에 대한 집착보다 자연과 시간의
변화에 순응하는 전통이 있기 때문이다. 그런데 현대 사회는 우리
선조들이 가지고 있었던 자연의 흐름과 순환에 순응하는 정신을
상실하고, 철저히 상업화되고 세속화된 현대 자본주의 사회의
체제에 종속되었다. 결과적으로 한국 현대 건축은 소비 상품이
되어 버렸다. 이러한 상황에서 건축의 기념성은 어떻게 회복될 수
있을까?

파르테논과 종묘. 종묘는
파르테논과는 다른 종류의
기념비적 건축이다.

시각적 상징 대 시간적 상징

건축의 상징성은 인간이 구축한 물리적 환경을 의미 있는
질서로 경험하기 위한 필요 조건이다. 예컨대 중세 고딕 성당의
내부는 높은 천장과 스테인드글라스를 통해 들어오는 빛의
향연으로 천상의 도시를 상징한다. 르네상스 건축이 추구한
비례와 기하학은 우주의 완벽한 조화를 표상한다. 로지에의
원초적 오두막은 원시 자연 상태에서 이성적 인간이 구축한
건축의 원형을 표상한다. 서양 건축의 상징성은 이처럼
시각적 형태를 통해 표상되어 왔다. 반면 한국 건축이 담고
있는 상징성은 형태적이라기보다는 관계적, 작동적(또는
기능적)이고 따라서 시간적(순환적)이라고 할 수 있다. 우주
만물의 순환에 대한 존중은 시간을 고정시킴으로써가 아니라
시간성 속에서, 더 정확히 말하면 시공간적 상황의 흐름 속에서
관계를 통해 작동하는 상징성을 추구하도록 했다. 정학순이
쓴 『경회루전도慶會樓全圖』 서문에는 경회루가 천지의 모습으로
조영된 사실을 주역의 원리를 적용하여 풀고 있다. 〈루가 2층이며,
3중적 구조로 된 내부는 참천參天 양지兩地의 수를 말함이며 35칸의
내부는 육육궁을 뜻하는 것인데, 36중 1이 모자란 것은 주변의
비어 있는 허공이 태극의 하나라는 뜻에 있다.〉[126] 측면 5칸 정면

---

126   김개천, 『명묵의 건축: 한국 전통의 명건축 24선』, 123면.

7칸으로 구축된 경회루에서 밖의 24개 기둥은 각각 24절기에 해당되고 내부의 12칸은 12달을 의미한다. 전체가 35칸으로 66궁에서 한 칸이 비어 있는 것은 고정되고 완결된 상태가 아니라 항상 변하고 움직이는 우주를 상징한다. 이러한 경회루의 상징체계는 시각적 형태로 표상된다기보다 관계적이고 시간성을 담는다. 이러한 상징성은 추상적 다이어그램으로만 설명될 수 있을 뿐이다.

동양에서 시간을 상징하는 건축으로 노자 사상의 영향을 받은 일본 료안지의 석정원이 있다. 석정원은 자연을 축소하여 추상적으로 표현한 정원인데, 석정원이 상징하는 것은 자연의 형상이나 이상적 형태라기보다는 보이지 않는 시간이다. 석정원의 모래는 바다를 상징하고, 돌(괴석과 분재)은 섬을 상징하는데 이것은 자연을 추상화한 표현이다. 하지만 석정원이 상징하는 것은 자연의 형태가 아니다. 정원에 놓인 15개의 돌은 어디서든 1개가 안 보이도록 되어 있어 고정된 위치와 시간에서 전체의 형태가 드러나지 않는다. 보이지 않는 돌은 마음의 눈으로 보아야 한다. 즉, 석정원이 상징하는 자연을 온전히 인식하기 위해서 우리의 마음은 항상 또 다른 시공간에 있어야 한다. 이것은 비움을 통한 시간의 상징이다. 많은 건축가가 료안지의 마당을 공간적 비움의 실체로 인용한다. 승효상은 〈비어 있지만 아무도 들어갈 수 없고 마치 투명한 얼음덩이와 같은 료안지의 마당은 공간의 물질성을 극명하게 보여 주는 사례이다〉[127]라고 표현했다. 하지만 료안지가 상징하는 것은 얼음같이 투명한 빈 공간보다는 보이지

---

127   건축과 환경 편집부, 『승효상 전시 도록: 어번 보이드』(서울: 건축과 환경, 2002), 41면.

않는 시간이다. 일본 료안지의 석정원이 축소되고 정화된 자연 속에서 순수한 인식의 차원에서 시간을 상징한다면 한국의 정원은 변화하는 자연 자체가 시간을 상징한다. 한국 정원이 담고 있는 시간의 상징성은 감상자의 순수한 인식 차원이 아니라, 생활 세계(리추얼과 같은 일상적 삶의 문맥)[128]에서 몸각의 체험을 통해 시공간 속에서 드러나는 존재론적 이벤트이다.

시각적 상징과 소통에 의존하는 서양 건축에서 인식 주체인 인간은 항상 상징 대상의 바깥에 있다. 하지만 한국 건축에서 인간은 상징의 주체가 아니라 상징체계 안에서 작동하는 일부가 된다. 이런 점에서 풍수지리와 음양오행에 의거한 한국 건축의 방위의 상징성은 서양 건축과 대비된다. 경험 주체의 위치에서 설명했듯이, 팔라디오가 설계한 빌라 로툰다는 홀 중심에 후기 르네상스의 인간주의를 표상하는 인간의 상징적 위치가 반영되어 있다. 그러나 인간의 상징적 위치가 건축 안에 있지 않으므로 방위의 상징성이 없다. 빌라 로툰다는 주변과 고립된, 주변을 통제하는 자기 완결적 오브제로 중심과 완벽한 좌우 대칭이 있을 뿐이다. 반면 한국 건축은 경험 주체인 인간이 건축 안에 있으므로 방위가 인간과의 관계 속에서 시공간적 상징성을 띄게 된다. 이것이 서양 건축과 한국 건축의 차이점이다.

---

128 〈생활 세계lebenswelt〉는 대상과의 합리화된 거리를 전제로 한 서구 근대 패러다임에 대한 대안으로 제시된 후설의 개념으로, 대상과 〈거리〉를 부정하고, 있는 그대로의 본래 모습을 강조한다. Edmund Husserl, *The Crisis of European Science and Transcendental Phenomenology*, trans. by David Carr(Evanston: Northwestern University Press, 1954).

경회루와 정학순의
『경회루전도』(1865).

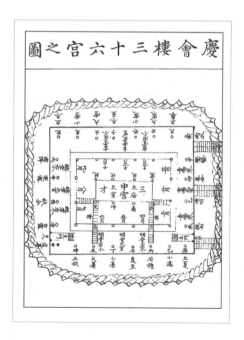

적합성과 예

모든 건물이 각각의 기능과 목적, 성격에 적합해야 한다는 것은
동서양을 막론하고 건축의 오랜 규범이었다. 비트루비우스는
『건축십서』에서 이것을 데코décor로 정의했다. 데코는 건축 형태와
내용의 적절성을 말하는데, 건축이 선례나 관습, 자연 원리에 따라
만들어질 때 성취된다. 신전은 모시는 신의 성격에 따라 각각 다른
오더가 사용되어야 하고, 집은 소유주의 사회적 위상을 적절히
반영해야 한다. 고전 건축의 데코는 18세기 프랑스에서 적절성
또는 적합성 개념(convenance 또는 bienséance. 둘 다 영어로
Appropriateness로 번역된다)으로 발전되었다. 적합성은 부분들을
배치할 때 따라야 하는 디자인의 일반적 법칙을 말하는데, 당시
왕립 건축 아카데미의 교수였던 블롱델Jacques Francois Blondel은
〈건물이 구성과 재료를 쓰는 방식, 대지와의 관계에서 지어진
목적과 동기, 의도를 드러나게 하는 것은 적합성을 통해서〉 그리고
〈건축이 위엄과 성격을 부여받는 것도 적합성을 통해서〉라고
하며 적합성을 건축 설계의 제1원리로 규정했다.[129] 적정성은 기능,
대지, 재료에 적합한 성격의 표현뿐 아니라 건물의 사용에 있어서
적합성을 의미하기도 한다. 또, 적합성 개념은 건축의 윤리성을

---

129   Donald Drew Egbert, *The Beaux-arts Tradition in French Architecture*
(Princeton: Princeton University Press, 1980). p. 131.

내포한다. 즉, 사회 구성원들 사이에서 공동선共同善을 위한 형태의 윤리적 규범을 함의한다. 건축은 적절성을 통해 성격을 표현하게 되며, 그로 인해 사회적, 계몽적 역할을 부여 받았다. 18세기 계몽주의자들이 신고전주의의 명확하고 단순한 형태가 시민의 이성적 능력과 도덕성을 함양할 수 있다고 믿은 것이나 개별 건축물의 디자인에 대해 공적 규제를 가하는 전통도 이런 배경에서 나왔다.

한국에서는 건축이 시각 형태를 통한 윤리와 계몽 역할을 감당한 적이 없다. 그보다는 건축에서 장식의 절제, 규모, 높이 등이 문제되었을 뿐이다. 개별 건물의 윤리 규범과 사회적 소통을 의미하는 것으로 동양에는 예禮의 개념이 있다. 원래 예의 의미는 신의 계시를 받고 신을 섬기는 제사 의례를 뜻한다. 중국 고대 춘추 전국의 혼란스러운 시기에 공자는 천자를 위한 춤, 음악, 제례와 같은 일상적 예를 중시했다. 예는 개인의 심미 욕구와 사회의 윤리 도덕을 통일한다. 즐거움을 찾는 것은 인간의 본성이지만 감정의 표현은 제의적 요구에 부합되어야 한다는 것이다. 악樂은 정情의 표현이지만 절제되어야 한다. 인간의 본성에 속하는 욕망과 감각의 만족은 개인 마음대로가 아니라 예의를 통해 규약과 규범을 가함으로써 완전함에 이른다. 이것이 세상의 질서이다.[130] 북송의 주자는 공자의 예를 사대부에 적용했다. 이것이 조선에 들어왔고 조선은 당시 중국보다 충실히 유교적 예를 사회 원리로 적용했다. 유교는 사회의 위계와 질서, 행동 규범에 관한 학문이다. 예는 측은지심과 같은 마음의 본성적 우러남을 실천하기 위한 구체적 기준을 도덕규범으로 형식화한 것으로, 이상적 사회

---

130   김용옥의 『동양학 어떻게 할 것인가』를 참조하라.

질서를 유지하여 사회의 모든 구성원에 이로움을 주기 위한 수단이다. 유교적 도덕을 지킴으로써 인간과 인간, 자연, 세계의 갈등이 없이 조화로운 세상을 이룰 수 있다고 보았다. 예는 행위를 규제하는 제도인데, 예를 실천하는 주체로서 개인의 수양을 강조한다.

중국에서 건축은 일찍부터 유교적 제도인 예의 일부로 다루어졌다. 주나라 이래 건축의 제도와 규범이 정리되었으며 한대 이후 유학자들이 집대성하여 소위 삼례(주례, 의례, 예기)라는 성문을 완성했다. 이들 경전에는 건축에 관한 구체적인 규율이 있다. 또 송나라 때 주자가 쓴 『가례家禮』에서는 〈사당 제도는 세 칸이다〉라고 규정한다. 이러한 건축 제도는 정치 제도인 동시에 예의 일부이다.[131] 중국의 영향을 받은 한국에서 집을 짓고 공간을 구축하는 데 이런 예의 질서와 규범이 반영되었음은 물론이다. 예는 건축의 규모, 장식, 법식에서 구체적으로 적용되었다. 『삼국사기』의 「옥사조屋舍條」에는 궁궐부터 일반 서민의 주택에 이르기까지 하나의 도표로 그 규모의 장식 한도를 구분하여, 삼국 시대부터 건축의 예가 적용되었음을 알려 준다. 조선 시대 세종 13년 공포된 가사 제한은 〈백성의 집은 열 칸을 넘지 않게 하라, 다듬은 돌을 쓰지 말고 화공을 구성하지 말며 단청도 못 하게 하여 검약을 무종케 하라〉라고 규정했다. 18세기에는 조선 시대 사대부들 사이에 고제古制를 엄격히 적용하여 종묘의 건축 형식과 서원 건축을 새롭게 하려는 묘침제에 관한 논쟁도 있었다.[132] 그러나 건축의 예는 제도이고 규칙이지 시각적 인상이나 형태

---

131   리원허, 『중국 고전 건축의 원리』, 61면.

132   정기철, 「17세기 사림의 묘침제 인식과 서원 영건」, 서울대학교 박사 학위 논문, 1999.

언어가 아니다. 서양 건축의 적합성 개념은 건축의 시각적 형태가 주는 인상으로 표현되지만, 예의 주체는 사람이고 행실이지 건축물이 아니다. 건축물은 예를 실천하는 도구이고 수단일 뿐이다.

8폭 크기의 「종묘친제규제도설병풍」은 종묘에서 치러지는 주요 행사에 대한 그림을 상단에 그리고 이에 대한 절차 등을 하단에 자세하게 풀어 쓴 병풍이다.

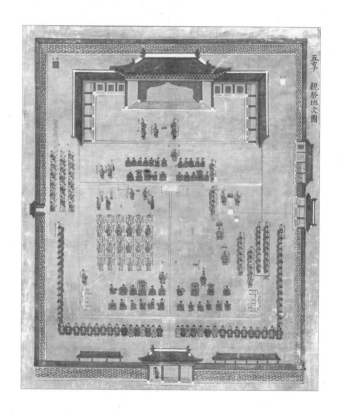

성격과 현판

흔히 저 건물은 법원 같다 혹은 은행 같다고 말한다. 건물의
형태가 그 건물의 기능이나 목적을 표현하는 것이다. 서양에서는
이와 같이 건물이 기능과 목적, 성격을 형태로 표현하는 전통이
있다. 일찍이 비트루비우스는 『건축십서』에서 건축의 공적 성격과
사적 성격을 구분하여 다음과 정의했다. 〈법정은 심각한 범죄에
겁을 주는 몸짓을 가져야 하고, 은행은 안전성을 보장하고,
고리대금업자와 세금 수금업자를 위한 집은 도둑을 막을 수
있고 주위 환경과 잘 맞아야 한다.〉 모든 건축은 소유자의 직업과
사회적 역할을 전달하는 언어학적 메시지를 가져야 한다는
것이다. 18세기에는 이러한 고전 건축의 원리가 성격caractère
이론으로 발전되었다. 프랑스 왕립 건축 아카데미의 교수였던
블롱델은 모든 건물의 특정한 목적, 기능(사용), 대지, 재료에
적합한 성격을 시각적 인상으로 표현해야 한다고 했다. 즉, 모든
건물은 구성과 구축의 방식, 장식을 통해 보는 사람들에게 그
건물의 기능과 목적, 성격을 직접적으로 전달해야 한다는 것이다.
말하자면 교회는 교회다워야 하고 학교는 학교답게 보여야 한다.
교회를 연회장처럼 지으면 안 된다. 19세기 말 보자르의 건축
이론가 쥘리앵 가데Julien Guadet는 건축의 성격을 시각적 인상과
건축 프로그램의 도덕적 표현이 일치되는 것으로 정의했다.
형태는 기능을 따른다는 근대 건축의 독트린은 이런 배경에서

나온 것이다. 건축의 성격은 보는 사람들에게 그 건축물의 감성적, 정신적 가치를 시각적 형태로 전달하는 것이다. 서양 건축의 성격은 직접적 경험과 감정 속에서 시각적 인상이 주는 소통의 결과이고 건축의 의미는 이러한 지각의 즉각성에서 나온다. 서양 건축은 그래서 개체의 시각적 인상을 중요하게 생각했다.

한국 건축은 원래 형태 언어로서의 기능이 약했다. 서로 다른 기능의 건축들이, 배치 형식이나 장식 또는 규모에서 약간의 차이가 있었을 뿐 기본적으로 같은 타입으로 지어졌다. 그래서 한국 건축은 형태나 배치만 보고 기능이나 목적, 성격을 알아맞히기가 쉽지 않다. 옛날 같으면 술상을 내놓지 않으면 주막인지 주거인지도 구별하기 어렵다. 건물이 외관을 통해 성격을 드러내지 않기 때문이다. 동양 건축에서는 형태보다 문자적 수단에 의해 소통하는 것이 문화적으로 훨씬 용이했다. 리윈허는 중국 건축에 대해 다음과 같이 설명한다. 〈중국의 건축물은 건물 자체의 배치 및 외형에 의해서만 성격이 표현되지 않았으며 각종 장식과 진열에 의해 지녀야 할 격조 또는 그 속에 담긴 정신으로 구성되었다. 동시에 중국에서는 문자와 문학으로 생각을 잘 표현할 수 있으므로 건축물 중의 편액, 대련 들이 건축 내용을 나타내는 수단으로 쓰였고 (……) 건축물을 감상하는 사람들을 시정의 세계로 끌어 들였다.〉[133] 동양 건축에서 서양 건축의 성격에 해당될 수 있는 것은 건축물의 이름이라고 할 수 있다. 동양에서는 건물에 현판이 붙는데 이것은 건물의 지위와 성격을 나타내고 그 안에 사는 사람의 행동거지와 규율을 전달한다. 집을 나타내는 한자어는 궁宮, 전殿 당堂 등이 있는데 궁은 왕이 사용하는 건물

---

133   리윈허, 『중국 고전 건축의 원리』, 110면.

전체를 의미하고, 전은 근정전, 교태전과 같이 왕과 비가 거하는 개별 건물을 뜻하며 당은 세자나 후궁의 공간(자선당)으로 구분했다. 건축물이 의미를 소통하는 것은 동서양이 마찬가지인데 서양 건축이 형태가 주는 시각적 인상을 통해 그 집 주인의 사회적 지위와 위상, 기능과 목적을 표현했다면, 동양은 집의 이름을 통해 위계와 성격을 나타냈다.

르네상스 시대 부유한 상인이나 귀족들의 저택을 팔라초라고 하는데 원래는 왕궁을 뜻한다. 팔라초에는 팔라초 메디치Medici, 팔라초 루첼라이Rucellai처럼 소유주의 이름을 붙였고 팔라초의 저층부에는 러스티케이션rustication이라는 거친돌로 마감을 하여 마치 성벽처럼 방어적인 인상을 갖도록 했다. 하지만 한국의 상류 주택에서는 집의 이름에 당이나 정을 붙였는데, 양진당, 녹우당, 동춘당과 같이 이름을 붙여 그 안에서 행하고자 하는 정신을 표현하고 그것을 현판으로 붙여 나타냈다. 현판은 사용자의 인격 표현이고 사용자의 행위와 결합되어 드러나는 가치이다. 시각적 인상을 통한 소통이 아니라 집과의 인격적 대화를 통한 가치의 드러남이다. 예를 들어, 근정전에 들면서 국왕은 열심히 나라를 다스리는 마음을 갖게 된다. 양동 마을의 수졸당守拙堂은 스스로 자신의 낮음을 지킨다는 뜻이며, 독락당獨樂堂은 홀로 고고히 즐기는 집, 열화당悅話堂은 대화를 즐기는 집이고, 주합루宙合樓는 우주와 합일한다는 뜻이다. 정조 대왕은 이 정자에 오르며 늘 우주의 이치에 따라 정치하겠다는 생각을 되뇌고 몸가짐을 했을 것이다. 중요한 것은 형태를 통해 전달되는 시각적 인상이 아니라 집과 나의 인격적 교감이다. 이로써 건물은 그 건물을 사용하는 사람과 함께 인격화된다. 서양은 집을 형상화했지만 한국은 집을 인격화했다. 그리고 사람과 예법을 판단하는 언어가 집을 판단하는 데에도 쓰였다.

한국 건축은 이처럼 이름으로 건물의 위계와 성격, 도덕적 가치를 표현했다. 여기서 건축과 사람은 분리되지 않고 합일된다. 집의 당호가 곧 나(집에 사는 사람)의 정신이고 인격이고 사상이다. 건축의 품격은 겉으로 보이는 형태의 인상이 아니라 주인의 인품에서 공감을 자아내는 것이다. 조선 시대 사대부들은 필경 건물의 현판을 보면서 몸가짐을 바르게 했음에 틀림없다. 김동욱은 도산 서당에 대해서 다음과 같이 설명한다. 〈건물의 품격은 기둥의 치장이나 지붕의 아름다운 곡선으로 얻어지기보다는 주인의 인품에서 공감을 자아내는 것이라 할 수 있으며, 여기에 도산 서당의 진정한 건축적 가치가 있다.〉[134]

자본주의와 상업주의가 지배하는 현대 사회에서 과연 이러한 건축의 예는 회복될 수 있을까? 지금도 건축가들은 자신이 설계한 집에 이름을 붙이는 게 유행이다. 그런데 이러한 이름 붙이기가 조선 시대 선비들과 집이 가지고 있었던 〈정신〉을 반영하는지는 의문이다. 혹여 상품의 브랜드 네임 만들기는 아닌지 되물어 볼 일이다.

---

134 김동욱, 『도산 서당: 선비들의 이상향을 짓다』, 211면.

블롱델의 성격 도판.
시각적 인상이 건축의
성격을 표현한다.

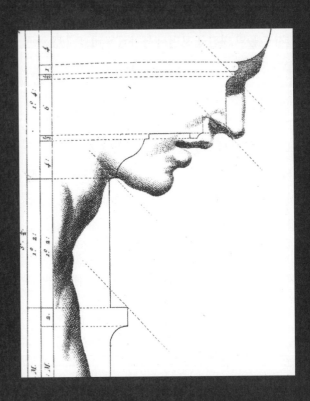

어진 정치를 펼치라는
인정전의 위엄.

선교장의 열화당은 대화를
즐기는 집이다.

맺음말

한국 건축은 서양 건축과는 다른 인식 체계의 산물이다. 한국의
건축은 기념비적 오브제가 아니라 삶과 의례의 배경이었다.
조선은 도와 예의 나라였고 선비들은 예의 실천을 통해 도에
이르고자 했다. 건축도 도와 예를 실천하는 장치이자 무대였다.
도는 우주 만물과 자연의 궁극적 원리이자 그에 따르는 삶의
방식이다. 예는 그것을 규범화한 질서이고 일상생활의 법도다.
한국의 건축은 자연과 우주와의 합일에 이르는 심미적 인식의
도구였지 시각적 감상의 대상이 아니었다. 과거 한국에는 이러한
건축이 있었다. 그러나 급격한 서구적 근대화의 과정을 거치면서
이러한 삶과 건축의 전통은 사라졌다. 현대 한국의 건축은 그것을
대체할 새로운 규범을 갖지 못한 채 혼돈과 무질서 속에 있다.
전통 건축이 가지고 있던 지혜와 아름다움의 규범을 현대에
되살릴 수는 없을까? 이를 위해서는 먼저 전통 건축에 내재한
원리를 찾아야 한다. 전통 건축에 숨겨져 있는 지혜를 관찰하고
분석하여 이론화해야 한다. 하지만 문제도 있다. 전통 건축은
과거 생활 세계의 무대였다. 집짓기가 더 이상 사람 손끝에서
이루어지지 않고, 독일의 철학자 하버마스Jürgen Habermas의
지적대로 자본주의적 추상화와 관료 시스템에 의해 생활 세계가
식민화된 현대 사회에서 전통 건축의 원리를 찾는다 해도
그것을 어떻게 적용할 것인가? 현대 사회와 도시 환경에서 과거
선비들의 삶의 방식과 이상향을 추구할 수는 없다. 현재의 삶과

건축이 단순히 과거의 상황으로 돌아갈 수는 없지 않은가? (일부 건축가들은 이렇게 — 예를 들면, 불편하게 살기 — 주장하기도 한다.)

　현대 건축은 필연적으로 현재 삶의 상황과 타협해야 한다. 과거 건축의 형식과 공간을 현대에 그대로 적용할 수는 없다. 예를 들면, 한옥의 부엌과 방이 결합된 공간 조직은 온돌이라는 취사와 난방의 혼합 방식에서 나온 것인데 취사와 난방의 방식이 바뀐 현대에 그것을 유지하는 것은 모순이다. 또 전통 건축의 원리가 현대에 그대로 적용될 수 없는 것들도 있다. 예컨대 현대 도시와 건축을 경험하는 방식은 과거와 다르다. 이미 서구의 인식 체계에 익숙해진 우리가 과거와 같이 내부(안)의 시선으로 도시와 건축을 만들고 경험하기를 고집할 수는 없는 일이다. 그것이 바람직하지도 않다. 즉, 전통 건축의 지혜와 현재의 타협이 필요하다. 그렇다면 과거의 맥락에서 이해한 전통 건축의 원리를 어떻게 할 것인가? 그 가운데 현재의 삶에도 유용한 건축의 지혜를 추려 내야 한다. 한국 건축은 관계를 맺는 도구이자 생활의 장치라고 했다. 여기서 관계의 미학을 끌어낼 수 있다. 형태가 아닌 관계의 언어, 특히 자연과의 관계 맺기, 지형의 이용, 공간 관계와 경계를 처리하는 방식 같은 것들이다. 이런 가치는 현재도 유효하다.

　서양의 건축은 개체성을 통제하기 위한 이론과 원리를

발전시켰다. 그런데 현대 사회에서 건축의 공유된 규범이 상실된 후 개인주의가 창궐했다. 이제는 건축의 새로운 질서가 요구된다. 한국 전통 건축의 가치였던 도와 예로서의 건축이 여기에 답이 될 수도 있지 않을까? 유교에서 도의 행위 규범이 예로 나타나듯이, 건축에서도 현대 건축에 유용한 관계의 언어를 예로 규범화할 수 있지 않을까? 예를 학문화하면 예학이듯이 건축의 예를 학문화하면 우리의 건축학을 정립할 수 있지 않을까? 우리가 땅을 다루고 집을 앉히는, 구조물을 세우고 공간을 구축하는, 자연이나 주변 환경과의 관계를 설정하는, 재료와 집을 사용하는 예를 정립함으로써 건축의 도에 이를 수 있지 않을까? 도와 예로서의 건축은 개인의 독창성을 표현하는 작품으로 회복될 수 있는 것이 아니다. 오로지 관계의 제도화에 의해서 가능하다. 여기서 자의식의 산물로서 건축은 사라진다. 현대 건축 이론에서 말하는 약한 건축weak architecture의 뜻도 여기에 있다. 이를 위해서 우리는 의도적으로 서양 건축의 인식 틀을 벗어나서 건축을 생각하려는 자의식적 노력을 해야 한다. 이미 교육을 통해 우리의 의식이 서양 건축의 지배적 영향을 받고 있기 때문에 그것을 벗어나서 다른 (전통적) 방식으로 건축을 생각하려는, 〈비판적 자의식〉이 필요하다는 말이다. 이런 점에서 이 책은 전위avant-garde가 아니라 프램프턴이 〈비판적 지역주의〉에서 언급한 후위arrière-garde의 입장을 견지한다. 한국이 피동적 근대화의

과정을 지나면서 뒤돌아볼 틈도 없이 잊어버리고 왔던 전통을
다시 보고 정리하여 지나온 길의 흔적을 찾아 드러내고, 현재와
과거를 연결시키고자 하는 것이다. 과거 없이 현재는 있을
수 없기 때문이다. 세계화의 과정에서 이미 지역의 전통이나
주체는 뿌리 뽑혔다는, 그래서 돌아가야 할 전통이 없다는
주장은 절반의 진실일 뿐이다. 전통은 스스로 구성하는 것이고
이를 위한 자의식적 노력이 필요하다, 즉 주체적으로 전통을
구성해가는 노력이 필요하다는 말이다. 이것은 정체성의 문제와
직결되며, 근대를 지역에 뿌리내리는 localize 일이다. 그럼으로써
한국의 건축이 세계 건축 담론의 공간에 들어가 자리를 잡고,
보편성의 일부가 되며, 세계 건축의 변화를 이끌 수 있다. 한국
건축의 전통은 여기에 중요한 기여를 할 수 있고, 충분히 할
만하다. 앞으로 세계는 통일된 문화로 나아갈 것이라는 견해도
있다. 그러면 한국 건축의 정체성을 추구하는 일은 무슨 소용이
있을까? 하지만 세계화의 흐름에도 불구하고 세계의 건축이
완전히 동질화되기는 어렵다. 건축은 땅 위에 지어지기 때문에
자연과 지형, 풍토가 전혀 문제시되지 않을 정도로 보편적 기술이
압도하고 삶의 양식이 통일될 때까지는 각 지역의 건축 문화와
전통은 지속될 것이다. 그때까지 한국 건축의 정체성에 대한
탐구와 실천은 계속되어야 한다.

이 책은 실로 꿰매어 제본하는 정통적인 사철 방식으로 만들어졌습니다.
사철 방식으로 제본된 책은 오랫동안 보관해도 손상되지 않습니다.

한국 건축의 정체성 서양 건축과의 차이를 통해 보다

지은이 이상헌 발행인 홍예빈 · 홍유진 발행처 미메시스
주소 경기도 파주시 문발로 253 파주출판도시 대표전화 031-955-4000 팩스 031-955-4004
홈페이지 www.openbooks.co.kr 이메일 mimesis@openbooks.co.kr
Copyright (C) 이상헌, 2017, *Printed in Korea.*
ISBN 979-11-5535-116-1 03610 발행일 2017년 11월 15일 초판 1쇄 2023년 9월 20일 초판 4쇄

이 도서의 국립중앙도서관 출판예정도서목록(CIP)은 서지정보유통지원시스템 홈페이지(http://seoji.nl.go.kr)와
국가자료공동목록시스템(http://www.nl.go.kr/kolisnet)에서 이용하실 수 있습니다.(CIP제어번호: CIP2017028896)